程式設計實習
滿分總複習

編輯大意

一、 本書根據民國107年教育部發布之十二年國民基本教育「技術型高級中等學校群科課程綱要電機與電子群」課程綱要中「程式設計實習」，並融合最新四技二專統一入學測驗、APCS大學程式設計先修檢測、技藝競賽等相關試題編寫而成。

二、 本書內容與「技專校院入學測驗中心」公布的統測考試範圍相同，可供電機與電子群同學作為高一、高二課堂複習及高三升學應試使用。

三、 本書已彙整所有審定課本之重點，並將重點文字套上**粗藍色**或**粗黑色**，套**粗藍色**文字最重要、次之為套**粗黑色**文字，以幫助同學明確掌握考試重點及命題趨勢。

四、 本書（程式設計實習）分為9章。本書具有以下特色：

1. **學習重點**：列出每章的章節架構，與該章節的統測常考重點。

2. **統測命題分析**：分析各章歷年統測的命題比重。

3. ▭：於統測曾經出題之重點主題處標示考試年分

   （例如：114 表示為114年統測考題）。

4. **速解法**：提供程式快速解題的方法，或提供記憶重要觀念的訣竅，以利學習各種題型的解法。

5. **TIP**：補充課文相關知識說明。

6. **得分加+**：供學生於重要概念後立即練習，以掌握學習狀況。

7. **得分加倍讚**：各章末精選考試試題，評量學生的學習成效。分成3種題型：

   ◆ **情境素養題**：切合統測趨勢提供情境試題（含**題組題**），供學生練習之用。

   ◆ **擬真試題**：章末試題，供學生統整練習之用。

   ◆ **統測試題**：整合近年統測試題，供學生練習之用。

五、 「程式設計實習」各版審定課本所使用的程式語言略有不同（如C、C++、C#等），本書彙整所有版本重點，在第2章說明C、C++、C#之差異，並以近年統測主要命題趨勢的**C語言**來進行後續解析。同學需了解的是，統測考試通常著重在程式的**執行結果**（即**運算結果**），雖然C、C++、C#的輸出／輸入函式不同，但執行結果是一樣的，因此在面對統測時，毋須過度擔心關鍵字的差異。

六、 為提升本書之品質，作者在編寫過程中已向多位資深教師請益並力求精進；倘若本書內容仍有未盡完善之處，尚祈各界先進不吝指賜教，以做為改進之參考。

編者 謹誌

114年統一入學測驗
程式設計實習 試題分析

一、難易度分析

1. 今年是108課綱實施後第四屆入學統一測驗，電機與電子群程式設計實習試題難易度中上，考題分佈平均，對考生具有鑑別度。

2. 電機與電子群（50題），其中程式設計實習約16題，考題之難、中、易的比例如下表所示。

類組	難	中	易
電機與電子群	19%	50%	31%

二、題型分析

1. 今年考題分佈於第4、6、7、9章較多，題數各約3題，其中有關「**結構及類別**」概念有3題，且有些題目於單題中就涵蓋多項程式概念（如陣列、迴圈、指標等）。

2. 在程式設計實習16題的考題中，16題皆為程式語言題目（**C語言**15題、**C++**1題），針對這16題程式語言題型分析，可分成以下3類。

概念	語法	邏輯（運算結果）
18%	38%	44%

提醒同學除了課本知識理解之外，需要更詳加熟練程式運算，才可得高分！

三、綜合分析

1. 今年電機與電子群程式設計實習16題考題的分佈比例如下表所示。由於108課綱考試範圍較廣，各章皆須分配時間準備，才能考得高分。

章	113年題數	114年題數	命題佔比（111～114）
CH1 工場安全衛生	0	0	3%
CH2 程式架構的認識與實作	0	0	3%
CH3 變數與常數	0	0	6%
CH4 資料型態	0	3↑	9%
CH5 運算式及運算子	1	2↑	11%
CH6 流程指令及迴圈	2	3↑	16%
CH7 陣列及指標	5	3↓	22%
CH8 函式	4	2↓	16%
CH9 結構及類別	4	3↓	14%

114年統測試題中陣列佔比居冠，迴圈題數也有增加，本書特別加強容易理解的圖、文內容及練習題

2. 四技二專命題方向通常是以一綱多本的最大公約數為命題範圍，因此市占率前幾名之審定課本，皆有涵蓋的內容，常是出題的重點。建議教師在選用課本或參考書籍時，應挑選如本書能抓住命題趨勢的教材，才能輔導學生取得高分。

Contents

CH 1 工場安全衛生

1-1 實習工場設施環境及機具設備的認識 1-2
1-2 工業安全及衛生的認識 1-3
1-3 消防安全的認識 1-5

CH 2 程式架構的認識與實作

2-1 C/C++/C#語言架構介紹 ... 2-2
2-2 C/C++/C#程式架構介紹 ... 2-4
2-3 專案除錯實習 2-8

CH 3 變數與常數

3-1 演算法概論 3-2
3-2 變數與常數宣告及應用 3-6

CH 4 資料型態

4-1 資料型態 4-2
4-2 資料型態轉換 4-5

CH 5 運算式及運算子

5-1 運算子、運算元與運算式 5-2
5-2 運算子 5-4

CH 6 流程指令及迴圈

6-1 條件判斷敘述 6-2
6-2 迴圈控制 6-23

CH 7 陣列及指標

7-1 陣列 7-2
7-2 指標 7-23

CH 8 函式

8-1 公用函式 8-2
8-2 自訂函式 8-7

CH 9 結構及類別

9-1 結構 9-2
9-2 類別 9-4
9-3 物件導向程式設計 9-9

114年統一入學測驗試題 114-1

程式設計實習 滿分總複習

編　著　者	旗立資訊研究室
出　版　者	旗立資訊股份有限公司
住　　　址	台北市忠孝東路一段83號
電　　　話	(02)2322-4846
傳　　　真	(02)2322-4852
劃　撥　帳　號	18784411
帳　　　戶	旗立資訊股份有限公司
網　　　址	https://www.fisp.com.tw
電　子　郵　件	school@mail.fisp.com.tw
出　版　日　期	2023 / 6月初版 2025 / 6月三版
I　S　B　N	978-986-385-398-5

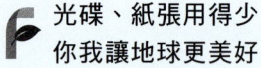
光碟、紙張用得少
你我讓地球更美好

國家圖書館出版品預行編目資料

程式設計實習滿分總複習 / 旗立資訊研究室編著. ---
三版. -- 臺北市 : 旗立資訊股份有限公司,
2025.05
　面；　公分
ISBN 978-986-385-398-5 (平裝)

1.CST: 資訊教育　2.CST: 電腦程式設計　3.CST:
技職教育

528.8352　　　　　　　　　　　　　　114005646

Printed in Taiwan

※著作權所有，翻印必究

※本書如有缺頁或裝訂錯誤，請寄回更換

大專院校訂購旗立叢書，請與總經銷
旗標科技股份有限公司聯絡：
住址：台北市杭州南路一段15-1號19樓
電話：(02)2396-3257
傳真：(02)2321-2545

統測考試範圍

CH 1

工場安全衛生

學習重點

章節架構	常考重點	
1-1 實習工場設施環境及機具設備的認識		☆☆☆☆☆
1-2 工業安全及衛生的認識	• 燒燙傷急救 • 心肺復甦術（CPR）	★★★☆☆
1-3 消防安全的認識	• 火災的類型與滅火方式 • 火災發生時的應變	★★★☆☆

統測命題分析

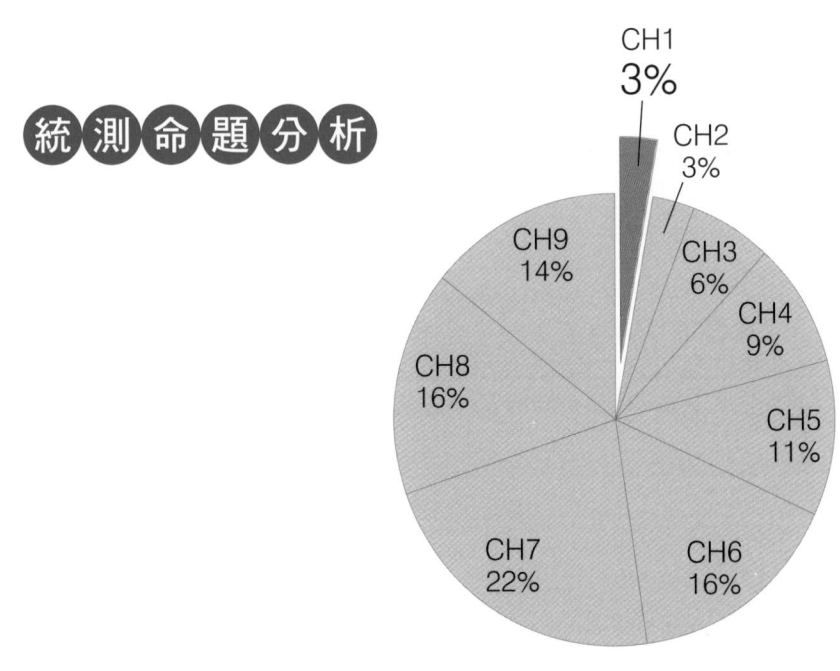

1-1 實習工場設施環境及機具設備的認識

1. **個人電腦設備**：個人使用的電腦設備，由主機、螢幕、鍵盤、滑鼠等設備所組成。

2. 區域網路設備：

    a. **區域網路**（Local Area Network, **LAN**）：將電腦及其他設備連接起來，互相傳遞資料、共享網路設備資源。

    b. **交換器**（switch）：允許兩部以上的電腦可同時傳遞資料，且不會發生資料碰撞。

3. **公用設備**：公用的印表機、檔案伺服器等設備，透過區域網路可共用這些設備或共享檔案。

4. **教學廣播設備**：老師可將操作畫面傳送至每位同學的電腦螢幕，並利用擴音設備進行說明，老師也可從自己的電腦螢幕觀看同學練習的情況。

得分加十

( )1. 下列有關教學廣播設備的敘述，何者正確？
(A)老師可將操作畫面傳送至同學的電腦螢幕，進行說明與示範
(B)同學可以決定自己要不要接受老師廣播
(C)教學廣播設備屬於個人電腦設備
(D)老師無法從自己的電腦螢幕觀看同學練習的情況。

( )2. 若要使兩台電腦可同時傳遞資料，且不會發生資料碰撞，可使用下列哪一個設備？
(A)集線器
(B)中繼器
(C)橋接器
(D)交換器。

答　1. A　　2. D

解　2. 交換器：允許兩部以上的電腦可同時傳遞資料，且不會發生資料碰撞。

CH1 工場安全衛生

1-2 工業安全及衛生的認識

一、電腦教室相關注意事項

1. 未經許可,不可進入教室,禁止在教室內奔跑、嬉戲。
2. 禁止私自搬動、拆裝電腦及相關設備。
3. 注意提醒標語、標線或有危險的警告標示。

二、工場用電注意事項

1. 應裝設「**漏電斷路器**」及「**緊急斷電鈕**」,當發生感電意外時,可立即跳脫並斷電,達到保護人員安全的效果。
2. 使用電氣設備前應先做安全檢查,並依說明手冊之相關規定操作。
3. 手腳潮濕時易發生觸電危險,須將手腳擦乾才可操作電氣設備。
4. 檢修設備或線路時,應切斷電源。
5. 請勿自行連接臨時電路或任意擴充使用,以免電流過載。

三、衛生注意事項

1. 進教室時,將鞋子整齊擺放至教室外。
2. 請勿攜帶飲料及食物進入教室。
3. 電腦使用完畢後,請關閉電腦電源,並將相關設備物歸原位。
4. 離開教室前,請將桌面與座位周圍整理乾淨,並將垃圾帶走或丟至垃圾桶。

四、急救處理 `103` `106` `109` `111` `112` `113`

1. 感電急救:
   a. **移開電源**:立即切斷電源,或以絕緣體(如乾燥木棍)移開電源。
   b. **檢查傷者**:確保安全後,檢查傷者生命跡象,並確認外傷。
   c. **施行急救並送醫**:視傷者情況進行急救,並送醫由醫護人員處理。

2. 燒燙傷急救：

沖	脫	泡	蓋	送
以流動的清水沖洗傷口15至30分鐘	在水中小心去除或剪開衣物	在冷水中持續浸泡15至30分鐘	在燒燙傷部位覆蓋乾淨的紗布或布巾	趕緊送醫院急救

3. **心肺復甦術（CPR）**

步驟	說明
叫 呼叫患者	呼叫患者，並檢查患者有無意識
叫 求救	求救、撥打119呼叫救護車、設法取得AED[註]
C 按壓胸口（Circulation）	按壓患者胸口，要點如下： • 按壓位置：胸部兩乳頭連線中央 • 按壓深度：至少5公分深 • 按壓頻率：每分鐘100～120下 • 胸回彈：確保每次按壓後完全回彈 • 莫中斷：儘量避免中斷，中斷時間不超過10秒
A 暢通呼吸道（Airway）	壓額提下巴，暢通患者呼吸道
B 人工呼吸（Breathing）	每按壓胸口30下後，實施人工呼吸，吹兩口氣，每口氣一秒鐘
D 使用AED（Defibrillation）	依指示說明操作AED

註：AED全名為「自動體外心臟電擊去顫器（Automated External Defibrillator, AED）」。

得分加+

( ) 1. 下列有關燒燙傷急救的敘述，何者正確？
(A)以鹽水沖洗傷口15至30分鐘　(B)在冷水中持續浸泡15至30分鐘
(C)以紗布緊緊包裹住燒燙傷部位　(D)在水中小心剪開燒燙傷的皮膚。

( ) 2. 下列有關工場用電安全注意事項，何者為非？
(A)應裝設漏電斷路器，發生感電意外時，可跳脫並切斷電源
(B)請勿自行連接臨時電路，以免電流過載
(C)檢修設備或線路時，應保持電源通電
(D)電腦使用完畢後，隨手關掉電腦電源。

答　1. B　2. C

解　1. 以冷水沖洗傷口15至30分鐘。在燒燙傷部位覆蓋乾淨的紗布或布巾。
　　　在水中小心去除或剪開衣物。
　　2. 檢修設備或線路時，應切斷電源。

1-3 消防安全的認識

一、火災的類型 101 102 107 108

1. **A（甲）類火災**：**普通**火災，由木材、紙張、纖維等可燃性固體引起的火災。可用**冷卻法**來滅火。

2. **B（乙）類火災**：**油類**火災，由石油類、油漆類、油脂類等可燃性液體及可燃性固體所引起的火災。可用**掩蓋法**來滅火。

3. **C（丙）類火災**：**電氣**火災，由電氣配線、變壓器、引擎、馬達等通電中之電氣設備所引起的火災。可用**冷卻法**及**窒息法**滅火，並最好先截斷電源。

4. **D（丁）類火災**：**金屬**火災，由鉀、鈉、鈣、鎂等可燃性金屬或其他禁水性物質所引起的火災。要用特定滅火器來滅火。

二、滅火的基本方法 102

1. **拆除法**：從火場中搬離或除去可燃物，如將火場中的木材搬移。

2. **窒息法**：排除、隔離或稀釋燃燒需要的助燃物，如若燃燒面積不大時，可使用沙、土等不燃性固體覆蓋之，隔離與氧氣的接觸。

3. **冷卻法**：使可燃物的溫度降到燃點以下，如灑水。

4. **抑制法**：破壞或阻礙燃燒時的連鎖反應，如鹵素離子可抑制燃燒反應。

三、滅火器種類及適用火災類型 101 102 108 112 114

火災類型 滅火器種類		A類火災	B類火災	C類火災	D類火災
水滅火器		○			
泡沫滅火器		○	○		
二氧化碳滅火器			○	○	
鹵化烷滅火器		○	○	○	
乾粉滅火器	ABC	○	○	○	
	BC		○	○	
	D				○

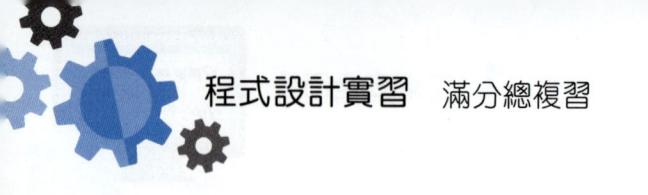

四、火災發生時的應變 102

1. **滅火**：火源初萌時，若能立即撲滅，就能減少火災蔓延的機會。

2. **報警**：應立即按下消防栓上的「火警發信機按鈕」，並撥打119或110報警。

3. **逃生**：應保持鎮定，並依緊急逃生路線圖正確逃生，逃生原則：

    a. 應以**濕毛巾**掩住口鼻，減少濃煙及有毒氣體吸入。

    b. 在濃煙中應儘量沿牆面並採低姿勢爬行。

    c. 禁止搭乘電梯，以免受困。

4. 滅火器使用方法：**拉、瞄、壓、掃**。

拉	瞄	壓	掃
拉開安全插梢	抓住皮管前端，瞄準火源	壓下手壓板，滅火劑噴出	向火源根部左右移動掃射

得分加★

( ) 1. 下列何種滅火器適合用來撲滅可燃性金屬（如鉀、鈉等）所引發的火災？
    (A)泡沫滅火器　　　　　　(B)二氧化碳滅火器
    (C)鹵化烷滅火器　　　　　(D)D乾粉滅火器。

( ) 2. 變壓器發生短路故障所引起的火災，是屬於下列哪一類火災？
    (A)A類（甲類）火災　　　 (B)B類（乙類）火災
    (C)C類（丙類）火災　　　 (D)D類（丁類）火災。

答　1. D　　2. C

解　1. 由鉀、鈉、鈣、鎂等可燃性金屬所引起的火災屬於D類火災，適用D乾粉滅火器來撲滅。

CH1 工場安全衛生

得分加倍

情境素養題

▲ 閱讀下文，回答第1至2題：

聯合國提出永續發展目標（SDGs），旨在改善全球各地人民的生活，解決貧窮、氣候變化、環境破壞等問題。為了讓大家更瞭解SDGs目標，臺北市政府環境保護局挑選了7個目標，組成SDGs小故事，其中一則故事「英雄的使命」中，提到了一本有關防災與災害應變的手冊，希望透過正確的防災知識讓每個人都能好好愛護自己的家園，並達到永續城市的目標。

( )1. 俊霖閱讀了防災手冊後，對用電安全有了更深的認識，但其中有一項與他先前的用電習慣有所出入，請問下列哪一項俊霖的用電習慣可能會引起火災？
(A)將過長的電線綑綁後使用，以節省使用空間
(B)定期檢查清理插座並保持乾燥清潔
(C)選用合格的電流保護裝置及漏電保護器
(D)延長線及電線遠離火源，避免外層塑膠劣化或熔解造成短路。 [1-3]

( )2. 請問防災手冊中所提到「料理用的油也是一種常見的可燃物」，若廚房不幸發生火災，較不適合使用下列何種滅火器來滅火？
(A)泡沫滅火器 (B)ABC乾粉滅火器
(C)鹵化烷滅火器 (D)D乾粉滅火器。 [1-3]

▲ 閱讀下文，回答第3至5題：

政宏在學校附近租了一間5坪大的套房，入住後發現原先套房中的插座不足，因此房東自行擴建了插座，政宏將一條從老家帶來的延長線插在擴建的插座上。某個寒流來襲的晚上，政宏房內開著電暖爐，剛洗完澡的他邊吹頭髮邊看Netflix影集，電磁爐上還煮著美味的火鍋，這條同時插著電暖爐、吹風機、電視機、電磁爐的延長線，突然冒出火花引發火災，政宏立即逃生並撥打119報警，所幸火災及時撲滅，未造成人員傷亡。

( )3. 政宏的套房不慎所引發的火災，屬於下列哪一類火災：
(A)A類火災 (B)B類火災 (C)C類火災 (D)D類火災。 [1-3]

( )4. 政宏較不適合使用下列哪一種滅火器來撲滅火勢？
(A)BC乾粉滅火器 (B)泡沫滅火器
(C)二氧化碳滅火器 (D)鹵化烷滅火器。 [1-3]

( )5. 政宏在逃生時，下列逃生原則何者有誤？
(A)應以濕毛巾掩住口鼻，減少吸入濃煙及有毒氣體
(B)應儘量沿牆面並採低姿勢爬行
(C)應搭乘電梯加快逃生速度
(D)依緊急逃生路線圖逃生。 [1-3]

( )6. 俊安在住宅的停車場更換燈管時，誤觸到220伏特電壓發生感電意外，當感電意外發生時，應進行下列何種處置較為恰當？
(A)用鐵棍移開電源
(B)應立即扶著俊安離開感電處
(C)確保俊安處於安全環境後，再切斷電源
(D)在醫護人員到達前，先檢視傷者的生命跡象與外傷，必要時進行急救。 [1-2]

( )7. 佩君、玉婷、杰儒、政宏四位同學，早上8點在電腦教室上課，這4位同學在電腦教室所發生的情況，下列何者較不適當？
(A)佩君將鞋子整齊擺放於教室外的鞋櫃
(B)玉婷即使早餐來不及吃，也不帶到電腦教室吃
(C)杰儒的鍵盤有問題，私自與隔壁座位的鍵盤更換
(D)政宏離開電腦教室時，將垃圾帶走。 [1-2]

擬真試題

1-1 ( )8. 為了讓多部電腦設備可彼此交換訊息，通常會使用下列何者來連接電腦設備？
(A)交換器 (B)中繼器 (C)數據機 (D)網路卡。

( )9. 在電腦教室中，電腦及其他設備之間可互相傳遞訊息、共享網路設備資源，指的是下列哪一種網路？
(A)都會網路 (B)無線個人區域網路 (C)區域網路 (D)廣域網路。

1-2 ( )10. 下列關於電腦教室的安全注意事項，何者錯誤？
(A)在教室內不可奔跑
(B)注意並遵守提醒標語與警告標示
(C)可隨時進入電腦教室
(D)設備若損壞，立即向老師報告，不可私自交換設備。

( )11. 下列有關工場用電安全的敘述，何者錯誤？
(A)檢修設備或線路時，須切斷電源，以確保檢修安全
(B)手腳潮濕時可直接操作電氣設備
(C)工場應設置緊急斷電鈕，以便發生事故時可立即斷電
(D)使用電氣設備時，若有燒焦異味，應立即切斷電源，找出異常原因。

( )12. 為了防止安裝於浴室中的電熱水器因漏電而造成災害，電熱水器之電源應使用下列何種自動斷電裝置？ (A)無熔絲開關 (B)漏電斷路器 (C)閘刀開關 (D)單刀開關。

( )13. 心臟停止跳動，血液循環就會停止，此時應以何種方法進行急救較合適？
(A)冷敷止血法 (B)心肺復甦術 (C)哈姆立克法 (D)加壓止血法。

( )14. 實施心肺復甦術（CPR）對患者進行胸口按壓時，下列敘述何者有誤？
(A)按壓胸口深度最多不超過4公分
(B)按壓頻率為每分鐘100～120下為佳
(C)儘量避免中斷按壓，中斷時間不超過10秒
(D)按壓胸部兩乳頭連線中央處。

CH1 工場安全衛生

( ) 15. 下列有關使用心肺復甦術急救基本步驟的敘述,何者正確?
(A)Airway:按壓胸口
(B)Breathing:呼叫患者
(C)Circulation:請求支援
(D)Defibrillation:使用自動體外心臟電擊去顫器(AED)。

( ) 16. 實施心肺復甦術時,每按壓胸口幾下應實施2次人工呼吸?
(A)10　(B)30　(C)50　(D)100。

1-3 ( ) 17. 有關滅火的基本方法,下列敘述何者正確?
(A)拆除法:從火場中搬離或除去可燃物
(B)冷卻法:破壞燃燒時的連鎖反應
(C)抑制法:排除、隔離或稀釋燃燒需要的助燃物
(D)窒息法:使可燃物的溫度降機到燃點以下。

( ) 18. 由可燃性固體(如紙張或纖維)所引起的火災,是屬於:
(A)A類火災　(B)B類火災　(C)C類火災　(D)D類火災。

( ) 19. 有關滅火器的使用步驟,下列何者正確?
(A)瞄、拉、壓、掃
(B)拉、瞄、壓、掃
(C)拉、壓、瞄、掃
(D)拉、掃、瞄、壓。

( ) 20. 鎂、鈉、鉀等金屬所引起的火災,是屬於哪一類火災?
(A)甲類火災　(B)乙類火災　(C)丙類火災　(D)丁類火災。

統測試題

( ) 21. 就火災種類之敘述,下列何項不正確?
(A)A類火災是由一般可燃性固體所引起的火災
(B)B類火災是由可燃性液體、氣體或固體油脂類物質所引起的火災
(C)C類火災是由通電中之電力設施或電氣設備所引起的火災
(D)D類火災是由可燃性非金屬所引起的火災。　　　　　　　　　　[101電子類]

( ) 22. 下列有關火災處理方式之敘述,何者有誤?
(A)二氧化碳滅火器適用於酒精發生之火災
(B)泡沫滅火器適用於木材、汽油和紙張所發生之火災
(C)若遇布類之衣服火災時,可以使用消防水或泡沫滅火器滅火
(D)若遇實驗工廠的配電盤發生火災且送電指示燈亮時,必須使用消防水或泡沫滅火器滅火。　　　　　　　　　　　　　　　　　　　　　　　　　　[101電機類]

( ) 23. 由一般可燃性物質如紙張、木材、紡織品等所引起的火災,可使用大量的水來撲滅,是屬於下列何種火災?
(A)A(甲)類火災　　　　　　　(B)B(乙)類火災
(C)C(丙)類火災　　　　　　　(D)D(丁)類火災。　　　　　[102資電類]

1-9

(　　)24. 當火災發生時，關於滅火的敘述，以下何者有誤？
(A)化學藥品及油類所引起的火災，可使用二氧化碳、乾粉等滅火器或水予以撲救較為有效
(B)滅火時應優先將火場內的電源先予截斷
(C)滅火最重要時刻是剛起火的數分鐘內
(D)一般物質的初期火災，可以考慮用沙、土或水等加以覆蓋撲滅。　　[102電機類]

(　　)25. "叫叫CABD" 為心肺復甦術（CPR）的急救步驟，下列何者代表字母A的意義？
(A)使用體外去顫器AED電擊　　　　(B)胸部按壓
(C)進行人工呼吸　　　　　　　　　(D)暢通呼吸道。　　[106電機類]

(　　)26. 使用中的馬達起火燃燒，屬於下列何種火災類別？
(A)A（甲）類火災　　　　　　　　(B)B（乙）類火災
(C)C（丙）類火災　　　　　　　　(D)D（丁）類火災。　　[107電機類]

(　　)27. 電源線路、電動機具或變壓器等電器設備因過載、短路或漏電所引起之火災，在電源未切斷時，不適合使用下列何種裝置滅火？
(A)泡沫滅火器　　　　　　　　　　(B)ABC乾粉滅火器
(C)BC乾粉滅火器　　　　　　　　 (D)二氧化碳滅火器。　　[108電機類]

(　　)28. 火災分類依據燃燒物性質可分四類，對於火災分類的說明，下列何者錯誤？
(A)A類火災又稱普通火災，它是由可燃性紙張、油脂塗料等引起的火災
(B)金屬火災用特種乾粉式滅火器撲滅
(C)D類火災又稱金屬火災
(D)由可燃性液體如酒精所致的火災為B類火災。　　[108資電類]

(　　)29. 在實驗室若受到火焰灼傷時，較適當的急救程序為何？
(A)送、泡、脫、蓋、沖　　　　　　(B)沖、蓋、送、泡、脫
(C)沖、脫、泡、蓋、送　　　　　　(D)送、沖、蓋、泡、脫。　　[109電機類]

(　　)30. 關於實習工場安全與衛生的敘述，下列何者錯誤？
(A)通電中的變壓器起火燃燒，可以使用二氧化碳滅火器來撲滅
(B)實習工場的消毒酒精起火燃燒，此為B類火災
(C)燒燙傷急救的實施步驟依序為「沖、脫、泡、蓋、送」
(D)心肺復甦術的實施步驟依序為「叫、叫、A、B、C、D」。　　[111資電類]

(　　)31. 有關電腦教室的安全注意事項，下列敘述何者正確？
(A)電腦教室內發生火災，應立即離開教室但不用通報學校環安室或老師
(B)教室內發現同學因觸電倒地，應立即對他進行CPR急救
(C)AED裝置是急救的電擊設備，用於CPR（叫叫CABD）中的D步驟
(D)同學在教室內打翻可燃性塗料引起火災，應立即潑水灌救。　　[112資電類]

(　　)32. 心肺復甦術（CPR）的急救步驟為「叫叫CABD」，其中字母D的意義，下列敘述何者正確？
(A)暢通呼吸道
(B)使用自動體外心臟電擊去顫器AED電擊
(C)取出口腔內的異物並進行人工呼吸
(D)成人每分鐘至少100次的胸部按壓。　　[113電機類]

CH**1**　工場安全衛生

(　　)33. 變壓器、發電機或配電盤所引起的電氣火災歸屬於下列何種火災？
(A)D類　(B)C類　(C)B類　(D)A類。 [114電機類]

答案 & 詳解

答案

1. A	2. D	3. C	4. B	5. C	6. D	7. C	8. A	9. C	10. C
11. B	12. B	13. B	14. A	15. D	16. B	17. A	18. A	19. B	20. D
21. D	22. D	23. A	24. A	25. D	26. C	27. A	28. A	29. C	30. D
31. C	32. B	33. B							

詳解

1. 不可綑綁電線，以免使用時溫度升高，造成電線短路而起發火災。

4. 政宏所引發的火災屬於C類火災，不適合使用泡沫滅火器來滅火。

5. 發生火災時，應避免搭電梯逃生，以免受困。

6. 應以絕緣體移開電源。不可直接碰觸感電者。應優先切斷電源。

7. 禁止私自搬動、拆裝電腦及相關設備。

11. 手腳潮濕時易發生觸電危險，須將手腳擦乾才可操作電氣設備。

14. 按壓胸口深度至少5公分深。

15. Circulation：按壓胸口。
    Airway：暢通呼吸道。
    Breathing：人工呼吸。

21. D類火災是由可燃性金屬所引起的火災。

22. 實驗工廠的配電盤發生火災，屬於C類火災，不能以消防水或泡沫滅火器滅火。

28. 油脂塗料引起的火災屬於B類火災，又稱油類火災。

32. D（Defibrillation）：使用自動體外心臟電擊去顫器AED電擊。

統測考試範圍

CH 2

程式架構的認識與實作

學習重點

章節架構	常考重點	
2-1　C／C++／C#語言架構介紹	• 程式的編譯與執行	★☆☆☆☆
2-2　C／C++／C#程式架構介紹	• 前置處理指令 • main( )函式 • 程式的敘述與註解 • 程式的輸出／輸入	★★★☆☆
2-3　專案除錯實習		☆☆☆☆☆

統測命題分析

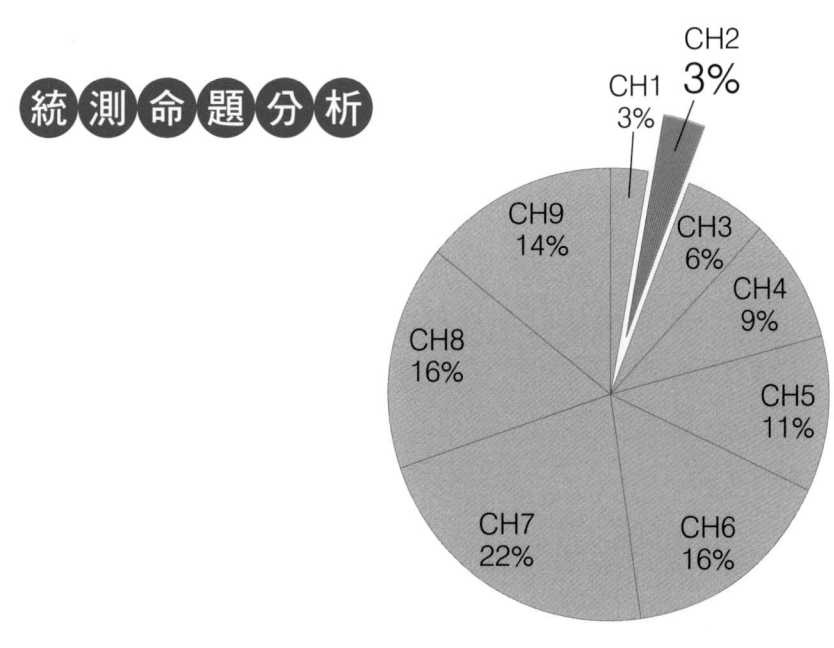

- CH1 3%
- CH2 3%
- CH3 6%
- CH4 9%
- CH5 11%
- CH6 16%
- CH7 22%
- CH8 16%
- CH9 14%

2-1　C / C++ / C#語言架構介紹

> **注意**
>
> 由於「程式設計實習」各版審定課本所使用的程式語言略有不同（如C、C++、C#等），本書彙整所有版本重點，並在本章說明C、C++、C#之差異。後續第3～8章內容解說及練習題目99%以**C語言**為主，為了以防未來統測出現C++試題，有少數題目會出現cout、cin等C++關鍵字。第9章則是配合課綱規定的「物件導向」內容採用C++（C語言不支援）。

一、C語言的認識

1. **C語言**是C++與C#的前身，它是由AT&T貝爾實驗室（Bell Laboratory）於1972年所發展出來的程式語言，目的是為了開發Unix作業系統。

2. C語言的優點：

    a. 程式碼精簡，產生的程式執行效率佳。

    b. 具有很高的可攜性。

    c. 支援模組化的程式設計。

    d. 彈性大且擴充性強。

二、C / C++ / C#的關聯

1. **C++**是以C語言為基礎，再加上**物件導向觀念**的程式語言，最初名為C with Classes，再經不斷改良後，於1983年正式被命名為C++，也是在貝爾實驗室中所發展出來，原創者為Bjarne Stroustrup。

2. C++可與C語言相容，除了保有C語言的優點，也增添許多比C語言更強的特性。

3. **C#**（發音為C Sharp）是微軟於2000年以C語言和C++所衍生發展出來的物件導向程式語言，C#延續了這兩種語言的架構並簡化其複雜度，使它能更容易被理解與使用。

4. C / C++ / C#程式語言的比較：

項目＼程式語言	C	C++	C#
物件導向	不支援	支援	支援
語言複雜度	易	難	中
執行效能	高	中高	中
擴充性	高	高	中
開發應用領域	系統程式、 嵌入式系統、 作業系統等	遊戲開發、圖形和影像處理等軟體應用程式	Windows應用程式、 網頁應用程式、 企業應用程式等

三、C / C++ / C#的整合開發環境

1. 整合開發環境（**I**ntegrated **D**evelopment **E**nvironment, IDE）提供編輯程式專用的編輯器介面，這個編輯器介面可啟動編譯器、連結器進行編譯與連結。此外，大多數的IDE也提供除錯、圖形介面設計、專案管理等功能，讓開發程式更加輕鬆。

2. 常見的C / C++ / C#之整合開發環境（IDE）：

<table>
<tr><th>程式語言</th><th>C / C++</th><th>C#</th></tr>
<tr><td rowspan="2">常見的
整合開發環境</td><td>Arduino IDE、
Dev-C++、
GCC、
MinGW</td><td>MonoDevelop、
SharpDevelop</td></tr>
<tr><td colspan="2">Microsoft Visual Studio</td></tr>
</table>

四、程式的編譯與執行

1. 在編輯器中所輸入的程式內容，通常稱為**原始程式碼**（source code），而儲存原始程式碼的檔案則稱為**原始檔**或**原始程式檔**。

2. 原始程式碼需經過編譯、連結，才能產生可執行檔，過程如下：

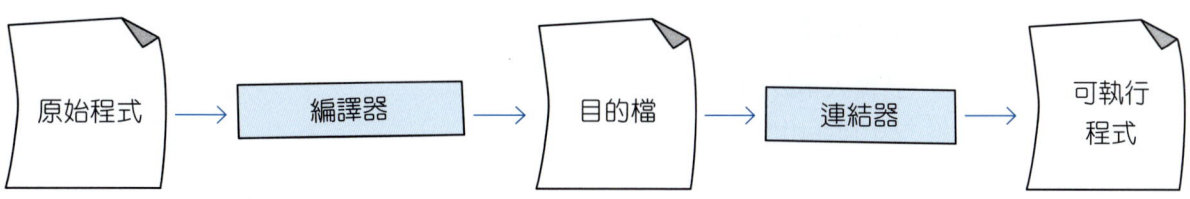

2-2　C／C++／C#程式架構介紹

C

```c
1   /*認識程式架構*/                    ── 程式註解
2   #include <stdio.h>                  ── 前置處理指令及含括檔
3
4   int main()                          ── main( )函式
5   {
6       int age;
7       printf("請輸入年齡:");
8       scanf("%d", &age);
9       printf("%d年出生", 2025 - age);
10      return 0;
11  }
```

C++

```cpp
1   /*認識程式架構*/
2   #include <iostream>
3   using namespace std;
4   int main()
5   {
6       int age;
7       cout << "請輸入年齡:";
8       cin >> age;
9       cout << 2025 - age << "年出生";
10      return 0;
11  }
```

C#

```csharp
1   /*認識程式架構*/
2   using System;
3   public class Program
4   {
5       public static void Main()
6       {
7           int age;
8           Console.Write("請輸入年齡:");
9           age = int.Parse(Console.ReadLine());
10          Console.Write("{0}年出生", 2025 - age);
11      }
12  }
```

> **注意**
> 統測試題通常著重在程式的執行結果（即運算 2025 - age），雖然C、C++、C#的輸出／輸入程式碼、表示方式不同，但執行結果是一樣的，因此在面對統測時，毋須過度擔心關鍵字的差異。

執行結果

請輸入年齡:**17**
2008年出生

一、前置處理指令與含括檔

1. **#include**是一個**前置處理指令**（preprocessing directive），或稱為「假指令」。

2. 編譯程式前，前置處理器會優先處理#include指令，將指令後的含括檔（include file）整個置入到#include指令所在的位置，同時將#include這行移除。

3. 這個置入的動作，稱為**含括**（include）。

4. #include指令有下列2種格式：

    a. **#include <檔名>**：指示前置處理器到系統的include資料夾找要含括的檔案。主要用於含括標準函式庫中的含括檔（標頭檔）使用。

    b. **#include "檔名"**：指示前置處理器先到目前的工作目錄找，若找不到，再到系統的include資料夾找。

二、main()函式

1. **main()**函式是C／C++／C#程式執行的起點與主體，撰寫程式一定要有它（C#中的Main()函式中的M必須為大寫，C／C++則為小寫m）。

2. main()函式開頭的 "int" 是整數（integer）的意思，表示main()函式在執行完會「傳回」一個整數給作業系統。

3. main()的**{}**所包住的程式敘述，為main()的本體（body），也就是main()函式要執行的內容。

三、程式敘述

1. 常見的程式敘述有宣告、定義、運算式、函式呼叫等。

2. 程式敘述是由一個或多個字符（token）所組成，例如printf("Hello World");是由printf、(、"Hello World"、)、;等5個字符所組成。

3. 字符有大小寫之分，STD、Std、sTd均為不同的字符。

4. 字符與字符間的**空白符號**（whitespace）不會影響程式執行，額外的空白甚至換行，其意義都相同，只是空白符號太多可能會影響閱讀與除錯。空白字元、定位字元（Tab）、換行都算是空白符號。

5. C／C++／C#程式語言是一行又一行敘述所組成。每一行敘述結尾都要加上分號;，編譯器是依分號來分辨敘述的開頭和結尾。

6. return 0;表示當程式正確執行後，會傳回0給作業系統，此行可省略不寫，編譯器會自動視為傳回0。

TIP
#include是前置處理指令，不是程式敘述，所以不必以分號;作為結尾。

四、程式註解

1. <u>註解</u>是撰寫程式時，寫給自己或他人閱讀的說明文字，方便程式的維護與除錯，編譯器遇到註解時，會忽略被註解的敘述。

2. 註解的格式有2種：

   a. 單行註解：在敘述前面以2個斜線//為開頭。

   b. 區塊註解：在/*與*/中間加入註解說明。/*與*/不需要在同一行。

五、程式的輸出／輸入

1. C／C++／C#都是呼叫標準函式庫的函式來達成輸出／輸入，如下表所示。

程式語言 函式種類	C	C++	C#
輸出	printf( )	std::cout	Console.WriteLine( )
輸入	scanf( )	std::cin	Console.ReadLine( )

TIP
雖然C、C++或是C#的輸出／輸入函式皆不相同，但同學在面對試題時，不用擔心關鍵字的差異，因為統測考試通常著重的是程式的<u>執行結果</u>（即運算結果）。

2. C++輸出時使用<<運算子串接，輸入時則使用>>運算子串接。

3. 為避免造成撰寫及閱讀程式的不便，若在C++程式開頭宣告std名稱空間，即為using namespace std後，使用輸出／輸入函式時，cout與cin前就不用加上std::。

CH2 程式架構的認識與實作

4. 使用C語言的輸出／輸入函式時，要搭配格式轉換或特殊符號使用（如下表）。

符號	用途
%d	將變數轉換成整數格式（10進制）
%o	將變數轉換成整數格式（8進制）
%x	將變數轉換成整數格式（16進制）
%f	將變數轉換成浮點數格式
%lf	將變數轉換成倍精度浮點數格式
%c	將變數轉換成字元格式
%s	將變數轉換成字串格式
\b	表示後退一格（Backspace）
\n	表示換行
\t	表示水平定位（Tab）
\v	表示垂直定位
\'	表示輸出'（單引號）
\"	表示輸出"（雙引號）
\?	表示輸出?（問號）

> **TIP**
> 在C++中，若要將整數以8進制或16進制的形式呈現，語法如下：
> - std::hex為16進制。
> - std::oct為8進制。

（\n → C++的換行語法為endl）

5. **範例**：程式的輸出／輸入

舉例

```c
1   #include <stdio.h>
2
3   int main(){
4       int A;
5       printf("請輸入一個整數:");
6       scanf("%d", &A);
7       printf("該整數為:%d", A);
8       printf("\n");
9       printf("Bye Bye!");
10  }
```

C++

```cpp
1   #include <iostream>
2   using namespace std;
3   int main(){
4       int A;
5       cout << "請輸入一個整數:";
6       cin >> A;
7       cout << "該整數為:" << A;
8       cout << endl;
9       cout << "Bye Bye!";
10  }
```

執行結果

```
請輸入一個整數:100
該整數為:100
Bye Bye!
```

說明

- 程式執行時，會先輸出 "請輸入一個整數:" 的訊息。
- 使用者輸入一個整數（如100）後，按Enter鍵，程式才會繼續執行。
- 先輸出 "該整數為:100"，再輸出換行，最後輸出 "Bye Bye!"。
- 若沒有輸出換行（"\n"、endl），則 "Bye Bye!" 會緊接在 "該整數為:100" 之後。

2-7

得分加+

( )1. 在C語言中，下列哪一個函式是程式的主體，不可省略？
(A)main()　(B)scanf()　(C)printf()　(D)return。

( )2. 在C語言中，輸出訊息是使用下列哪一個函式？
(A)printf()　(B)main()　(C)return　(D)scanf()。

( )3. 在C語言中，輸入資料是使用下列哪一個函式？
(A)printf()　(B)scanf()　(C)return　(D)main()。

( )4. 在C++中，輸入資料是使用下列哪一個函式？
(A)main()　(B)return　(C)cout　(D)cin。

答 1. A　2. A　3. B　4. D

解 1. 所有的C語言程式都要有main()函式，程式都是從main()函式開始執行。

2-3 專案除錯實習 〔112〕

1. 編譯C／C++／C#程式時，若編譯器顯示一些訊息，且未產生可執行檔，表示原始程式內容有問題，編譯器無法正確解讀，此時可檢查下列項目：

   a. 大小寫是否正確。

   b. 是否有遺漏標點符號，例如分號、括號等。

   c. 是否誤用全形的標點符號，程式語法只能接受半形符號。

2. 程式的錯誤有以下3種：

   a. **語法錯誤**：每個程式語言的敘述都有其特定的撰寫規則，若程式敘述所使用的語法不正確，則該程式敘述就無法被直譯器或編譯器正確的翻譯，導致程式無法執行。

   b. **語意錯誤**：又稱為**邏輯錯誤**，是指程式碼的語法正確，程式可以翻譯、執行，但是程式執行的結果與所預期的結果不同。例如計算梯形面積，其公式為「(上底 + 下底) * 高 / 2」，若不小心將公式中的「＋」號打成「－」號，計算出來的梯形面積便會錯誤，此為語意錯誤。

   c. **執行時錯誤**：在程式執行過程中發生的錯誤。例如除法運算時除以0、陣列索引超出範圍、無窮迴圈（程式無法停止執行）、無效的型態轉換等狀況所發生的錯誤。

CH2 程式架構的認識與實作

▲ 閱讀下文，回答第1至4題：

班導師希望有一支程式可記錄同學的國文、英文、數學三科分數並計算總分，方便掌握同學的學習情況，於是班導師請新智利用C語言撰寫程式，可讓使用者輸入座號及三科成績後，輸出座號及總分。新智利用C語言所撰寫的程式如下：

```
1    include <iostream>;
2
3    {
4        int Se, Ch, En, Ma, TO;
5        printf("請輸入你的座號:");
6        scanf("%d", &Se);
7        printf("請輸入你的國文分數:");
8        scanf("%d", Ch)
9        printf("請輸入你的英文分數:");
10       scanf("%d", &En);
11       printf("請輸入你的數學分數:")
12       scanf("%d", &Ma);
13       TO = Ch + En + Ma;
14       printf("你的座號為:%d\n", Se);
15       printf("你的3科總分為:%d", TO);
16   }
```

( ) 1. 新智撰寫完上述程式後，發現程式無法正常執行，請問他應該修改幾行敘述，才能使程式可以正常執行？
(A)2行　(B)3行　(C)4行　(D)5行。　　　　　　　　　　　　　　　　　　[2-2]

( ) 2. 在上述C語言程式敘述中，第6行：scanf("%d", &Se);的%d用途為下列何者？
(A)輸出整數　　　　　　　　　(B)輸入整數
(C)輸出浮點數　　　　　　　　(D)輸入布林數值。　　　　　　　　　　　[2-2]

( ) 3. 新智在撰寫程式時，想要加入文字說明每行程式的用途，方便他人了解或閱讀程式，請問他要在說明文字的開頭加入下列哪一種符號，才不會影響程式執行？
(A)||　(B)??　(C)\\　(D)//。　　　　　　　　　　　　　　　　　　　[2-2]

( ) 4. 在上述C語言程式敘述中，第14行：printf("你的座號為:%d\n", Se);的\n用途為下列何者？
(A)輸出換行　(B)輸出Tab鍵　(C)輸出空格　(D)輸出"符號。　　　　　　[2-2]

擬真試題

2-1
( )5. 下列何者不是C語言的優點？
(A)程式碼精簡，產生的程式執行效率佳
(B)具有很高的可攜性
(C)不具有模組化的程式設計
(D)彈性大而擴充性強。

( )6. 有關於C／C++／C#的敘述，下列何者錯誤？
(A)C#是由微軟所開發
(B)C++的最初名為C with Classes
(C)C屬於物件導向語言
(D)C++與C#皆是以C為基礎所發展出來的。

2-2
( )7. C語言程式的每一行程式敘述都要以哪一個符號結尾？
(A)分號； (B)單引號' (C)逗號， (D)冒號：。

( )8. 以下何者可作為C語言程式中的水平定位符號？
(A)\t (B)\n (C)\v (D)\b。

( )9. 在C語言中，若要將輸入的變數轉換成字元格式，應使用下列哪一項符號？
(A)%a (B)%c (C)%b (D)%m。

( )10. 在C語言中，有關printf()的敘述，何者正確？
(A)可讓使用者從鍵盤輸入資料   (B)使用%d可將整數輸出到螢幕上
(C)輸出時使用<<運算子串接   (D)printf()敘述後可不接分號。

( )11. 若要指示前置處理到系統的include資料夾找要含括的檔案，#include指令應使用下列哪一種格式？
(A)#include "檔名"   (B)#include [檔名]
(C)#include {檔名}   (D)#include <檔名>。

( )12. 下列敘述何者正確？
(A)編譯器會根據分號來分辨一個敘述的開頭和結尾
(B)程式中多餘的空格會影響程式的編譯
(C)程式的內容一定要向右縮排，否則無法正確編譯
(D)程式中一定要加上註解，否則無法正確編譯。

( )13. 下列有關程式敘述的說明，何者有誤？
(A)空白符號太多會影響程式的閱讀與除錯
(B)Sum與sum是相同的字符
(C)return 0;可省略不寫
(D)編譯器遇到 // 後面的文字時，會略過不執行。

( )14. 若要在C語言中加入區塊註解，請問要使用下列哪一項成對的符號？
(A)/$…$/ (B)/#…#/ (C)/*…*/ (D)//…//。

( )15. 在C語言中，若要將輸入的變數轉換成浮點數格式，要使用下列哪一項符號？
(A)%c (B)%f (C)%h (D)%m。

2-10

( )16. 在C語言中，要輸入字串格式，請問要使用下列哪一項符號？
(A)%p (B)%lf (C)%s (D)%t。

2-3 ( )17. 程式編譯器可以發現下列哪一種錯誤？
(A)邏輯錯誤 (B)語法錯誤 (C)文字錯誤 (D)語意錯誤。

統測試題

( )18. 以C語言開發程式的敘述，下列何者錯誤？
(A)程式需要經過編譯及連結產生可執行檔，才能夠執行
(B)使用#include前置處理命令時，命令結尾需要加上分號
(C)main()是一個函式，程式執行時從main()函式開始執行
(D)單行註解可用2個斜線（//）開頭。 [111資電類]

( )19. 關於C語言中語法錯誤（Syntax error）以及程式執行過程的錯誤（Run-time error）的敘述，下列何者正確？
(A)語法錯誤在編譯過程中就會被編譯器發現
(B)除以0屬於一種語法錯誤
(C)指標未經初始化就指定其內容時可能會發生語法錯誤
(D)在敘述（Statement）結束時，沒有分號是一種程式執行過程的錯誤。 [112資電類]

―――――― 答案&詳解 ――――――

答案

1. C　　2. B　　3. D　　4. A　　5. C　　6. C　　7. A　　8. A　　9. B　　10. B
11. D　　12. A　　13. B　　14. C　　15. B　　16. C　　17. B　　18. B　　19. A

詳解

1. 須修改4行程式敘述，才能使程式可以正常執行，說明如下：
   第 1行：將include <iostream>;更改為#include <stdio.h>
   第 2行：在程式開頭添加int main()函式
   第 8行：將scanf("%d", Ch)更改為scanf("%d", &Ch);
   第11行：在此行最後添加分號;。

10. printf()為輸出函式。輸出時不須使用<<運算子串接。
    printf()敘述後應加分號。

12. 多餘的空格並不會影響程式的編譯。
    程式的內容不一定要向右縮排。
    程式中不一定要加上註解。

13. 字符有大小寫之分，Sum與sum是不同的字符。

14. 區塊註解是以成對的 /* 與 */ 來包含所要加入的註解說明。

18. #include是前置處理指令，不是程式敘述，因此結尾不需加上分號。

19. 除以0，屬於語意錯誤；
    指標未經初始化，屬於語意錯誤；
    在敘述結束時沒有分號，屬於語法錯誤。

統測考試範圍

CH 3

變數與常數

學習重點

章節架構	常考重點	
3-1　演算法概論	• 演算法的表示	★☆☆☆☆
3-2　變數與常數宣告及應用	• 變數的命名規則 • 變數的宣告 • 常數的宣告	★★☆☆☆

統測命題分析

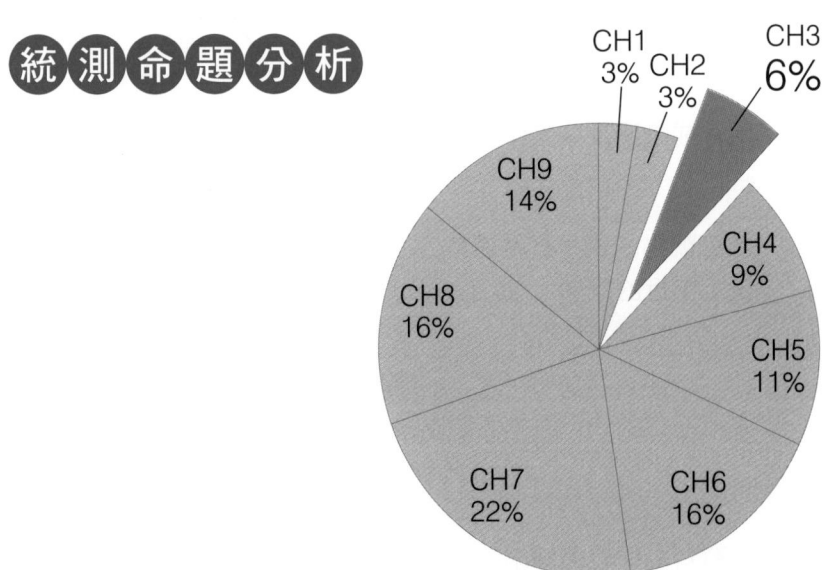

3-1 演算法概論

一、演算法的特性

1. **演算法**（algorithm）是用來解決特定問題的指令或步驟。

2. 演算法必須滿足下列5項條件：

規則	說明
輸入（input）	大多有輸入資料，但並非必要
輸出（output）	至少要有1個以上的輸出資料
有限性（finiteness）	須在有限的處理步驟後得到結果
明確性（definiteness）	步驟須明確，不能模稜兩可
有效性（effectiveness）	步驟須可實際做到或可執行的

二、演算法的表示

1. 流程圖表示法：

    a. **流程圖**（flowchart）是使用簡明的圖示符號來表達解決問題步驟的示意圖。

    b. 常用的流程圖符號及代表意義：

符號	意義	作用	舉例
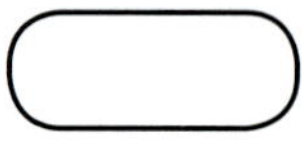 ⬭	開始或結束	表示流程圖的開始或結束	 結束
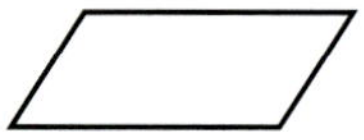 ▱	輸出或輸入	表示資料的輸入或輸出	 輸入a
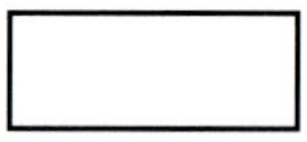 ▭	處理符號	執行或處理某些工作	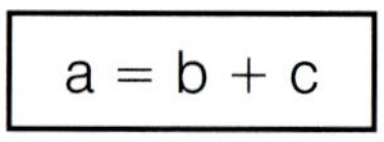 a = b + c
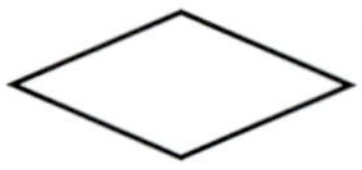 ◇	決策判斷或條件判斷	依符號內的條件式是否成立，決定執行的流向	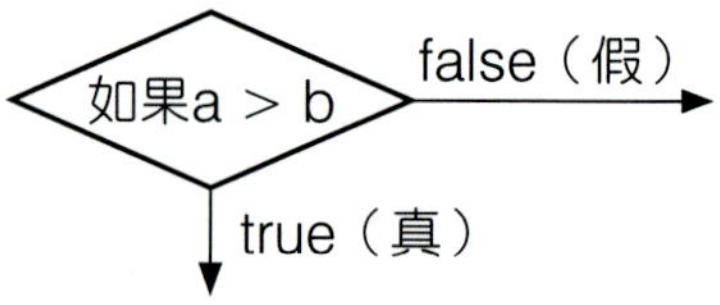 如果a > b，false（假）／true（真）
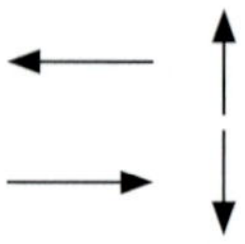 ←↑→↓	流向符號	表示程式的執行方向和順序	 ↓
 ⎦	列印符號	將資料由印表機輸出	 印出a

接下頁…

CH3 變數與常數

符號	意義	作用	舉例
 ⬭	螢幕顯示	將資料顯示於螢幕上	顯示a
 ⬡	迴圈符號	設定迴圈變數的初值與終值	for(int i = 1; i <= 3; i++) 從1執行到3，共重複3次
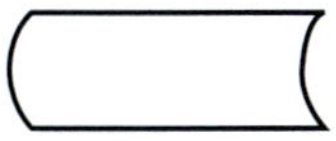 ⬭	磁碟符號	表示由磁碟輸入或輸出資料	檔案名稱
 ▯	副程式符號	執行副程式	副程式名稱
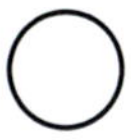 ○	連接符號	連接兩個流程圖。右圖中左邊之A表示出口、右邊之A表示入口	A A
 ⬇	換頁符號	連接下頁的流程圖	接下頁
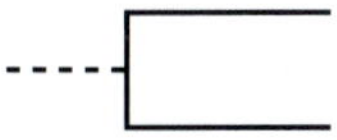 ---▯	註解	補充說明	----- sum代表總和

c. 流程圖通常是由上往下、由左往右繪製，範例如下。

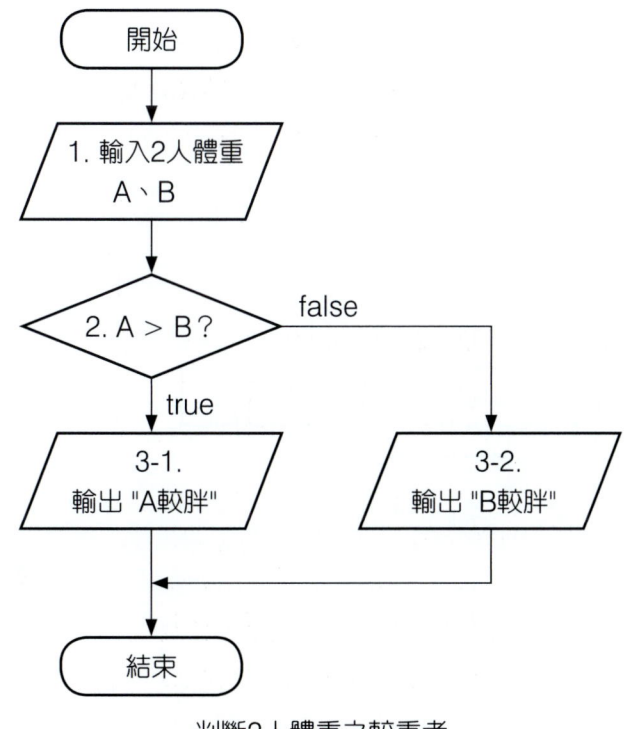

判斷2人體重之較重者

3-3

2. 敘述表示法：

   a. **敘述表示法**是使用**虛擬碼**，來表達演算法的處理步驟。

   b. **虛擬碼**（pseudo code）是一種以簡要的文字，來敘述程式如何運作的工具。

   c. 以敘述表示法來描述處理的步驟，範例如下。

   ```
   1.   輸入2人體重A、B
   2.   判斷A是否大於B，
        若是（true），執行步驟3-1；
        若否（false），執行步驟3-2
   3-1. 輸出 "A較胖"，並結束程式
   3-2. 輸出 "B較胖"，並結束程式
   ```

   判斷2人體重之較重者

三、演算法的三種結構

1. **循序結構**（sequence structure）：**由上而下依序執行**的控制結構。

2. **條件結構**（conditional structure）：**依照條件式判斷**的結果，來決定不同執行路徑的控制結構。

3. **重複結構**（repetition structure）：**反覆執行**解決問題的步驟，直到特定條件出現才停止執行的控制結構。

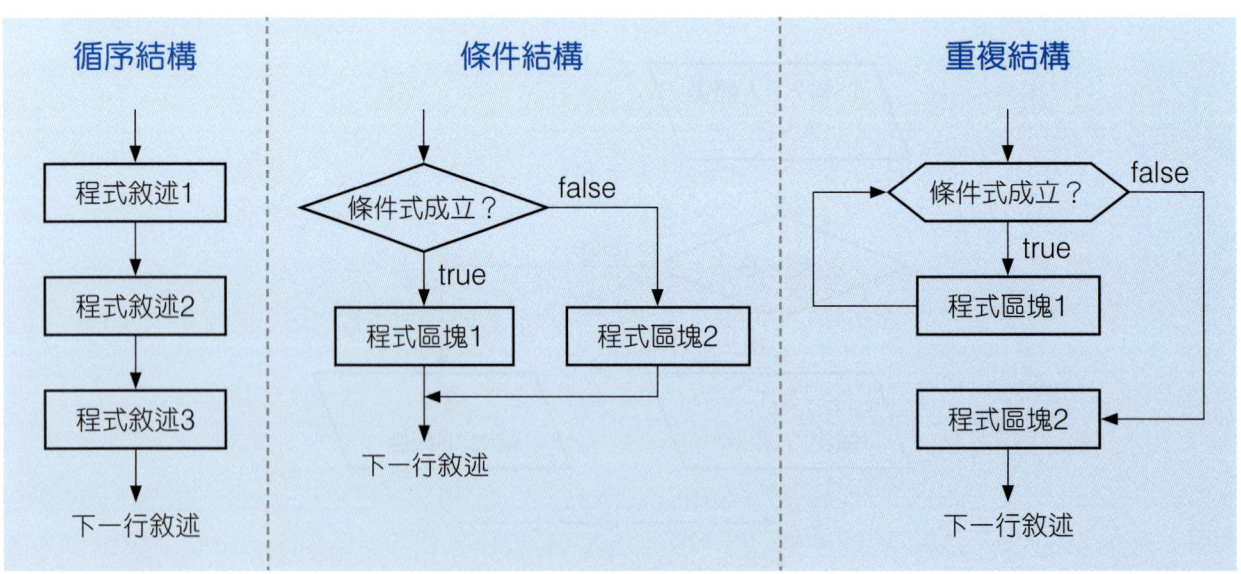

得分加+

( )1. 在流程圖符號中,下面何者表示輸入／輸出?
　　(A)◇　(B)▭　(C)⬠ 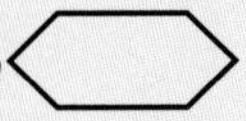　(D)▱。

( )2. 下列何者為表示程式開始或結束之流程圖符號?
　　(A)▱　(B)▭　(C)⬭ 　(D)⬠。

( )3. 下列何者不是演算法特性之一?
　　(A)輸入　(B)有限性　(C)快速性　(D)有效性。

( )4. 判斷條件式是否成立,再決定程式執行的路徑,指的是哪一種結構?
　　(A)條件結構　　　　　(B)循序結構
　　(C)重複結構　　　　　(D)敘述結構。

( )5. 開發程式時,流程圖是用來?
　　(A)規劃解決問題方案　(B)定義問題
　　(C)撰寫問題　　　　　(D)製造問題。

( )6. 下列有關演算法（Algorithm）的敘述,何者不正確?
　　(A)虛擬碼（Pseudo code）必須遵守程式語言的語法,才能描述演算法
　　(B)流程圖（Flowchart）為描述演算法的一種方法
　　(C)演算法的設計必須符合有效性（Effectiveness）
　　(D)演算法的設計必須符合有限性（Finiteness）。

( )7. 設計程式時,為表達流程圖或演算法所代表的指令執行過程,可以使用一種介於自然語言與程式語言之間的表示法,稱之為?
　　(A)二進碼　(B)對照碼　(C)機器碼　(D)虛擬碼。

( )8. 下圖所示的流程圖符號,其意義為何?
　　(A)輸入　(B)處理　(C)註解　(D)顯示。

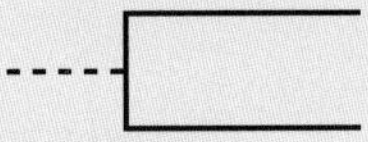

答　1. D　2. C　3. C　4. A　5. A　6. A　7. D　8. C

3-2 變數與常數宣告及應用

一、變數的命名規則

1. 變數名稱的長度沒有限制，但在命名變數時，最好是取一個具有意義的名稱，可有助於程式的閱讀及維護。例如：變數命名為age代表年齡。

2. 變數命名規則：

規則	錯誤範例	正確範例
a. 變數名稱有字母大小寫之分	int age; Age = 20;	int age; age = 20;
b. 可使用任何文字（如英文字母）或數字，以及_（底線符號）組成，其他符號、空格都不能使用	$100	_aa
c. 第1個字元不能為數字	19f	f_19

3. **關鍵字**（keyword，或稱保留字）是定義在C語言標準中，對編譯器有特殊意義的字符。**關鍵字也不能做為變數名稱**。常見的關鍵字有if、do、for、else、break、return、true、false、new、const、bool、char、int、class等。

二、變數的宣告 112

1. **語法**：

語法

變數宣告

```
資料型態 變數名稱;
資料型態 變數名稱1, 變數名稱2, …, 變數名稱n;
```

變數宣告並指派內容給變數

```
資料型態 變數名稱 = 初始值;
資料型態 變數名稱1 = 初始值1, 變數名稱2 = 初始值2,…變數名稱n = 初始值n;
資料型態 變數名稱 = 運算式;
```

說明

- 使用變數之前，都需要事先宣告（declare）。
- 在同一行敘述中，可同時宣告多個「同型態」的變數，變數名稱間只需使用,（逗號）隔開。不同型態的變數不可在同一行敘述。
- 宣告變數的同時就設定初始值（數值），這也稱為**定義**（definition）。
- 在同一行敘述中，可同時設定多個變數與初始值，且初始值的設定可以是一個運算式。

2. **範例**：宣告變數並指派內容給變數

```c
1    #include <stdio.h>
2    int main(){
3        int i;
4        float a, b = 36.6;
5        int n = 100;
6        int h = 80, w = 120;
7        int sum = h + w;
8        a = b + n;
9        i = 32, w = 240;
10       printf("a = %.1f\n", a);
11       printf("sum = %d\n", sum);
12       printf("i = %d, w = %d", i, w);
13   }
```

執行結果

```
a = 136.6
sum = 200
i = 32, w = 240
```

說明

- 宣告一個名稱為i，資料型態為整數（integer）的變數。
- 同時宣告a、b兩個資料型態為浮點數（float）的變數，變數b的初始值為36.6。
- 宣告變數n的初始值為100。
- 同時宣告h、w兩個變數的初始值分別為80、120。
- 宣告變數sum的初始值為運算式h + w。
- 將運算式b + n存入變數a中。
- 將數值32存入i變數中，將變數w的值從120變更為240。

3. **練習**：

例 商品價格與庫存量管理

```c
1    #include <stdio.h>
2    int main(){
3        int price = 200, qty = 30;
4        printf("商品價格為%d元\n", price);
5        printf("庫存有%d個\n", qty);
6        qty = 100;
7        printf("請輸入商品價格:");
8        scanf("%d", &price);
9        printf("\n");
10       printf("調整後商品價格為%d元\n", price);
11       printf("庫存有%d個", qty);
12   }
```

執行結果

商品價格為200元
庫存有30個
請輸入商品價格:**150**

調整後商品價格為150元
庫存有100個

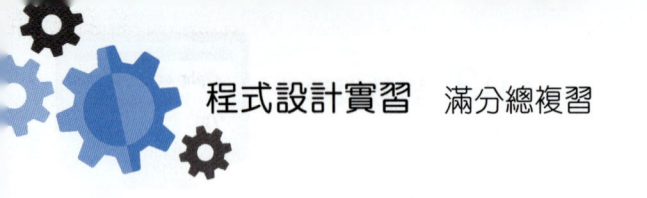

三、常數的宣告 111 112 113

1. **語法：**

語法

```
#define 常數名稱 常數值
    或
const 資料型態 常數名稱 = 常數值;
    或
enum 列舉名稱{常數成員1, 常數成員2, …};
```

說明

- #define是一種前置處理指令，通常定義在程式最開頭，且結尾不用加上;。
- enum（列舉）是一種可一次定義多個整數常數的方法，在{}中的常數稱為「常數成員」，定義後「列舉名稱」會成為列舉型態。

2. **常數**（constant）通常是指**不會改變**的資料，例如圓周率 = 3.14159。當某個數值具有特殊意義，且經常會在程式中使用到，就可用有意義的識別字（名稱）來代表這個常數，例如PI代表圓周率、TaxRate代表稅率。

3. 常數名稱通常會使用大寫字母，且關鍵字也不能做為常數名稱。

4. 常數定義規則如下：

規則	×錯誤範例	○正確範例
a. 使用#define或const宣告常數時，必須指定初始值	#define MTH;	#define MTH 12
	const int MAX;	const int MAX = 10;
b. 使用enum宣告常數成員時，若沒有指定初始值，則預設會從0開始，依序加1遞增		enum a{X, Y, Z}; 表示 X = 0 Y = 1 Z = 2
c. 常數或常數成員宣告後，無法再重新給值	#define MTH 12 MTH = 24;	#define MTH 12
	const int MAX = 10; MAX = 30	const int MAX = 10;
	enum a{X = 1, Y = 2, Z = 3}; X = 10	enum a{X = 1, Y = 2, Z = 3};

5. **範例**：常數的宣告與使用

```c
1    #include <stdio.h>
2    #define PI 3.14159
3    int main(){
4        enum dir{x, y, z = 10};
5        const int DAY = 24;
6        double area = 3 * 3 * PI;
7        enum dir b = x;
8        printf("一天有%d小時\n", DAY);
9        printf("圓面積為:%.5lf\n", area);
10       printf("y = %d\tz = %d", y, z);
11   }
```

執行結果

一天有24小時
圓面積為:28.27431
y = 1   z = 10

說明
- 使用#define定義常數時，不需宣告資料型態，常數PI的值為3.14159。
- 以const來宣告一個整數常數DAY，值為24。
- 圓面積以運算式area = 3 * 3 * PI計算，意即area = 3 * 3 * 3.14159。
- 使用enum定義名稱為dir的列舉型態，並宣告x, y, z，3個常數成員。
- x、y無設定初始值，因此x = 0（預設值）、y = 1（成員依序加1）。
- 列舉型態的變數b只能接受x, y, z，若指派別的變數或數值（如b = 5、b = q），會產生錯誤。

得分加+

( )1. 下列C語言宣告變數的敘述，何者不正確？
(A)int a;　(B)int A = 1;　(C)a = 1 + 2;　(D)int A = 100 + 1;。

( )2. 根據C語言變數與常數的命名規則，下列何者可做為變數或常數的名稱？
(A)class　(B)int　(C)sub　(D)break。

( )3. 在C語言中，下列何者不符合變數名稱的命名規則？
(A)5A_B　(B)abd_　(C)FOR5　(D)PRIN。

( )4. 在C語言中，下列有關變數命名的規則，何者錯誤？
(A)可使用中文　　　　　　(B)長度須在50個字元以內
(C)不可使用關鍵字　　　　(D)可使用底線符號。

答 1. C　2. C　3. A　4. B

解 2. class、int、break為C語言關鍵字，不可當變數與常數名稱。
3. C語言的變數命名規則中，不可用數字作為開頭。
4. 變數命名的長度沒有限制。

得分加倍 讀

情境素養題

▲閱讀下文，回答第1至5題：

俊嘉參加某益智實境節目，節目遊戲規則是由電腦隨機挑選9道題目組成9宮格，答對1～8題每題可獲得獎金1萬元，答對第9題可獲得獎金2萬元，共可獲得10萬元獎金，若闖關失敗，則目前累積獎金減半並結束遊戲。下圖是這個益智遊戲的步驟流程圖。

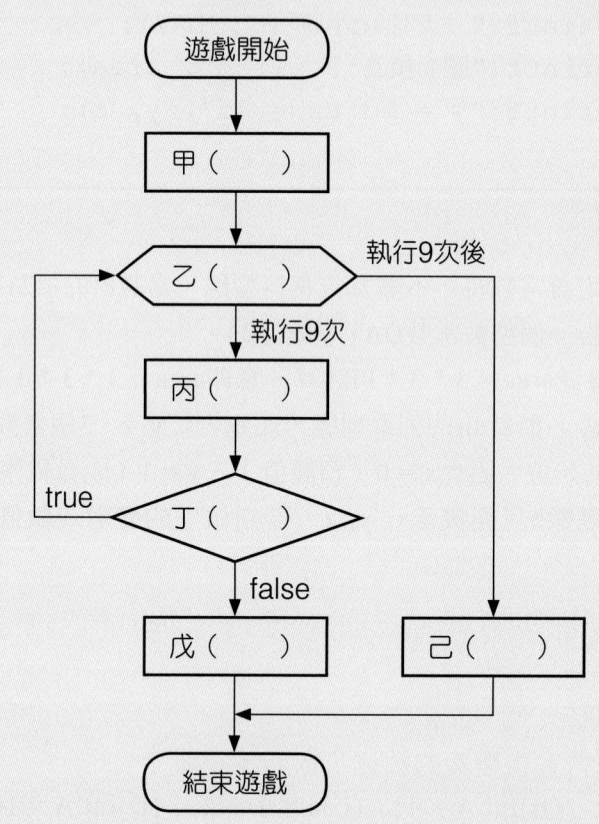

(　　)1.　以下為俊嘉參加益智遊戲的相關步驟，請問上述流程圖中的甲、乙、丙、丁、戊、己，依序分別代表下列哪些內容，以符合益智遊戲的步驟流程？

①俊嘉作答　　④大螢幕顯示9宮格題目
②俊嘉從九宮格題目中選1題出來　　⑤俊嘉的答案是否正確
③俊嘉闖關失敗，獎金減半　　⑥獲得10萬獎金

(A)②④①⑤③⑥　(B)②④①⑤⑥③
(C)④②①⑤⑥③　(D)④②①⑤③⑥。　[3-1]

(　　)2.　上述流程圖中 ，表示哪一種流程圖符號？
(A)決策判斷　(B)處理符號　(C)條件判斷　(D)迴圈符號。　[3-1]

(　　)3.　上述流程圖中 ，表示哪一種流程圖符號？
(A)處理符號　(B)迴圈符號　(C)開始或結束　(D)流向符號。　[3-1]

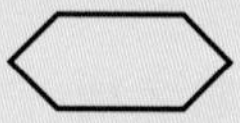

( )4. 俊嘉拿到獎金後，製作單位再推出一個加碼小遊戲，有3張機會牌供俊嘉選擇，這3張牌分別是3、1及0，俊嘉抽牌後獎金即會乘上牌面的數字，才是俊嘉真正得到的獎金。請問依據上述情境繪製成流程圖，最適合使用哪些流程圖符號來繪製？
(A)條件判斷、處理符號、流向符號
(B)迴圈符號、處理符號、流向符號
(C)副程式符號、處理符號、流向符號
(D)磁碟符號、流向符號。 [3-1]

( )5. 俊嘉想要撰寫一支可計算歷年闖關成功機率的程式，下列是他想使用的變數名稱，請依據C語言變數命名規則，判斷哪些是可以使用的變數名稱？
①for　　②ifelse　　③190cm　　④bluelock　　⑤true
⑥01答案　⑦long　　⑧_WALKER#　⑨sumo99　　⑩b_on_us
(A)①④⑦⑧⑩　(B)②④⑨⑩　(C)②④⑦⑨⑩　(D)①③④⑦⑩。 [3-2]

擬真試題

3-1 ( )6. 下列何者不是描述演算法的方式？
(A)敘述表示法　(B)流程圖　(C)虛擬碼　(D)甘特圖。

( )7. 要程式執行得有效率，除了程式本身設計正確外，下列哪項因素最為重要？
(A)使用好的演算法　　　　(B)尋找好的程式設計師
(C)程式寫得愈清楚愈好　　(D)挑選好的程式語言。

( )8. 在演算法的流程圖中，決策符號的形狀是什麼？
(A)菱形　(B)圓形　(C)矩形　(D)圓角矩形。 [111技競]

3-2 ( )9. 若要將A = 1及B = 2宣告在同一行，程式要如何撰寫？
(A)int A = 1; B = 2;　　(B)int A = 1: B = 2;
(C)int A = 1, B = 2;　　(D)int A = 1! B = 2;。

( )10. 下列何者不是宣告變數時一定要具備的語法？
(A)資料型態　　　　(B)初始值
(C)變數名稱　　　　(D)宣告後要加分號才可正常編譯。

( )11. 下列敘述何者正確？
(A)變數的值可以改變，常數的值不可改變
(B)變數的值不可改變，常數的值可以改變
(C)變數的值不可改變，常數的值不可改變
(D)變數的值可以改變，常數的值可以改變。

( )12. 以下哪個變數名稱是不合法的？
(A)QWE　(B)?h　(C)F12　(D)_ZXCC。

(　)13. 以下哪個變數名稱是合法的？
(A)SPY-FAMILY　(B)SLAMDUNK　(C)1Season　(D)the Rock。

(　)14. 以下哪一個敘述有錯？
(A)int thisisalongnmane = 1;　　(B)int i = 1, j = 2, k;
(C)int I; j; b;　　(D)int i, j, k = 10;。

(　)15. 下列有關變數命名規則的敘述，何者錯誤？
(A)不可以使用#字符號　　(B)可以使用中文為變數命名
(C)大小寫字母沒有分別　　(D)變數名稱的長度沒有限制。

(　)16. 在C語言宣告變數時，下列何者屬於必須避開的關鍵字？
(A)number　(B)bool　(C)age　(D)name。

(　)17. 使用下列哪一項來當變數名稱，程式執行才不會出錯？
(A)do　(B)else　(C)char　(D)enter。

(　)18. 下列哪一個不是C語言的合法變數名稱？
(A)_Test　(B)TEST　(C)5test　(D)test1。　　　　　　　　　　　　　　[106技競]

(　)19. 在C語言中，下列哪一種變數名稱是不合法的？
(A)_Happy　(B)Happy　(C)9Happy　(D)Happy2。　　　　　　　　　[107技競]

(　)20. 以下哪一個變數名稱，在C語言中是不合法的？
(A)7eleven　(B)_eleven　(C)ELEVEN　(D)eleven7。　　　　　　　　[110技競]

(　)21. 下列有關常數的敘述，何者錯誤？
(A)用#define來定義常數時，必須宣告初始值
(B)可使常數的意義一目了然
(C)定義常數時，需在最前面加上關鍵字 "const"
(D)使用 "const" 定義常數，不必宣告資料型態。

(　)22. 下列C語言宣告常數的敘述，何者正確？
(A)const int x;　　(B)const int x = 100;
(C)const x = 10 + 20;　　(D)int const x = 1 + 1;。

(　)23. 下列C語言定義常數的敘述，何者正確？
(A)#define A 3.35;　(B)define X 3　(C)#define A　(D)#define Y 100。

統測試題

( )24. 關於C程式語言中,使用define建立常數的方式,下列何者正確?
(A)define PI = 3.14;　　(B)define PI 3.14;
(C)#define PI = 3.14　　(D)#define PI 3.14。　　[111資電類]

▲閱讀下文,回答第25-26題

小芳在一個原本可以編譯(Compile)成功的程式中,在main()主程式內再加入行號1至行號6的程式碼,但加入後發生編譯錯誤的情況。

```
1   #define Value1 100
2   #define Value2 (Value1 - 1)
3   const int Value3;
4   int CheckValue = 0;
5   Value3 = Value2;
6   CheckValue = Value1 + Value3;
```

( )25. 小芳刪除行號1至行號5中的哪一個部分後,可以使程式編譯成功?
(A)(Value1 - 1)　　(B)Value3 = Value2;
(C)const　　(D)#define Value2 (Value1 - 1)。　　[112資電類]

( )26. 程式修正後,當程式執行完行號6的時候,CheckValue的值為下列何者?
(A)200　(B)199　(C)198　(D)100。　　[112資電類]

答案 & 詳解

答案

1. D	2. B	3. B	4. A	5. B	6. D	7. A	8. A	9. C	10. B
11. A	12. B	13. B	14. C	15. C	16. B	17. D	18. C	19. C	20. A
21. D	22. B	23. D	24. D	25. C	26. B				

詳解

1.

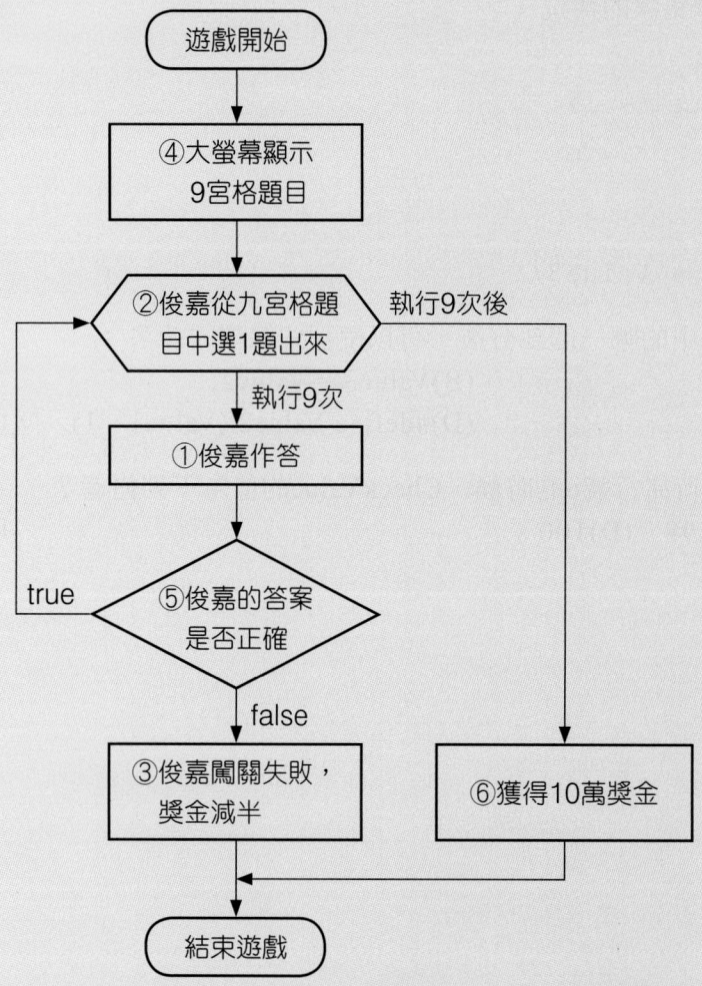

```
遊戲開始
   ↓
④大螢幕顯示
  9宮格題目
   ↓
②俊嘉從九宮格題 ──執行9次後──┐
  目中選1題出來                │
   ↓執行9次                    │
①俊嘉作答                      │
   ↓                           │
⑤俊嘉的答案 ──true──↑          │
  是否正確                     │
   ↓false                     │
③俊嘉闖關失敗，    ⑥獲得10萬獎金
  獎金減半                    │
   ↓←─────────────────────────┘
結束遊戲
```

15. 變數的命名規則，大小寫字母會被識為不同的變數。

23. C語言定義常數的語法：#define 常數名稱 常數值，不須;（分號）結尾。

25. 宣告Value3時，開頭加上const關鍵字，表示將Value3設為常數，常數不能改變，行號5：敘述Value3 = Value2意圖改變Value3，會造成編譯錯誤，因此把const刪除，Value3設為變數，程式即可正常執行。

26. Value1及Value2為常數，Value1 = 100、Value2 = 100 - 1 = 99，Value2的數值指派給Value3，Value3 = 99，CheckValue = Value1 + Value3 = 100 + 99 = 199。

統測考試範圍

CH 4

資料型態

學習重點

章節架構	常考重點	
4-1 資料型態	• 整數 • 浮點數 • 字元	★★☆☆☆
4-2 資料型態轉換		☆☆☆☆☆

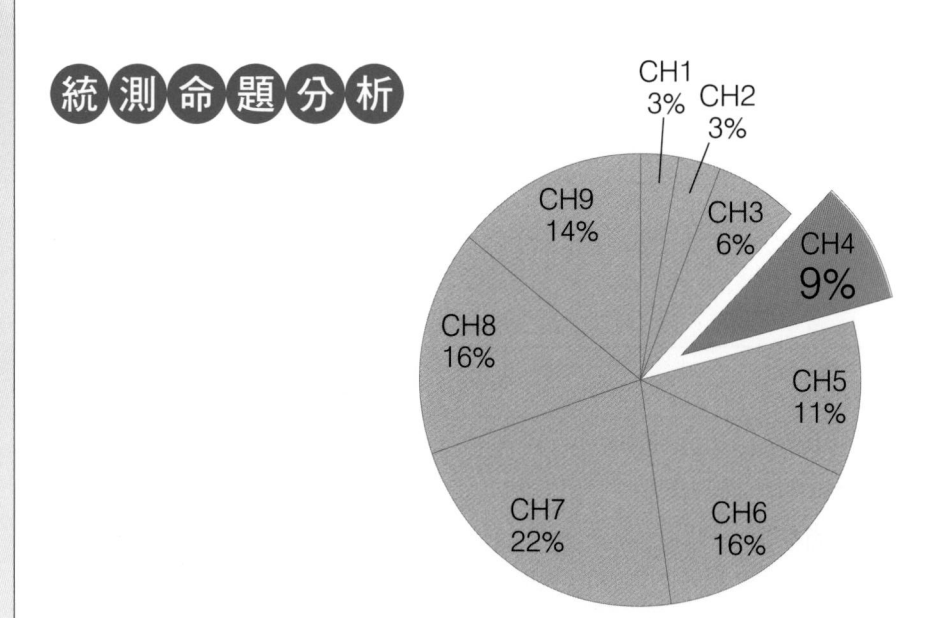

統測命題分析

- CH1 3%
- CH2 3%
- CH3 6%
- CH4 9%
- CH5 11%
- CH6 16%
- CH7 22%
- CH8 16%
- CH9 14%

4-1 資料型態　111 113 114

一、整數

1. **整數**（integer）型態，通常是用來記錄正負整數：

    a. 10進制：如1、1200、-4。

    b. 8進制：使用「**0**」開頭，如**0**12表示8進制的12。

    c. 16進制：使用「**0x**」開頭，如**0x**B11表示16進制的B11。

2. 宣告整數時，在int前面加上**修飾字**，可改變整數資料的範圍與使用的記憶體大小，修飾字有short、long、unsigned。

3. 整數資料型態有以下6種：

資料型態	說明	記憶體空間	可表示的資料範圍
int	整數	4 bytes	-2147483648～2147483647（-2^{31}～$2^{31} - 1$）
short int	短整數	2 bytes	-32768～32767　　（-2^{15}～$2^{15} - 1$）
long int	長整數	4 bytes	-2147483648～2147483647（-2^{31}～$2^{31} - 1$）
unsigned int	無符號整數	4 bytes	0～4294967295（0 ～$2^{32} - 1$）
unsigned short int	無符號短整數	2 bytes	0～65535　　　（0 ～$2^{16} - 1$）
unsigned long int	無符號長整數	4 bytes	0～4294967295（0 ～$2^{32} - 1$）

（宣告時，可省略int）

4. 指派給整數變數的數值不可超過其資料範圍，否則因變數的數值不正確，會使編譯器出現警告訊息。

5. **範例**：宣告整數資料型態的變數

    舉例
    ```
    1    #include <stdio.h>
    2    int main(){
    3        int a = 2345678900;
    4        short b = 2026;
    5    }
    ```

說明

- 變數a為int資料型態，其數值2345678900已超過可表示的資料範圍-2147483648～2147483647，因此編譯器會顯示警告訊息。
- 宣告短整數short int時，可省略int。

> **TIP**
> 關鍵字typedef可為資料型態取一個別名，在主程式中便可使用別名來宣告變數。
> 例如typedef int A表示int別名為A，在主程式中A y即表示宣告y為整數。

二、浮點數

1. **浮點數**（floating point）型態可存放小數及超過整數型態可表示的資料範圍，如10的20次方（10^{20}）。

2. 浮點數資料型態有以下3種：

資料型態	說明	記憶體空間	可表示的資料範圍
float	單精度浮點數	4 bytes	-3.402e+38～3.402e+38[註]
double	雙精度浮點數	8 bytes	-1.7976e+308～1.7976e+308
long double	長雙精度浮點數	10 bytes	-1.18e+4932～1.18e+4932

註：3.402e+38意即3.402×10^{38}。

> **TIP**
> long double會因不同的電腦架構、系統和編譯器，其所佔用的記憶體空間也會有所不同，使用sizeof()可確認long double在當下系統所佔用的記憶體空間，其值是以位元組（byte）為單位。

3. **範例**：檢視float與double資料型態的差異

```c
1   #include <stdio.h>
2   int main(){
3       float f_pi = 3.1415926535897932;
4       double d_pi = 3.1415926535897932;
5
6       printf("f_pi = %.16f\n", f_pi);
7       printf("d_pi = %.16lf\n", d_pi);
8       printf("f_pi為%zuBytes\n", sizeof(f_pi));
9       printf("d_pi為%zuBytes", sizeof(d_pi));
10  }
```

執行結果

```
f_pi = 3.1415927410125732
d_pi = 3.1415926535897931
f_pi為4Bytes
d_pi為8Bytes
```

說明

- "%.16f"、"%.16lf" 皆是表示輸出小數點後16位數。
- f_pi及d_pi指定相同的值，輸出後會發現f_pi在小數點後第7位就已開始不同，而d_pi要到小數點後第16位才不同，這是因為float記錄數值的精確度較低，因此若要進行較精確的科學計算時，建議使用double或long double。
- 使用sizeof()可確認各種資料型態所佔用的記憶體空間，例如float佔用4 bytes。
- %zu是用來輸出size_t資料型態的符號，以byte為單位表示該物件或型態的大小，size_t是一種無符號整數型態（unsigned int）。

三、布林

1. **布林**（bool）型態是用來表示 **true**、**false** 兩種狀態，其為進行邏輯、比較運算時所得到的真假值。

資料型態	說明	記憶體空間	可表示的資料範圍
bool	true，1代表true false，0代表false	1 byte	1、0

> **TIP**：除了0以外的數值，皆可代表true。

2. **範例**：使用布林資料型態的變數

```c
1  #include <stdio.h>
2  #include <stdbool.h>
3  int main(){
4      bool n1, n2, n3;
5      n1 = true;
6      n2 = 0;
7      n3 = 4;
8      printf("n1 = %d\n", n1);
9      printf("n2 = %d\n", n2);
10     printf("n3 = %d\n", n3);
11     printf("n1 = %s\n", n1 ? "true" : "false");
12     printf("n2 = %s", n2 ? "true" : "false");
13 }
```

執行結果：
```
n1 = 1
n2 = 0
n3 = 1
n1 = true
n2 = false
```

說明

- 分別將不同的值指定給布林變數，其中n1設定初始值為true，即輸出1，n2設定初始值為0，相當於false，n3設定初始值為4，除了0以外的數值皆可代表true，即輸出1。
- 分別輸出2個布林變數，即1輸出true、0輸出false。

四、字元

1. **字元**（character）型態有以下2種：

資料型態	說明	記憶體空間	可表示的資料
char	字元	1 byte	可記錄1個英／數字或標點符號
wchar_t註	全形字元	2 bytes	可記錄1個中日韓文字在內的雙位元組（double bytes）字集的字母
unsigned char	無符號字元值	1 byte	可表示0~255之間的整數

註：一般寫程式時不常使用wchar_t型態的變數，因為不會以字元的形式輸出，而是以Unicode編碼的形式輸出。

2. 要表示一個字元時，可用一對單引號（'）括住字元，例如 'a'；
要表示一串文字（字串），則須用一對雙引號（"）括住字串，例如 "你好嗎"。

3. 可使用ASCII、Unicode等編碼來表示字元，例如ASCII碼97表示a。

4-4

CH4 資料型態

得分加+

( ) 1. 在C語言中，下列哪一種資料型態所佔用的記憶體空間最多？
 (A)short (B)unsigned short (C)float (D)double。

( ) 2. 在C語言中，應使用下列何種資料型態宣告浮點數變數？
 (A)int (B)float (C)long (D)char。

( ) 3. 在C語言中，下列何者為布林型態？ (A)int (B)double (C)bool (D)float。

( ) 4. 下列何者不是C語言的整數型態可表示的資料？
 (A)11 (B)-123 (C)3.247 (D)245。

( ) 5. 在C語言中宣告變數A = 'B'，則此變數屬於下列哪一種型態？
 (A)整數 (B)字元 (C)單精度變數 (D)倍精度變數。

( ) 6. 在C語言中，下列哪一種資料型態所佔用的記憶體與其他三者不同？
 (A)int (B)unsigned short (C)short (D)wchar_t。

答 1. D 2. B 3. C 4. C 5. B 6. A

解 1. short為2 bytes、unsigned short為2 bytes、float為4 bytes、double為8 bytes。
 4. 3.247包含小數數值，應使用float型態。
 6. int佔用的記憶體空間為4 bytes，unsigned short、short、wchar_t為2 bytes。

4-2 資料型態轉換

一、自動轉換

1. 將資料指派給變數時，若變數間的資料型態不同，編譯器會自動轉換其資料型態，例如將小數數值指派整數變數，小數點後的位數便會被捨去。

2. **範例**：自動轉換資料型態

```c
1    #include <stdio.h>
2    int main(){
3        float A = 10.62;
4        int B;
5        B = A;
6        printf("A = %.2f\n", A);
7        printf("B = %d", B);
8    }
```

執行結果
A = 10.62
B = 10

4-5

程式設計實習 滿分總複習

二、強制轉換　114

1. 在輸出的程式敘述中，強制將變數的資料型態做轉換。

2. **範例**：強制轉換資料型態

| 舉例 | ```
1    #include <stdio.h>
2    int main(){
3        float X = 36.84;
4        printf("%d\n", (int)X);
5    }
``` | 執行結果<br><br>36 |
|---|---|---|

得分加+

( ) 1. 下列C語言程式碼片段執行後，變數B的值為何？
　　(A)20　(B)20.7　(C)27　(D)0。
```
1    double A = 20.7;
2    int B = A;
```

( ) 2. 下列C語言程式碼片段執行後，輸出為何？
　　(A)20.7　(B)5　(C)20　(D)0。
```
1    int A = 20.7;
2    printf("%d", A);
```

( ) 3. 下列C語言程式碼片段執行後，輸出為何？
　　(A)122.9　(B)z　(C)x　(D)122。
```
1    double x = 122.9;
2    printf("%c", (char)x);
```

( ) 4. 下列C語言程式碼片段執行後，輸出為何？　(A)30　(B)0　(C)x　(D)30.2。
```
1    double x = 30.2;
2    printf("%d", (int)x);
```

( ) 5. 下列C語言程式碼片段執行後，輸出為何？　(A)38.7　(B)$　(C)&　(D)38。
```
1    int a = (char)38.7;
2    printf("%d", a);
```

答　1. A　2. C　3. B　4. A　5. D

解　1. 將double型態的變數A指派給int型態的變數B，輸出結果為整數20。

　　　3. 將變數x的double型態轉換為char型態，輸出結果以ASCII編碼來表示，122即對應z。

　　　4. x原為浮點數型態，其值為30.2，輸出時強制轉換為整數型態，因此輸出結果為30。
```

得分加倍

情境素養題

▲ 閱讀下文，回答第1至2題：

書豪任職於一家電子書商城公司，擔任網頁工程師，公司為了提高電子書的買氣，推出新會員首購定價打77折，結帳再打79折的活動，公司請書豪以C語言撰寫一支程式，其用途是在輸入電子書定價後，定價打77折再乘以數量，總金額再打79折。以下是書豪所撰寫的C語言程式碼片段。

```
1   #include <stdio.h>
2   int main(){
3       int pc, qty;
4       float discA = 0.77, discB = 0.79, sum;
5       printf("請輸入電子書定價:");
6       scanf("%d", &pc);
7       printf("請輸入購買本數:");
8       scanf("%d", &qty);
9       sum = pc * discA * qty;
10      printf("結帳金額:%.0f", sum * discB);
11  }
```

( ) 1. 若書豪在宣告discA、discB、sum等變數時，不想使用float型態，那麼他應該使用下列哪一種型態才不會影響到執行結果？
(A)char (B)int (C)bool (D)double。 [4-1]

( ) 2. 有關書豪宣告的int型態之敘述，下列何者錯誤？
(A)整數型態所佔用的記憶體空間為4 bytes
(B)若要宣告為短整數，可直接以short來宣告
(C)在宣告時，可加上修飾字來改變其範圍與佔用的記憶體空間
(D)若在int前加上unsigned，會使該型態的變數值只能表示負數。 [4-1]

( ) 3. 下列為偉倫、宛穎、芳如、士瑋4人在討論C語言中的資料型態之敘述，只有其中1人所講的內容觀念正確，請問為下列何者？
(A)偉倫：「表示一個字串時，可用一對單引號（'）括住字串」
(B)宛穎：「double型態可表示的範圍比float大」
(C)芳如：「long與short的資料型態所佔用的記憶體空間相同」
(D)士瑋：「宣告bool資料型態的變數可以儲存字元符號」。 [4-1]

( ) 4. 阿傑想撰寫一支C語言的程式，這支程式需要宣告一個變數a，其初始值設為5.55×10^{23}，他應該如何宣告此變數呢？
(A)int a = 5.55 * 10+(23) (B)int a = 5.55 * 10e+23
(C)float a = 5.55 * 10+(23) (D)float a = 5.55 * 10e+23。 [4-1]

擬真試題

4-1
( )5. 下列何者不是C語言的資料型態？ (A)int (B)float (C)delete (D)long。

( )6. 若想要存放字元，應宣告為下列哪一種資料型態？
(A)int (B)float (C)long (D)char。

( )7. 下列關於char資料型態，何者有誤？
(A)不能存放中文字 (B)佔用1個位元
(C)可存放標點符號 (D)可使用Unicode編碼來表示字元。

( )8. 若想宣告一個整數變數，變數名稱為x，下列哪一種宣告方式較為合適？
(A)int x; (B)float x; (C)char x; (D)double x;。

( )9. 若想要宣告長整數資料型態，應使用下列何者？
(A)int (B)float (C)long int (D)char。

( )10. 在C語言中，下列有關sizeof()的敘述，何者錯誤？
(A)可查看變數所佔用的記憶體空間大小
(B)傳回的值是以位元組為單位
(C)輸出sizeof(int)的結果為4
(D)輸出sizeof(short)的結果為4。

( )11. 關於C語言的資料型態，下列敘述何者錯誤？
(A)char資料型態每一個byte最多可記錄2個英文字母
(B)bool資料型態可以記錄0或1
(C)double資料型態的資料範圍最多到1.7976e+308
(D)long double資料型態記錄數值的精確度較float高。

( )12. 下列C語言程式碼片段執行後，變數A的值為何？
(A)0 (B)1 (C)false (D)true。
```
1   bool A = false;
2   printf("%d", A);
```

( )13. 下列C語言程式碼片段執行後，輸出為何？
(A)0 (B)1 (C)false (D)true。
```
1   int A = 1;
2   printf("%s\n", A ? "true" : "false");
```

( )14. 有一變數可以表示的資料範圍是從0～65535，請問此變數是宣告為下列哪一種資料型態？
(A)四位元組整數 (B)四位元組無號整數
(C)兩位元組整數 (D)兩位元組無號整數。 [106技競]

4-2
( )15. 下列C語言程式碼片段執行後，輸出為何？
(A)6.4 (B)6 (C)0 (D)1。
```
1   int x = 6.4;
2   printf("%.0lf", (double)x);
```

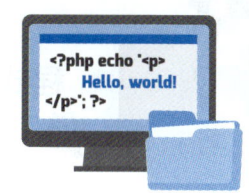

( )16. 下列C語言程式碼片段執行後，輸出為何？
(A)7.4321　(B)7.0000　(C)7.432　(D)7.000。
```
1    long double x = 7.4321;
2    printf("%.3lf", (double)x);
```

( )17. 下列C語言程式碼片段執行後，輸出為何？
(A)4.63　(B)4.00　(C)4　(D)0。
```
1    double a = 4.63;
2    printf("%ld", (long)a);
```

統測試題

( )18. 關於C程式語言的資料型態，下列敘述何者錯誤？
(A)float資料型態可以儲存浮點數，數值精確度跟double資料型態相同
(B)宣告int資料型態可以儲存整數資料
(C)double資料型態可以儲存浮點數值
(D)宣告char資料型態可以儲存字元符號。　　[111資電類]

( )19. C程式語言中，32位元整數（int）以及32位元無號整數（unsigned int）的最大值分別是多少？
(A)2^{32}, 2^{16}　(B)$2^{32}-1$, $2^{16}-1$　(C)2^{16}, 2^{32}　(D)$2^{31}-1$, $2^{32}-1$　　[114資電類]

( )20. 在64位元x86電腦上撰寫C語言程式時，若有一個整數變數Y其數值變化範圍介於-20000與20000之間，則變數Y應採用下列哪一個資料型態？
(A)char　(B)unsigned float　(C)short　(D)unsigned short int*。　　[114資電類]

( )21. 在C語言程式中X定義為浮點數常數，執行敘述（Statement）
printf("%d,%o,%x\n",(short int)X,(unsigned int)(X*4),(int)(X*16));
所得輸出結果為8,42,8a，接著執行敘述printf("%6.4f", X);的結果為何？
(A)6.6250　(B)6.7500　(C)8.6250　(D)8.7500。　　[114資電類]

答案 & 詳解

答案

1. D 2. D 3. B 4. D 5. C 6. D 7. B 8. A 9. C 10. D
11. A 12. A 13. D 14. D 15. B 16. C 17. C 18. A 19. D 20. C
21. C

詳解

3. 表示一個字串時，可用一對雙引號（"）括住字串；
   long的資料型態所佔用的記憶體空間較short大；
   可儲存字元符號的資料型態為char。

11. char資料型態每個byte只能記錄1個字元，即為1個英文字母。

13. 變數A宣告為int整數資料型態，將1指派給A，
    但printf("%s\n", A ? "true" : "false")敘述會將1轉換為true再輸出。

15. 將6.4指派給int整數變數時會存入6，輸出時轉換double資料型態，%.0lf為不顯示小數點後的數字，輸出結果為6。

16. "%.3lf" 顯示小數點後3位數，輸出結果為7.432。

17. 將4.63轉換long資料型態，輸出結果為4。

20. • char為字元型態，並不適合表示整數。
    • C語言中並沒有unsigned float資料型態。
    • short為短整數型態，可表示的資料範圍-32768～32767，因此可以完整表示-20000～20000。
    • unsigned short int為無符號短整數型態，可表示的資料範圍0～65535，不能表示負數，另外，加上*表示為指標，用來儲存記憶體位址，不是儲存整數數值。

21. 第1個輸出結果8可得知X接近8，第3個輸出結果8a為16進制，$8a_{(16)} = 138_{(10)}$，
    X = 138 / 16 = 8.6250。

統測考試範圍

CH 5

運算式及運算子

學習重點

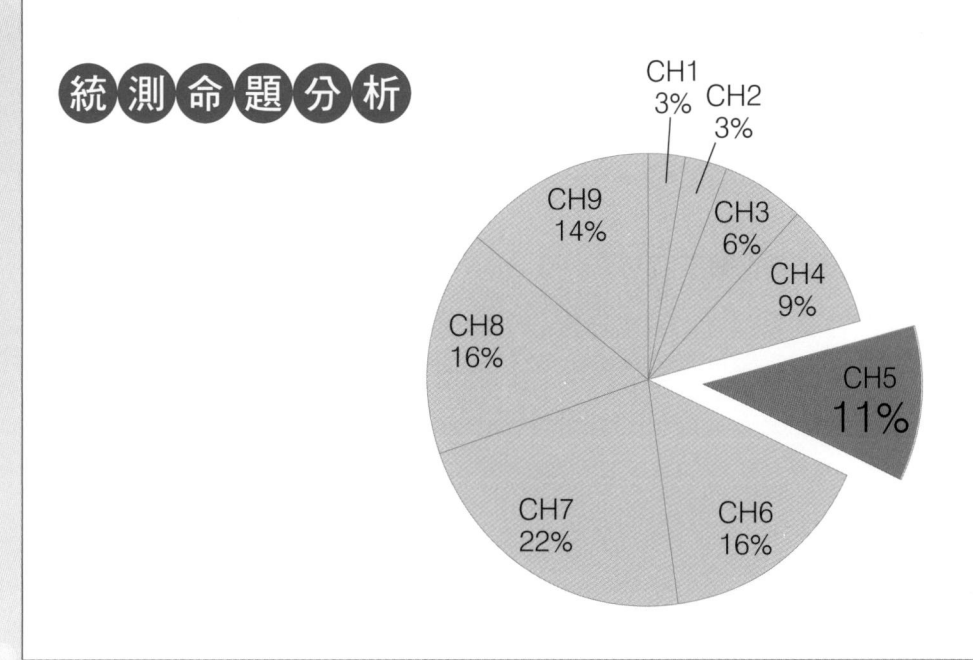

章節架構	常考重點	
5-1 運算子、運算元與運算式	• 運算子 • 運算元 • 運算式	★☆☆☆☆
5-2 運算子	• 指定運算子 • 算術運算子 • 關係運算子 • 邏輯運算子 • 位元運算子 • 複合指定運算子	★★★★☆

統測命題分析

- CH1 3%
- CH2 3%
- CH3 6%
- CH4 9%
- CH5 11%
- CH6 16%
- CH7 22%
- CH8 16%
- CH9 14%

5-1 運算子、運算元與運算式

1. **運算子**（operator）：運算符號，代表運算的種類，有指定、算術、關係、邏輯及位元等種類。
2. **運算元**（operand）：運算子所要運算的**資料**，可以是**常數**（如2、8）或是**變數**（如A、B）。
3. **運算式**（expression）：由**運算子**（operator）與**運算元**（operand）組合而成。

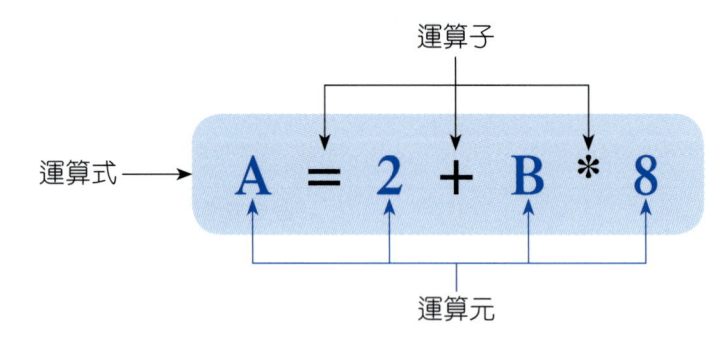

運算子
運算式
A = 2 + B * 8
運算元

4. **範例1**：使用括號()指定運算順序

舉例

```
#include <stdio.h>
int main(){
    int i, j;
    i = (7 + 5) * 2 + 6;
    j = 7 + 5 * (2 + 6);
    printf("i = %d\n", i);
    printf("j = %d", j);
}
```

執行結果

```
i = 30
j = 47
```

說明

- 括號()內的運算式為指定優先運算。
- i先運算括號中的7 + 5，因此可視為12 * 2 + 6。
  j先運算括號中的2 + 6，因此可視為7 + 5 * 8。
- 運算順序不同，i與j的運算結果也就不同。

範例2：運算式應用－梯形面積公式

1　`#include <stdio.h>` 2　`int main(){` 3　　`int i = 5, j = 7, k = 4;` 4　　`float t;` 5　　`t = (i + j) * k / 2;` 6　　`printf("t = %.0f", t);` 7　`}`	執行結果 t = 24

說明

- 梯形面積公式為(上底 + 下底) * 高 / 2。

得分加+

( )1. 在C語言程式敘述的組成元素中，用來表示資料運算的符號如+、-、*，稱為？
(A)運算子　(B)變數　(C)保留字　(D)註解。

( )2. 下列C語言程式碼片段執行後，變數a的值為何？
(A)7　(B)8　(C)9　(D)10。
```
1    int a = 7, b = 8, c = 6;
2    a = a + b / c;
```

( )3. 下列C語言程式碼片段執行後，變數a的值為何？
(A)1　(B)2　(C)3　(D)4。
```
1    int a;
2    a = 4 + 5 * 1 - 6;
```

( )4. 下列C語言程式碼片段執行後，變數x的值為何？
(A)13　(B)28　(C)15　(D)23。
```
1    int x = 15, y = 6, z = 23;
2    x = z * (y + (x - 20));
```

( )5. 下列C語言程式碼片段執行後，變數sum的值為何？
(A)-10　(B)8　(C)-11　(D)9。
```
1    int sum, a = 38, b = 21 - 26, c = 45;
2    sum = c / (a - c) + b;
```

答　1. A　2. B　3. C　4. D　5. C

解　4. x = z * (y + (x - 20)) = 23 * (6 + (15 - 20)) = 23 * 1 = 23。

　　5. sum = c / (a - c) + b = 45 / (38 - 45) + (21 - 26) = 45 / (-7) + (-5) = -6 - 5 = -11。

5-2 運算子

一、指定運算子 [111]

1. 指定運算子（=）：用來設定變數的內容。
2. 指定運算子必須要有2個運算元，**左邊的運算元一定是變數**，右邊的運算元可以是**變數**（如i = j）、**常數**（如i = 10）或是**運算式**（如i = 1 + 3）。
3. 指定運算子的結合性是<u>由右至左</u>。

二、算術運算子 [111] [112] [113] [114]

1. 算術運算子：用來執行數值間的運算。
2. 下表為使用說明與範例（假設i = 10、j = 5）

運算子	中文名稱	範例	說明	結果
-	負號	-i	表示負數	-10
*	乘法	i * j	兩數相乘	50
/	除法	i / j	兩數相除，取商	2
%	餘數	i % j	兩數相除，取餘數	0
+	加法	i + j	兩數相加	15
-	減法	i - j	兩數相減	5

3. **範例1**：算術運算子的運算

```
1   #include <stdio.h>
2   int main(){
3       printf("5 + 3 = %d\t", 5 + 3);
4       printf("5 - 3 = %d\n", 5 - 3);
5       printf("5 * 3 = %d\t", 5 * 3);
6       printf("5 / 3 = %d\t", 5 / 3);
7       printf("5.0 / 3 = %f", 5.0 / 3);
8   }
```

執行結果

```
5 + 3 = 8         5 - 3 = 2
5 * 3 = 15        5 / 3 = 1          5.0 / 3 = 1.666667
```

說明

- 由於程式中的數值有整數與浮點數的差異，因此會使運算結果與我們所預期的不同。
  例如5 / 3的值為1，5.0 / 3的值為1.666667。

範例2：餘數運算子的運算

```
1    #include <stdio.h>
2    int main(){
3        printf("8除以3餘數為%d\n", 8 % 3);
4        printf("9除以3餘數為%d\n", 9 % 3);
5        printf("2除以5餘數為%d", 2 % 5);
6    }
```

執行結果

8除以3餘數為2
9除以3餘數為0
2除以5餘數為2

說明

- 取餘數運算子**%**只能用在**整數**資料型態（**%d**），若用在浮點數時會出現結果錯誤。

得分加+

( ) 1. 下列何者為指定運算子？ (A)+= (B)== (C)= (D)!=。

( ) 2. 下列C語言程式碼片段執行後，變數a的值為何？
(A)-119.6 (B)-105.4 (C)-109.9 (D)-109。
```
1    float a = 13.1, b = 20.5, c = 23;
2    a = a - (b * (29 - c));
3    printf("%.1f", a);
```

( ) 3. 下列C語言程式碼片段執行後，變數Z的值為何？
(A)23.5 (B)23 (C)11.5 (D)11。
```
1    float X = 11, Y = 39.5, Z;
2    Z = X + Y - (33 - 6);
3    printf("%.1f", Z);
```

答 1. C 2. C 3. A

解 2. a = a - (b * (29 - c)) = 13.1 - (20.5 * (29 - 23)) = 13.1 - 123 = -109.9。

3. Z = X + Y - (33 - 6) = 11 + 39.5 - 27 = 50.5 - 27 = 23.5。

三、遞增（減）運算子

1. 遞增運算子（**++**）：可將變數的數值 + 1，如a++代表a = a + 1。

2. 遞減運算子（**--**）：可將變數的數值 - 1，如a--代表a = a - 1。

3. 遞增（減）運算子分為前置與後置2種用法，會影響指定給另一個變數時的結果。

4. 下表為使用說明與範例（假設i = 10、j = 5）

運算子	中文名稱	範例	說明	結果
++	遞增	a = ++i	• 前置：先將i加1再將i值指定給a	11
		a = i++	• 後置：先將i值指定給a再將i加1	10
--	遞減	a = --j	• 前置：先將j減1再將j值指定給a	4
		a = j--	• 後置：先將j值指定給a再將j減1	5

5. **範例1**：遞增（減）運算子的運算

```
1    #include <stdio.h>
2    int main(){
3        int i = 50, j = 50, k = 50;
4        i++;
5        printf("變數i的值為%d\n", i);
6        j++;
7        j++;
8        printf("變數j的值為%d\n", j);
9        k--;
10       printf("變數k的值為%d", k);
11   }
```

執行結果

變數i的值為51
變數j的值為52
變數k的值為49

說明

- 變數i的內容經過1次遞增50 + 1變成51，變數j的內容經過2次遞增50 + 1、51 + 1變成52。
- 變數k的內容會經過1次遞減50 - 1變成49。

範例2：前置與後置遞增運算子的運算

```
1    #include <stdio.h>
2    int main(){
3        int i = 100, j = 100, n;
4        n = (i++) + 10;
5        printf("i = %d  n = %d\n", i, n);
6        n = (++j) + 10;
7        printf("j = %d  n = %d", j, n);
8    }
```

執行結果

i = 101　n = 110
j = 101　n = 111

說明

- n = (i++) + 10為後置遞增運算子的運算，
  因此會先計算n = i + 10 = 110，再計算i = i + 1 = 101。
- n = (++j) + 10為前置遞增運算子的運算，
  因此會先計算j = j + 1 = 101，再計算n = j + 10 = 111。

得分加+

( )1. 下列C語言程式碼片段執行後，變數a的值為何？
(A)27.9 (B)36.2 (C)37.2 (D)37.8。
```
1    float x = 7, y = 22.5, z = 13.7, a = 39;
2    a = (a--) + ((x + z) - y);
```

( )2. 下列C語言程式碼片段執行後，變數Z的值為何？
(A)28.5 (B)30.5 (C)25.5 (D)33.5。
```
1    float X = 11, Y = 32, Z = 19.5;
2    Z = (Z + (Y - 11)) - (++X);
```

答 1. C 2. A

解 1. a = (a--) + ((x + z) - y)
      = 39 + ((7 + 13.7) - 22.5) = 39 + (20.7 - 22.5) = 39 + (-1.8) = 37.2。

2. Z = (Z + (Y - 11)) - (++X)
    = (19.5 + (32 - 11)) - 12 = (19.5 + 21) - 12 = 28.5。

四、關係運算子

1. 關係運算子：用來比較變數或運算式的大、小、等於及不等於，比較結果只傳回 **true**（真，整數1）或 **false**（假，整數0）。

2. 下表為使用說明與範例（假設i = 5、j = 10）

運算子	中文名稱	範例	說明	結果
>	大於	i > j	比較i是否大於j	false
<	小於	i < j	比較i是否小於j	true
>=	大於或等於	i >= j	比較i是否大於或等於j	false
<=	小於或等於	i <= j	比較i是否小於或等於j	true
==	等於	i == j	比較i是否等於j	false
!=	不等於	i != j	比較i是否不等於j	true

TIP
＝和＝＝不可搞混，前者是用來指定值之用，為指定運算子；後者是做為比較變數或運算式之用，為關係運算子，使用錯誤可能造成程式無法編譯或執行結果不正確。

3. **範例**：關係運算子的運算

```
1   #include <stdio.h>
2   int main(){
3       int i = 10, j = 50, k = 80;
4       printf("i <= j為%d\n", (i <= j));
5       printf("j > k為%s", (j > k) ? "true" : "false");
6   }
```

執行結果

```
i <= j為1
j > k為false
```

五、邏輯運算子

1. 邏輯運算子：取運算元的布林值來參與運算，運算結果只會傳回**true**（真，整數1）或**false**（假，整數0）。

2. 若參與運算的資料型態不是布林，**非0的數值皆為true**（如i = 3表示i為true），0則為false。

3. 下表為使用說明與範例（假設T = true、F = false）

運算子	!	&&	||
名　稱	Not（反）	And（及）	Or（或）
說　明	真變假、假變真	兩邊皆真，結果為真	一邊為真，結果為真
真值表	A　!A T　F F　T	A　B　A && B T　T　T T　F　F F　T　F F　F　F	A　B　A || B T　T　T T　F　T F　T　T F　F　F
範　例	!(5 > 8) = !false = true	(2 < 4) && (10 > 5) = true && true = true	(1 < 2) || (5 > 7) = true || false = true

CH5 運算式及運算子

得分加+

(　　)1. 若 A = 26，B = 34，則下列運算式的結果，何者為假（false）？
　　(A)(A < B)
　　(B)((A < B) && (A <= B))
　　(C)(!(A > B))
　　(D)((A > B) || (A == B))。

(　　)2. 下列執行結果何者為真（true）？
　　(A)(!1 || 0)　(B)(1 && 0)　(C)(!1 || !1)　(D)(1 && !0)。

(　　)3. 下列執行結果何者與其他3者不同？
　　(A)((34 < 40) && (31 < 37))
　　(B)((23 > 29) || (29 < 12))
　　(C)((35 < 15) || (8 == 2 * 4))
　　(D)((26 > 10) && (49 != 36))。

(　　)4. 下列執行結果何者與其他3者不同？
　　(A)((25 < 35) && (64 < 88) && !(69 > 37))
　　(B)((37 > 46) || !(34 < 15) && !(95 < 46))
　　(C)((68 < 20) || (31 > 61) || (77 > 87))
　　(D)((18 < 13) && (62 > 73) || !(58 < 61))。

答　1. D　2. D　3. B　4. B

解　3. ((34 < 40) && (31 < 37)) = (true && true) = true。
　　((23 > 29) || (29 < 12)) = (false || false) = false。
　　((35 < 15) || (8 == 2 * 4)) = (false || true) = true。
　　((26 > 10) && (49 != 36)) = (true && true) = true。

　　4. ((25 < 35) && (64 < 88) && !(69 > 37)) = (true && true && false) = false。
　　((37 > 46) || !(34 < 15) && !(95 < 46)) = (false || true && true) = true。
　　((68 < 20) || (31 > 61) || (77 > 87)) = (false || false || false) = false。
　　((18 < 13) && (62 > 73) || !(58 < 61)) = (false && false || false) = false。

5-9

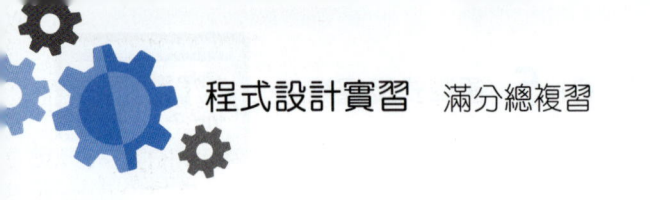

六、位元運算子 111 112 113 114

1. 位元運算子：將資料以位元（**bit**）的集合來運算，運算方式是各個位元循序處理。如8與2進行位元運算子運算時，會先將數值轉換成二進位表示（如下圖所示），再進行逐位元計算。

	128	64	32	16	8	4	2	1	
8 =	0	0	0	0	1	0	0	0	= $(00001000)_2$
2 =	0	0	0	0	0	0	1	0	= $(00000010)_2$

2. 下表為使用說明與範例（假設i = 8、j = 2）。

運算子	中文名稱	範例	說明	結果
>>	右移	i >> j	把i的位元右移j個位元，並將移出的位元捨棄，空缺則補0，相當於$i / 2^j$	2 $(00000010)_2$
<<	左移	i << j	把i的位元左移j個位元，並將移出的位元捨棄，空缺則補0，相當於$i * 2^j$	32 $(00100000)_2$
~	反相	~i	把i的每一位元NOT	-9 $(11110111)_2$
&	及	i & j	i與j對應的位元做AND	0 $(00000000)_2$
|	或	i | j	i與j對應的位元做OR	10 $(00001010)_2$
^	互斥或	i ^ j	i與j對應的位元做XOR	10 $(00001010)_2$

3. XOR位元運算子（^）的運算結果是由真值表所定義（假設T = true、F = false），兩邊不同，結果為真。

A	B	A ^ B
T	T	F
T	F	T
F	T	T
F	F	F

4. 位元運算子的運算元必須是整數類的資料型態（char、int、long等），否則會產生語法錯誤。

得分加+

( )1. 下列有關位元運算子的敘述,何者正確?
(A)「>>」為左移運算　　　　(B)「|」為XOR運算
(C)「&」為AND運算　　　　(D)「^」為OR運算。

( )2. 下列C語言程式碼片段執行後,變數x的值為何?
(A)3　(B)15　(C)135　(D)138。
```
1   int x = 12, y = 27, z = 9;
2   x = ((y - x) * z) & 3;
```

答　1. C　　2. A

解　1. >>為右移運算、|為OR運算、^為XOR運算。

2. x = ((y - x) * z) & 3 = ((27 - 12) * 9) & 3 = (15 * 9) & 3 = 135 & 3 = 3。

```
        1  0  0  0  0  1  1  1   (135)
    &   0  0  0  0  0  0  1  1   (3)
        0  0  0  0  0  0  1  1   (3)
```

七、複合指定運算子

1. 複合運算子:指定運算子可以跟**算術運算子**或**位元運算子**結合,成為**複合運算子**,使用方法如下表所示(假設a = 2、b = 1)。

運算子	範例	相當於	結果
+=	a += b	a = a + b	3
-=	a -= b	a = a - b	1
*=	a *= b	a = a * b	2
/=	a /= b	a = a / b	2
%=	a %= b	a = a % b	0
>>=	a >>= b	a = a >> b	1
<<=	a <<= b	a = a << b	4
&=	a &= b	a = a & b	0
|=	a |= b	a = a | b	3
^=	a ^= b	a = a ^ b	3

TIP

先前介紹的 "!=" 不是 !(NOT)與=結合的「複合運算子」,"!=" 是比較2個運算元是否不相等的「關係運算子」。

2. 若複合指定運算子右邊為運算式,應先計算該運算式,再進行複合運算子的運算。例如a *= b + c相當於a = a * (b + c)。

3. 程式執行時,使用複合指定運算子的執行效率較高。

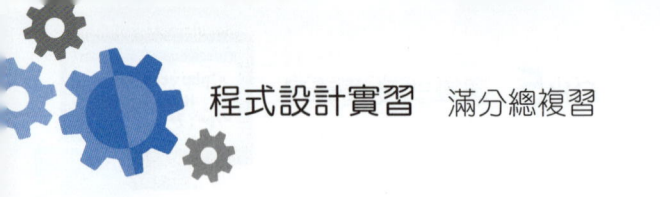

八、運算子的優先順序與結合性 114

1. 影響運算式執行結果的因素：

   a. 運算子的**優先順序**，如先 * / 後 + -。

   b. 運算子的**結合性**：當優先順序相同的運算子排列在一起時，彼此之間的計算順序。如四則運算中，*、/的優先順序相同，就會由左到右依序計算，6 * 4 / 2就會先計算6 * 4，再計算24 / 2。

2. 運算子的優先順序與結合性如下表所示。

優先順序	符號	功能	結合性
1	( )	指定優先運算	由左到右（左結合）
	++	後置遞增，增1	
	--	後置遞減，減1	
2	!	相反	由右到左（右結合）
	~	反相，可用來取1的補數	
	+	正號	
	-	負號	
	++	前置遞增，增1	
	--	前置遞減，減1	
	sizeof	計算資料所佔的byte數	
3	*	乘法	由左到右（左結合）
	/	除法	
	%	餘數	
4	+	加法	
	-	減法	
5	>>	位元右移	
	<<	位元左移	
6	<	小於	
	<=	小於等於	
	>	大於	
	>=	大於等於	
7	==	等於	
	!=	不等於	
8	&	每個位元做AND運算	
9	^	每個位元做XOR運算	
10	|	每個位元做OR運算	

接下頁...

優先順序	符號	功能	結合性
11	&&	邏輯AND運算	由左到右 →（左結合）
12	||	邏輯OR運算	
13	?:	條件式 ? 程式區塊1 : 程式區塊2 如果「條件式」為真，執行程式區塊1； 否則，執行程式區塊2	由右到左 ←（右結合）
14	=	指定	
	+=	相加後再存入左邊的變數	
	-=	相減後再存入左邊的變數	
	*=	相乘後再存入左邊的變數	
	/=	相除後再存入左邊的變數	
	%=	取餘數再存入左邊的變數	
	>>=	右移後存入左邊的變數	
	<<=	左移後存入左邊的變數	
	&=	位元AND後存入左邊的變數	
	^=	位元XOR後存入左邊的變數	
	|=	位元OR後存入左邊的變數	

得分加+

(　　)1. 下列何者非複合運算子？ (A)!= (B)%= (C)|= (D)^=。

(　　)2. 執行下列C語言程式後，x值為何？
(A)38 (B)47 (C)35 (D)43。

```
int x;
x = 34 ^ 21 + 8 - 16;
```

(　　)3. 下列運算子優先的順序，何者為最優先？
(A)% (B)& (C)-- (D)||。

(　　)4. 當一個運算式有以下運算子時，何者會最後運算？
(A)>> (B)^= (C)^ (D)%。

(　　)5. 下列運算子的結合性，何者為由右到左（右結合）？
(A)|| (B)== (C)* (D)>>=。

(　　)6. 執行下列C語言程式後，a值為何？
(A)11 (B)147 (C)138 (D)128。

```
int a = 18, b = 21, c = 2, d = 9;
a = b * ((c + d) - (a >> c));
```

(　　)7. 執行下列C語言程式後，a值為何？
(A)121　(B)108　(C)111　(D)124。

```
int a = 39, b = 18, c = 81;
a = c + ((b << 2) + (a - c));
```

(　　)8. 執行下列C語言程式後，i值為何？　(A)7　(B)4　(C)9　(D)6。

```
int i = 74, j = 4, k = 56, n = 54;
i = (i - (n ^ j)) + (k - i);
```

(　　)9. 執行下列C語言程式後，n值為何？
(A)245　(B)364　(C)444　(D)478。

```
int i = 30, j = 22, k = 10, n;
n = (i - j) + ((2 | 47) * k);
```

(　　)10. 下列有關運算子的敘述，何者錯誤？
(A)「=」可將資料存入變數　(B)「*=」相乘後再存入左邊的變數
(C)「^」可用來做次方運算　(D)「/」比「&」更優先運算。

答　1. A　2. B　3. C　4. B　5. D　6. B　7. C　8. D　9. D　10. C

解　2. x = 34 ^ 21 + 8 - 16 = 34 ^ 13 = 47。

	0	0	1	0	0	0	1	0	(34)
^	0	0	0	0	1	1	0	1	(13)
	0	0	1	0	1	1	1	1	(47)

6. a = b * ((c + d) - (a >> c))
= 21 * ((2 + 9) - (18 >> 2)) = 21 * (11 - 4) = 21 * 7 = 147。

	0	0	0	1	0	0	1	0			(18)
>> 2			0	0	0	1	0	0	~~1~~	~~0~~	
	0	0	0	0	0	1	0	0			(4)

7. a = c + ((b << 2) + (a - c))
= 81 + ((18 << 2) + (39 - 81)) = 81 + 72 + (-42) = 111。

			0	0	0	1	0	0	1	0	(18)
<< 2	~~0~~	~~0~~	0	1	0	0	1	0			
			0	1	0	0	1	0	0	0	(72)

8. i = (i - (n ^ j)) + (k - i)
= (74 - (54 ^ 4)) + (56 - 74) = (74 - 50) + (56 - 74) = 6。

	0	0	1	1	0	1	1	0	(54)
^	0	0	0	0	0	1	0	0	(4)
	0	0	1	1	0	0	1	0	(50)

9. n = (i - j) + ((2 | 47) * k)
= (30 - 22) + ((2 | 47) * 10) = 8 + (47 * 10) = 478。

	0	0	0	0	0	0	1	0	(2)
|	0	0	1	0	1	1	1	1	(47)
	0	0	1	0	1	1	1	1	(47)

CH5 運算式及運算子

得分加倍

情境素養題

▲ 閱讀下文，回答第1至2題：

政杰日常所有收支都習慣使用電子錢包，目前錢包裡面的餘額為6,000元，今天他收到案子的尾款30,000元，下班後幫同事慶生花了1,859元，看了《超級瑪利歐兄弟電影版》花了270元，電影週邊商品花了2,364元，回家前繳了卡費15,409元。

( )1. 若要將政杰今日的收支用C語言撰寫成一個運算式，最後可得知電子錢包的餘額，程式中宣告變數in為支出、exp為收入、sum為餘額，請問該運算式為下列何者？
(A)exp - in = sum
(B)sum += (exp - in)
(C)sum -= in
(D)sum += exp。 [5-2]

( )2. 承上題，若要判斷政杰今日的支出是否超過收入，可使用下列哪一個運算式？
(A)exp >> in　(B)sum != exp　(C)exp < in　(D)in ^ exp。 [5-2]

( )3. 阿昇到超市買了2袋蔬菜88元、1盒牛肉589元、5顆蘋果300元、1串衛生紙129元，結帳前發現身上現金不夠，於是將2顆蘋果放回架上，結帳時店員告知阿昇，今日超市有折扣活動，只要是會員在結帳時消費總金額可打95折，請問下列哪一個運算式可正確算出阿昇最後打完折的消費總金額（假設2袋蔬菜為a、1盒牛肉為b、5顆蘋果為c、1串衛生紙為d）？
(A)a + b + c + d * 0.95
(B)((a + b) + (c / 5 * 3) + d) * 0.95
(C)a + b + c / 5 * 3 + d * 0.95
(D)(a + b - c + d) * 0.95。 [5-2]

( )4. 弘鑫撰寫了一支可以隨機產生數字及運算子的程式，某天他與3位同學玩遊戲，遊戲玩法：每人藉由程式取得數字及運算子後，自行組成運算式（可使用括號），運算結果不超過200且為4人中最大值者勝利，4人所組成運算式如下，請問勝利者為何者？
(A)弘鑫　(B)同學A　(C)同學B　(D)同學C。 [5-2]

```
弘鑫      (46 - 27) << 1 + (5 / 2)
同學A     ((14 + 29 * 21) - 10 >> 2)
同學B     (80 - 13 + 15) ^ (46 + (14 * 8))
同學C     (39 + 13 * (50 ^ 10)) & 35 - 6
```

程式設計實習 滿分總複習

擬真試題

5-2

( ) 5. 若想要求兩數相除之餘數，可以使用以下哪一個運算子？
(A)+ (B)/ (C)\ (D)%。

( ) 6. 若想要比較兩數是否相等，可以使用以下哪一個運算子？
(A)= (B)== (C)>= (D)<=。

( ) 7. 下列有關邏輯運算子的敘述，何者錯誤？
(A)「!」為NOT運算子
(B)「&&」為AND運算子
(C)「||」為OR運算子
(D)「!&」為XOR運算子。

( ) 8. 若A = 10，B = 15，下列運算式的結果，何者為真（true）？
(A)A > B
(B)(A == B) || (A > B)
(C)(A < B) && (A != B)
(D)!(A < B)。

( ) 9. 下列有關複合運算子的敘述何者正確？
(A)A += B相當於A + B = A
(B)A -= B相當於B = A - B
(C)A += 1相當於A = A + 1
(D)1 += B相當於B = B + 1。

( ) 10. 下列有關運算子的優先順序，何者正確？
(A)指定運算子的優先順序大於加法運算子
(B)運算子的優先順序都是由左至右
(C)數學中的先乘除後加減，在C++中不適用
(D)餘數運算子的優先順序大於加法運算子。

( ) 11. 下列C語言程式敘述，何者為計算4 × 3 × 2 × 1的正確表示方式？
(A)4! (B)4..1 (C)4 ^ 4 (D)4 * 3 * 2 * 1。

( ) 12. 運算式3 * 2 % 2 + 6 / 3 - 1，執行結果為何？
(A)0 (B)1 (C)2 (D)3。

( ) 13. 運算式5 * 3 >= 30 / 2，執行結果為何？
(A)1 (B)0 (C)15 (D)15 >= 15。

( ) 14. 運算式!(3 * 5 == 16) || (3 * 4 != 12)，執行結果為何？
(A)1 (B)0 (C)16 (D)12。

( ) 15. 關於運算的優先順序，下列何者正確？
(A)算術運算* > 邏輯運算|| > 關係運算<=
(B)關係運算<= > 算術運算+ > 邏輯運算==
(C)算術運算* > 關係運算<= > 邏輯運算!=
(D)邏輯運算&& > 關係運算<= > 算術運算-。

5-16

( )16. 在程式執行符號運算時,下列何者最為優先?
(A)乘號 (B)加號 (C)除號 (D)括號。

( )17. 運算式 "x = x + 3 * y" 可以改寫成下列哪一個運算式?
(A)x += 3 * y
(B)x *= y - 3
(C)y += 3 / x
(D)y += 3 * x。

( )18. 假設I = 3、J = 10、K = 8,下列邏輯運算式的結果,何者為真(true)?
(A)I + K <= J
(B)(I < J) && !(J > K)
(C)((I < K) || (J > K)) && (K >= 0)
(D)!((I > J) || (K > I))。

( )19. 下列何種資料型態無法使用位元運算子?
(A)char (B)int (C)long (D)float。

( )20. 下列C語言程式碼片段執行後,變數x的值為何?
(A)0 (B)1 (C)-1 (D)&&。
```
1    bool x;
2    x = !0 && 1 || 0;
```

( )21. 下列C語言程式碼片段執行後,變數j的值為何?
(A)int('A') (B)int (C)A (D)65。
```
1    int j = 'A';
2    printf("%d", j);
```

( )22. 下列C語言程式碼片段執行後,變數i的值為何?
(A)2 (B)10 (C)20 (D)1。
```
1    int i = 10, j = 20;
2    i = (i + 10) * (j - 15) % 7;
```

( )23. 下列C語言程式碼片段執行後,變數i的值為何?
(A)1.34 (B)11 (C)11.34 (D)程式語法錯誤。
```
1    int i = 10;
2    i += 1.34;
3    printf("%d", i);
```

( )24. 若a = b = 1,下列何者為true?
(A)!a && b   (B)!a || !b
(C)!a || b   (D)a && !b。

( )25. 下列C語言程式碼片段執行後,變數i的值為何?
(A)30 (B)29 (C)31 (D)32。
```
1    int i = 10, j = 20;
2    i = (++i) + (j--);
```

( )26. 下列C語言程式碼片段執行後，變數j的值為何？
(A)8 (B)6 (C)24 (D)10。
```
1   int i = 2, j = 3;
2   j += 1;
3   j *= i;
```

( )27. 下列C語言程式碼片段執行後，變數a的值為何？
(A)21.5 (B)22 (C)21 (D)215。
```
1   int a = 10, b = 2;
2   float c = 1.5;
3   a = a * b + c;
```

( )28. 下列C語言程式碼片段執行後，輸出為何？
(A)11 (B)2 (C)5 (D)5.5。
```
1   int i = 11, j = 2;
2   printf("%.1f", (double)i / j);
```

( )29. 運算式1 + 2 * 5 ^ 4 << 3，運算結果為何？
(A)47 (B)43 (C)51 (D)56。

( )30. 下列C語言程式碼片段執行後，輸出為何？
(A)0 (B)1 (C)2 (D)3。
```
1   int a = 4, b = 3, c;
2   c = 4 / 3;
3   printf("%d", c);
```

( )31. 下列C語言程式碼片段執行後，輸出結果有幾個為2？
(A)2 (B)3 (C)4 (D)5。
```
1   printf("%d", (4 >> 1));
2   printf("%d", (8 >> 2));
3   printf("%d", (16 >> 3));
4   printf("%d", (31 >> 3));
5   printf("%d", (32 >> 4));
```

( )32. 下列C語言程式碼片段執行後，變數c的值為何？
(A)-100 (B)100 (C)50 (D)-50。
```
1   int a = 100, b = 250, c = 400;
2   c -= a += b;
```

( )33. 下列何者運算後不等於3？
(A)15 >> 2 (B)7 >> 1 (C)31 >> 3 (D)7 >> 2。

( )34. 下列何者運算後數值最大？
(A)6 << 5 (B)21 << 2 (C)17 << 3 (D)10 << 4。

( )35. 運算式(107 / 13) * 4 % 18，運算結果為何？
(A)14 (B)18 (C)13 (D)20。

(　)36. 下列C語言程式碼片段執行後,變數C的值為何?
(A)10　(B)30　(C)20　(D)40。
```
1    int A = 20, B = 10, C;
2    C = A | B;
```

(　)37. 下列C++程式碼片段執行後,輸出為何?
(A)32　(B)24　(C)27　(D)30。
```
1    int A = 11, B = 25;
2    cout << (A | B);
```

> **注意**
> 本題作答重點是求(A | B)的值,不論是用C++的cout或用C語言的printf()敘述,答案都是一樣的,同學只要將學習重點放在答案的計算就好。

(　)38. 運算式6 & 4 | 9,運算結果為何?
(A)14　(B)13　(C)15　(D)9。

(　)39. 下列C語言程式碼片段執行後,輸出為何?
(A)1 0　(B)0 0　(C)1 1　(D)0 1。
```
1    int a = 0, b = 1;
2    a = a ^ b;
3    b = a ^ b;
4    printf("%d %d", a, b);
```

(　)40. 下列C語言程式碼片段執行後,輸出為何?
(A)0　(B)1　(C)2　(D)3。
```
1    int a = 33, s = 0;
2    s += a % 16;
3    s = s >> 2;
4    printf("%d", (s % 4));
```

(　)41. 下列C語言程式碼片段執行後,輸出為何?
(A)0　(B)1　(C)2　(D)3。
```
1    int a = 10, b = a - 1;
2    a += 1;
3    b -= 1;
4    b += a;
5    printf("%d", (b % 4));
```

(　)42. 下列C語言程式碼片段執行後,輸出為何?
(A)12　(B)18　(C)23　(D)26。
```
1    int a = 7, b = 12, c = 18;
2    c = a % b;
3    a = b;
4    b = c;
5    printf("%d", (a + b + c));
```

(　)43. 運算式103 - ((17 * 4) % 8),運算結果為何?
(A)99　(B)100　(C)97　(D)87。

(　)44. 下列C++程式碼片段執行後，輸出為何？
(A)1 0　(B)1 1　(C)0 1　(D)0 0。
```
1    int A = 0, B = 1;
2    A = A || B;
3    B = !A || B;
4    A = A && !B;
5    cout << A << " " << B;
```

(　)45. 下列C語言程式碼片段執行後，輸出結果有幾個為3？
(A)1　(B)4　(C)3　(D)2。
```
1    printf("%d", (7 >> 1));
2    printf("%d", (8 >> 2));
3    printf("%d", (16 >> 3));
4    printf("%d", (31 >> 3));
```

(　)46. 下列何者運算後其結果最小？
(A)6 << 5　(B)21 << 2　(C)17 << 3　(D)10 << 4。

(　)47. 下列C語言程式碼片段執行後，輸出結果有幾個1？
(A)4　(B)3　(C)2　(D)1。
```
1    int a = 0, b = 1;
2    printf("%d\n", b);
3    printf("%d\n", (a + !b));
4    printf("%d\n", (!b || (a && a)));
5    printf("%d\n", ((a || b) && a));
```

(　)48. 下列C語言程式碼片段執行後，輸出為何？
(A)171　(B)255　(C)254　(D)256。
```
1    int i = 171, j = 85;
2    printf("%d", (j ^ i));
```

(　)49. 運算式14 % (3 ^ 2) + 2 & -1，運算結果為何？
(A)-1　(B)1　(C)-2　(D)2。

(　)50. 下列運算式的結果，何者為假（false）？
(A)(!1 || 0) == (0 && !1)　　　　(B)(0 && !1) == (0 || 1)
(C)!(!1 || !0) != (!1 || !0)　　　　(D)!(1 && 0) == (!1 || !0)。

(　)51. 下列運算式的結果，何者為真（true）？
(A)(47 ^ 33) > (20 * 3)　　　　(B)(44 - 15) > (19 | 32)
(C)(37 / 3) < (24 & 39)　　　　(D)(33 * 8) > (55 & 8)。

(　)52. 運算式((13 % 5) * (27 % 8)) / 2，運算結果為何？
(A)3　(B)4　(C)3.5　(D)4.5。

(　)53. 運算式1000 & 1000 | 1000 ^ 1010 ^ 1010 ^ 1，執行結果為何？
(A)1001　(B)1　(C)1000　(D)1010。

( )54. 運算式(99 % 19) % 4，運算結果為何？
(A)2　(B)0　(C)3　(D)1。

( )55. 運算式28 ^ 2 + 2 * (17 & 1) + 1，運算結果為何？
(A)25　(B)30　(C)22　(D)28。

( )56. 若A = true, B = false，下列的執行結果何者為true？
(A)!(A || A) == 1
(B)!(B && !B) == 0
(C)(A || B) == (!A && B)
(D)!(A || B) == (!A || B)。

( )57. 請問!(false && !true)的運算結果與以下何者不相同？
(A)(!false) || !(!true)
(B)!(false && true)
(C)(false || !true)
(D)(!false && true)。

( )58. 請問(!(1 || 0))的運算結果與以下何者不相同？
(A)!(1 && !0)
(B)!(1 || !0)
(C)!1 && !0
(D)!1 || 1。

( )59. 運算式1010 | 0001 ^ 1000 ^ 1000 ^ 0001，執行結果為何？
(A)1　(B)1001　(C)1000　(D)1010。

( )60. 下列C語言程式碼片段執行後，輸出為何？
(A)90　(B)100　(C)88　(D)96。
```
1   int a = 9, b = 30, c = 3;
2   c *= b += a - a;
3   printf("%d", c);
```

( )61. 下列C語言程式碼片段執行後，輸出為何？
(A)1　(B)0　(C)0.5　(D)1.5。
```
1   int i = 45, j = 49;
2   printf("%.1f", (double)i / (j * 2));
```

( )62. 下列C語言程式碼片段執行後，變數a的值為何？
(A)10　(B)15　(C)8　(D)6。
```
1   int a = 17, b = 22, c = 50;
2   a = a + b - (c--);
3   a = ~a;
```

( )63. 下列C語言程式碼片段執行後，變數j的值為何？
(A)-168　(B)-158　(C)-140　(D)-147。
```
1   int i = 15, j = 3;
2   j *= i - (29 + 35);
```

(   )64. 下列C語言程式碼片段執行後，變數i的值為何？　(A)3　(B)2　(C)0　(D)1。
```
1    int i = 45, j = 24, k = 19;
2    i = (i--) - ((++k) + (j++));
```

(   )65. 下列C語言程式碼片段執行後，變數i的值為何？
(A)14　(B)11　(C)16　(D)18。
```
1    int i = 33, j = 24, k = 3;
2    i = i % (k * (j + 15)) / 2;
```

(   )66. 運算式(19 + 13) - ((2 + 6) % 3) * 3，執行結果為何？
(A)15　(B)18　(C)26　(D)28。

(   )67. 運算式((13 - (11 + 32)) * 2) + 20，執行結果為何？
(A)30　(B)-40　(C)40　(D)-30。

(   )68. 運算式56 + ((29 - 21) - (8 & 11)) * 19，執行結果為何？
(A)56　(B)64　(C)38　(D)44。

(   )69. 依C語言之運算子優先權順序，下列邏輯運算式的結果，何者為假（false）？
(A)(42 * 3) <= (54 + 72)
(B)!(50 / 6 < 9) && !(48 - 16 > 31)
(C)(22 - 5 > 17) || !(13 + 27 > 64)
(D)!(27 + 64 < 91) && (62 + 36 < 99)。

(   )70. 依C語言之運算子優先權順序，下列邏輯運算式的結果，何者為真（true）？
(A)!((18 ^ 23) > 4) || !((18 | 25) > 26)
(B)((39 >> 2) != 9) && !((24 << 2) < 95)
(C)((64 | 40) != 104) || !((23 & 15) < 5)
(D)((17 & 28) > 17) && !((21 ^ 29) < 7)。

(   )71. 下列何者結果為false？
(A)(3 ^ 2 + 23) == 30　　　　　　　(B)(101 / 5) == 20
(C)(123 % 3) == 0　　　　　　　　　(D)(123 / 4) == 30。

(   )72. 下列C語言程式碼片段執行後，變數L的值為何？
(A)44　(B)58　(C)67　(D)38。
```
1    int K = 8, L;
2    L = (K | 2 * 3) * 4 + K % 3;
```

(   )73. 運算式7 * (3 ^ 2) % (6 * 2) + (10 / 4)，執行結果為何？
(A)10　(B)2　(C)26　(D)9。

(   )74. 有三位同學到遊樂區玩，甲同學表明若乙和丙同學都要乘坐獨木舟遊樂設施，則他也願意乘坐該遊樂設施；假設X、Y分別表示乙、丙兩位同學的乘坐意願，請問下列哪一個運算式可用來表示甲同學的乘坐意願？
(A)X && Y　(B)X || Y　(C)!X && Y　(D)X && (!Y)。

(   )75. 運算式20 ^ (8 * (16 - 2)) % (9 / 3)，執行結果為何？
(A)24　(B)14　(C)21　(D)18。

( )76. 依C語言之運算子優先權順序，下列邏輯運算式的結果，何者為真（true）？
(A)(2 > 9) || !(3 < 8)
(B)(!(1 != 2) || !(5 == 4))
(C)((9 % 4) > 2) && !(8 < 3)
(D)!(7 > 6) && (!(13 % 3) == 3)。

( )77. 下列C語言程式碼片段執行後，變數R的值為何？
(A)1　(B)3　(C)4　(D)5。
```
1    int Month = 12, Money = 150, R;
2    R = Money / (Month + 26);
```

( )78. 在A = true、B = true、C = false的情況下；依C語言之運算子優先權順序，下列運算式的結果，何者為真（true）？
(A)(!B) || C
(B)(!A) && B
(C)(A || C) && (!B)
(D)(A && B) || (B && C)。

( )79. 下列何種運算式的執行結果，與其他三個不同？
(A)(88 > 87) && (16 <= 15)
(B)(12 >= 15) || (99 < 98)
(C)!(16 <= 15)
(D)(12 <= 11) && (99 > 98)。

( )80. 下列C語言程式碼片段執行後，輸出為何？
(A)22　(B)26　(C)24　(D)28。
```
1    int X = 6 * 2 - 2;
2    int Y = 2 & 3;
3    printf("%d", ((X / 2 + Y | 2) * 4));
```

( )81. 運算式(5 ^ 2 + (30 / 6 - 5) + (14 * 2))，執行結果為何？
(A)27　(B)25　(C)29　(D)19。

( )82. 運算式17 % 2 * (3 + (2 & 7) | 24)，執行結果為何？
(A)29　(B)28　(C)13　(D)12。

( )83. 運算式14 % (3 ^ (18 + 5)) | (19 + 17 - 5)，執行結果為何？
(A)31　(B)34　(C)44　(D)42。

( )84. 下列C語言程式碼片段執行後，變數Y的值為何？
(A)8　(B)9　(C)14　(D)7。
```
1    int a = 2, b = 17, c = 3, d = 15, Y;
2    Y = (b - (a + d) - 5) + ((c * 10) - 18);
```

( )85. 下列C語言程式碼片段執行後，何者的運算結果為11？
(A)2 & 2 + 6 % 4 - 2
(B)7 % 1 + 6 / 3
(C)-10 - 2 + 5 * 2 | 1
(D)25 % 3 * 7 + 16 % 6。

( )86. 判斷某西元年是否為閏年的規則如下：如果某個年份的西元年是400的倍數則必然為閏年，否則要判斷該西元年是否為4的倍數，且不可為100的倍數。在C語言中，假設要判斷的某西元年變數為year，若用以下程式判斷是否為閏年？
(A)(year % 400) == 0 || ((year % 4) == 0 && (year % 100) != 0)
(B)(year % 4) = 0 || ((year % 400) == 0 || (year % 100) <> 0)
(C)(year % 400) = 0 || ((year % 4) = 0 && (year % 100) != 0)
(D)(year % 4) == 0 || ((year % 400) == 0 && (year % 100) <> 0)。

( )87. 下列C語言程式碼片段執行後，變數a的值為何？
(A)0　(B)10　(C)12　(D)13。
```
1    int a;
2    a = 8 | (7 * (9 + 16)) & (11 * 3) * 2;
```

( )88. 下列C語言程式碼片段執行後，變數s的值為何？
(A)18　(B)15　(C)10　(D)9。
```
1    int s;
2    s = (13 - 5) * 2 ^ (4 - 2);
```

( )89. 若變數X的內容為3，變數Y的內容為-3，則下列邏輯關係運算結果何者異於其他三者？
(A)(X == 3) && (Y == -3)
(B)(X == 3) || (Y == 3)
(C)!(X + Y == 0)
(D)(X * Y < 0) || (X > Y)。

( )90. 下列C語言程式碼片段執行後，輸出為何？
(A)42　(B)39　(C)49　(D)32。
```
1    int X = 10 * 16 + 19;
2    int Y = 7 | 9;
3    printf("%d", ((X - (9 + Y) & 15) + 28));
```

( )91. 若要邏輯判斷式!(X1 || X2)計算結果為真（true），則X1與X2的值分別應為何？
(A)X1為false，X2為false
(B)X1為true，X2為true
(C)X1為true，X2為false
(D)X1為false，X2為true。　　　　　　　　　　　　　　　　　　　　　　　[APCS]

( )92. 若a, b, c, d, e均為整數變數，下列哪個算式計算結果與a + b * c - e計算結果相同？
(A)(((a + b) * c) - e)　　　　　　　(B)((a + b) * (c - e))
(C)((a + (b * c)) - e)　　　　　　　(D)(a + ((b * c) - e))。　　　　　[APCS]

( )93. 下列程式碼執行後輸出結果為何？　(A)3　(B)4　(C)5　(D)6。　　　[APCS]
```
1    int a = 2, b = 3;
2    int c = 4, d = 5;
3    int val;
4    val = b / a + c / b + d / b;
5    printf("%d\n", val);
```

( )94. 下列程式碼是自動計算找零程式的一部分,程式碼中三個主要變數分別為Total(購買總額),Paid(實際支付金額),Change(找零金額)。但是此程式片段有冗餘的程式碼,請找出冗餘程式碼的區塊。
(A)冗餘程式碼在A區　　　　　　(B)冗餘程式碼在B區
(C)冗餘程式碼在C區　　　　　　(D)冗餘程式碼在D區。　　　　　[APCS]

```
1   int Total, Paid, Change;
2      ⋮
3   Change = Paid - Total;
4   printf("500 : %d pieces\n", (Change - Change % 500) / 500);
5   Change = Change % 500;
6   printf("100 : %d coins\n", (Change - Change % 100) / 100);
7   Change = Change % 100;
8   // A區
9   printf("50 : %d coins\n", (Change - Change % 50) / 50);
10  Change = Change % 50;
11  // B區
12  printf("10 : %d coins\n", (Change - Change % 10) / 10);
13  Change = Change % 10;
14  // C區
15  printf("5 : %d coins\n", (Change - Change % 5) / 5);
16  Change = Change % 5;
17  // D區
18  printf("1 : %d coins\n", (Change - Change % 1) / 1);
19  Change = Change % 1;
```

( )95. 假設x, y, z為布林(boolean)變數,且x = TRUE, y = TRUE, z = FALSE。請問下面各布林運算式的真假值依序為何?(TRUE表真,FALSE表假)
- !(y || z) || x
- !y || (z || !x)
- z || (x && (y || z))
- (x || x) && z

(A)TRUE FALSE TRUE FALSE　　　(B)FALSE FALSE TRUE FALSE
(C)FALSE TRUE TRUE FALSE　　　(D)TRUE TRUE FALSE TRUE。　　[APCS]

( )96. 要將2個二元值11010011與11101010運算,取得00111001,則使用那個邏輯閘最適當? (A)AND (B)NAND (C)XNOR (D)XOR。　　[109技競]

( )97. C語言指令printf("%d", 4 / 3 * 3);答案為?
(A)4 (B)3 (C)3.99999 (D)0.44444。　　[109技競]

( )98. C語言的指令1 && 2與1 & 2的值分別為何?
(A)1, 2 (B)1, 0 (C)0, 1 (D)2, 1。　　[110技競]

( )99. C語言的指令1 || 2與1 | 2的值分別為何?
(A)1, 3 (B)3, 1 (C)1, 2 (D)2, 1。　　[110技競]

( )100. 下面的輸入與輸出表格，代表的是哪一種邏輯運算？
(A)XOR (B)AND (C)OR (D)NOT。 [110技競]

輸入		輸出
X	Y	Z
0	0	0
0	1	1
1	1	1
1	0	1

( )101. 下列程式執行結果為何？
(A)5 5 6 (B)5 6 6 (C)6 6 6 (D)5 5 5。 [110技競]

```
1   int main()
2   {
3       int a = 5;
4       printf("%d ", a);
5       printf("%d ", a++);
6       printf("%d\n", a);
7   }
```

( )102. 下列位元移位運算結果，何者不等於2？
(A)11 >> 2 (B)4 >> 1 (C)31 >> 3 (D)17 >> 3。 [111技競]

統測試題

( )103. 下列C語言程式碼片段執行後，x與y的結果為何？
(A)x為3，y為3 (B)x為3，y為3.5
(C)x為3.5，y為3 (D)x為3.5，y為3.5。 [111資電類]

```
1   int x, a = 7, b = 2;
2   float y;
3   x = a / b;
4   y = (float)a / b;
```

( )104. 下列C語言程式碼執行後，其結果為何？
(A)1 (B)2 (C)14 (D)15。 [111資電類]

```
1   #include <stdio.h>
2   int main()
3   {
4       int a = 9, b = 7;
5       printf("%d", a ^ b);
6       return 0;
7   }
```

( )105. 依C語言之運算子優先權順序，下列運算式的結果，何者為真（true）？
(A)!(1 != 3) || 1 == 3　　　　　　　(B)1 != 3 && !!(1 == 3)
(C)!(1 < 3) || 1 >= 3　　　　　　　(D)1 < 3 && !(1 >= 3)。 [111資電類]

( )106. 執行完下列片段程式後，Num1與Num2的數值分別為何？
```
1    int Num1 = 10, Num2 = 5;
2    int Num3 = 3;
3    Num1 = Num1 << Num3 - 1;
4    Num2 = Num2 * Num1 >> 1;
```
(A)Num1 = 79、Num2 = 197　　　(B)Num1 = 79、Num2 = 195
(C)Num1 = 40、Num2 = 200　　　(D)Num1 = 40、Num2 = 100。 [112資電類]

( )107. 有關運算子的優先順序，假設所有的變數都宣告為整數型態，下列哪一個C語言敘述運行的結果都是偶數？
(A)Result = (A - 5 >> 2) | 0x4;
(B)Result = ((A + 8) * A - 13) & 0x1B;
(C)Result = (A - 15) / 2 + 6;
(D)Result = ((A + 124) & 2) + 2 % 5;。 [113資電類]

( )108. 下列C語言程式碼，其執行後輸出結果為何？
```
1    #include <stdio.h>
2    int main(){
3        int a = 1, b = 3, c = 5, d = 7, x = 0;
4        x = a++ / b + c * ++d;
5        printf("%d", x);
6        return 0;
7    }
```
(A)0　(B)20　(C)30　(D)40。 [114資電類]

( )109. 下列C++語言程式的執行結果為何？
```
1    #include <iostream>
2    int main(){
3        unsigned int a = 128, b = 255, c;
4        c = (~a << 2 ^ b | a) & 0xff;
5        std::cout<<std::hex<<c; }
```
(A)72　(B)83　(C)9b　(D)a4。 [114資電類]

答案&詳解

答案

1. B	2. C	3. B	4. B	5. D	6. B	7. D	8. C	9. C	10. D
11. D	12. B	13. A	14. A	15. C	16. D	17. A	18. C	19. D	20. B
21. D	22. A	23. B	24. C	25. C	26. A	27. C	28. D	29. B	30. B
31. C	32. C	33. D	34. A	35. A	36. B	37. C	38. B	39. A	40. A
41. D	42. D	43. A	44. C	45. D	46. B	47. D	48. C	49. D	50. B
51. D	52. B	53. A	54. B	55. A	56. D	57. C	58. D	59. D	60. A
61. C	62. A	63. D	64. D	65. C	66. C	67. B	68. A	69. B	70. C
71. A	72. B	73. D	74. A	75. C	76. B	77. B	78. D	79. C	80. D
81. A	82. A	83. A	84. D	85. D	86. A	87. B	88. A	89. C	90. B
91. A	92. C	93. A	94. D	95. A	96. D	97. B	98. B	99. A	100. C
101. A	102. C	103. B	104. C	105. D	106. D	107. D	108. D	109. B	

詳解

4. 弘鑫：　(46 - 27) << 1 + (5 / 2) = 19 << 1 + 2 = <u>19 << 3</u> = 152。

				0	0	0	1	0	0	1	1	(19)
<< 3	~~0~~	~~0~~	~~0~~	1	0	0	1	1				
				1	0	0	1	1	0	0	0	(152)

同學A：((14 + 29 * 21) - 10 >> 2) = (14 + 609) - 10 >> 2 = <u>613 >> 2</u> = 153。

	1	0	0	1	1	0	0	1	0	1			(613)
>> 2			1	0	0	1	1	0	0	1	~~0~~	~~1~~	
	0	0	1	0	0	1	1	0	0	1			(153)

同學B：(80 - 13 + 15) ^ (46 + (14 * 8)) = 82 ^ (46 + 112) = <u>82 ^ 158</u> = 204。

	0	1	0	1	0	0	1	0	(82)
^	1	0	0	1	1	1	1	0	(158)
	1	1	0	0	1	1	0	0	(204)

同學C：(39 + 13 * (<u>50 ^ 10</u>)) & 35 - 6)
= (39 + 13 * 56) & 35 - 6 = (39 + 728) & 35 - 6 = <u>767 & 29</u> = 29。
計算過程如下：
先計算50 ^ 10 = 56

	0	0	1	1	0	0	1	0	(50)
^	0	0	0	0	1	0	1	0	(10)
	0	0	1	1	1	0	0	0	(56)

再計算767 & 29 = 29

	1	0	1	1	1	1	1	1	1	1	(767)
&	0	0	0	0	0	1	1	1	0	1	(29)
	0	0	0	0	0	1	1	1	0	1	(29)

8. A > B = false；
(A == B) || (A > B) = false || false = false；
(A < B) && (A != B) = true && true = true；
!(A < B) = !true = false。

答案 & 詳解

12. 3 * 2 % 2 + 6 / 3 - 1 = 6 % 2 + 2 - 1 = 0 + 2 - 1 = 1。

13. 5 * 3 >= 30 / 2 = 15 >= 15 = true,執行結果為1(true)。

14. !(3 * 5 == 16) || (3 * 4 != 12) = !(15 == 16) || (12 != 12) = true || false = true,
    執行結果為1(true)。

18. I + K <= J = 3 + 8 <= 10為false。
    (I < J) && !(J > K) = (3 < 10) && !(10 > 8) = true && false = false。
    ((I < K) || (J > K)) && (K >= 0) = (3 < 8) || (10 > 8) && (8 >= 0)
    　　　　　　　　　　　　　　　　= true || true && true = true。
    !((I > J) || (K > I)) = !((3 > 10) || (8 > 3)) = !(false || true) = !(true) = false。

22. i = (i + 10) * (j - 15) % 7 = (10 + 10) * (20 - 15) % 7 = 20 * 5 % 7 = 100 % 7 = 2。

26. j += 1相當於j = 3 + 1 = 4,j *= i相當於j = 4 * 2 = 8,執行結果j值為8。

27. a = a * b + c = 10 * 2 + 1.5 = 21.5,a是整數型態,須去掉小數點,
    因此執行結果a值為21。

29. 1 + 2 * 5 ^ 4 << 3 = 1 + 10 ^ 4 << 3 = 11 ^ 4 << 3 = 11 ^ 32 = 43。

32. c -= a += b
    a += b → a = a + b = 100 + 250 = 350
    c -= a → c = c - a = 400 - 350 = 50。c值為50。

34. (6 << 5) = 192。(21 << 2) = 84。(17 << 3) = 136。(10 << 4) = 160。

35. (107 / 13) * 4 % 18 = 8 * 4 % 18 = 32 % 18 = 14。

36. C = 20 | 10 = 30。計算過程如下。

	0	0	0	1	0	1	0	0	(20)
|	0	0	0	0	1	0	1	0	(10)
	0	0	0	1	1	1	1	0	(30)

37. A | B = 11 | 25 = 27。計算過程如下。

	0	0	0	0	1	0	1	1	(11)
|	0	0	0	1	1	0	0	1	(25)
	0	0	0	1	1	0	1	1	(27)

38. 6 & 4 | 9 = 4 | 9 = 13。計算過程如下。
    先計算6 & 4 = 4

	0	0	0	0	0	1	1	0	(6)
&	0	0	0	0	0	1	0	0	(4)
	0	0	0	0	0	1	0	0	(4)

    再計算4 | 9 = 13

	0	0	0	0	0	1	0	0	(4)
|	0	0	0	0	1	0	0	1	(9)
	0	0	0	0	1	1	0	1	(13)

答案 & 詳解

40. s += a % 16
    s = s + a % 16
    s = 0 + 33 % 16 = 33 % 16 = 1
    s >> 2 = 1 >> 2 = 0
    輸出s % 4 = 0 % 4結果為0。

41. a += 1 = 11。b -= 1 = 8。b += a = 19。輸出b % 4 = 19 % 4結果為3。

42. c = a % b = 7。a = b = 12。b = c = 7。
    輸出a + b + c = 12 + 7 + 7結果為26。

44. A = A || B = 0 || 1 = 1。
    B = !A || B = 1 || 1 = 1。
    A = A && !B = 1 && 0 = 0。輸出結果為0 1。

45. 7 >> 1 = 3。8 >> 2 = 2。16 >> 3 = 2。31 >> 3 = 3。

46. 6 << 5 = 192。21 << 2 = 84。17 << 3 = 136。10 << 4 = 160。

47. b = 1，輸出1。
    a + !b = 0 + 0，輸出0。
    !b || (a && a)) = 0 || (0 && 0) = 0 || 0，輸出0。
    (a || b) && a) = (0 || 1) && 0 = 1 && 0，輸出0。

48. j ^ i = 85 ^ 171 = 254。計算過程如下。

	0	1	0	1	0	1	0	1	(85)
^	1	0	1	0	1	0	1	1	(171)
	1	1	1	1	1	1	1	0	(254)

49. 14 % (3 ^ 2) + 2 & -1 = 14 % 1 + 2 & -1 = 0 + 2 & -1 = 2 & -1 = 2。計算過程如下。
    先計算3 ^ 2 = 1

	0	0	0	0	0	0	1	1	(3)
^	0	0	0	0	0	0	1	0	(2)
	0	0	0	0	0	0	0	1	(1)

    再計算2 & -1 = 2

	0	0	0	0	0	0	1	0	(2)
&	1	1	1	1	1	1	1	1	(-1)
	0	0	0	0	0	0	1	0	(2)

50. (!1 || 0) == (0 && !1)   (0 && !1) == (0 || 1)
    = (0 || 0) == (0 && 0)   = (0 && 0) == (0 || 1)
    = 0 == 0   = 0 == 1
    = 1   = 0
    = true   = false

    !(!1 || !0) != (!1 || !0)   !(1 && 0) == (!1 || !0)
    = !(0 || 1) != (0 || 1)   = !0 == (0 || 1)
    = 0 != 1   = 1 == 1
    = 1   = 1
    = true   = true

答案 & 詳解

51. (47 ^ 33) > (20 * 3) = 14 > 60 = false；
    (44 - 15) > (19 | 32) = 29 > 51 = false；
    (37 / 3) < (24 & 39) = 12 < 0 = false；
    (33 * 8) > (55 & 8) = 264 > 0 = true。

53. 1000 & 1000 | 1000 ^ 1010 ^ 1010 ^ 0001
    = 1000 | 0010 ^ 1010 ^ 0001
    = 1000 | 1000 ^ 0001 = 1000 | 1001 = 1001。

55. 28 ^ 2 + 2 * (17 & 1) + 1 = 28 ^ 2 + 2 * 1 + 1 = 28 ^ 2 + 2 + 1 = <u>28 ^ 5</u> = 25。
    計算過程如下。

	0	0	0	1	1	1	0	0	(28)
^	0	0	0	0	0	1	0	1	(5)
	0	0	0	1	1	0	0	1	(25)

56. !(A || A) == 1
    = !(1 || 1) == 1
    = 0 == 1
    = false

    !(B && !B) == 0
    = !(0 && 1) == 0
    = 1 == 0
    = false

    (A || B) == (!A && B)
    = (1 || 0) == (0 && 0)
    = 1 == 0
    = false

    !(A || B) == (!A || B)
    = !(1 || 0) == (0 || 0)
    = 0 == 0
    = true

57. !(false && !true) = !false = true；
    (!false) || !(!true) = true || true = true；
    !(false && true) = !false = true；
    (false || !true) = false || false = false；
    (!false && true) = true && true = true。

58. (!(1 || 0)) = 0；
    !(1 && !0) = !(1 && 1) = 0；
    !(1 || !0) = !(1 || 1) = 0；
    !1 && !0 = 0 && 1 = 0；
    !1 || 1 = 0 || 1 = 1。

59. 1010 | 0001 ^ 1000 ^ 1000 ^ 0001
    = 1010 | 1001 ^ 1000 ^ 0001
    = 1010 | 0001 ^ 0001 = 1010 | 0000 = 1010。

60. c *= b += a - a
    = c *= b += 0
    = c *= 30 + 0 = 3 * 30 = 90。

62. a = a + b - (c--) = 17 + 22 - 50 = -11。
    a = ~a = <u>~(-11)</u> = 10。計算過程如下。

~	1	1	1	1	0	1	0	1	(-11)
	0	0	0	0	1	0	1	0	(10)

答案&詳解

63. j *= i - (29 + 35)
    = j *= 15 - 64
    = j *= -49
    j = 3 * (-49) = -147。

64. i = (i--) - ((++k) + (j++)) = 45 - (20 + 24) = 45 - 44 = 1。

65. i = i % (k * (j + 15)) / 2
    = 33 % (3 * (24 + 15)) / 2
    = 33 % (3 * 39) / 2
    = 33 % 117 / 2
    = 33 / 2 = 16。

69.
(42 * 3) <= (54 + 72) = 126 <= 126 = true	!(50 / 6 < 9) && !(48 - 16 > 31) = !(8 < 9) && !(32 > 31) = false && false = false
(22 - 5 > 17) || !(13 + 27 > 64) = (17 > 17) || !(40 > 64) = false || true = true	!(27 + 64 < 91) && (62 + 36 < 99) = !(91 < 91) && (98 < 99) = true && true = true

70.
!((18 ^ 23) > 4) || !((18 | 25) > 26) = !(5 > 4) || !(27 > 26) = false || false = false	((39 >> 2) != 9) && !((24 << 2) < 95) = (9 != 9) && !(96 < 95) = false && true = false
((64 | 40) != 104) || !((23 & 15) < 5) = (104 != 104) || !(7 < 5) = false || true = true	((17 & 28) > 17) && !((21 ^ 29) < 7) = (16 > 17) && !(8 < 7) = false && true = false

72. L = (K | 2 * 3) * 4 + K % 3
    = (8 | 6) * 4 + 8 % 3 = 14 * 4 + 8 % 3 = 56 + 8 % 3 = 56 + 2 = 58。

75. 20 ^ (8 * (16 - 2)) % (9 / 3) = 20 ^ (8 * 14) % 3 = 20 ^ 112 % 3 = 20 ^ 1 = 21。

80. X = 6 * 2 - 2 = 10。Y = 2 & 3 = 2。
    輸出(X / 2 + Y | 2) * 4 = (10 / 2 + 2 | 2) * 4 = (5 + 2 | 2) * 4 = (7 | 2) * 4 = 7 * 4
    結果為28。

82. 17 % 2 * (3 + (2 & 7) | 24) = 17 % 2 * (3 + 2 | 24)
    = 17 % 2 * (5 | 24)
    = 17 % 2 * 29
    = 1 * 29 = 29。

83. 14 % (3 ^ (18 + 5)) | (19 + 17 - 5) = 14 % (3 ^ 23) | 31
    = 14 % 20 | 31
    = 14 | 31 = 31。

答案 & 詳解

85. 2 & 2 + 6 % 4 - 2 = 2 & 2 + 2 - 2 = 2 & 2 = 2。

7 % 1 + 6 / 3 = 0 + 2 = 2。

-10 - 2 + 5 * 2 | 1 = -10 - 2 + 10 | 1 = -2 | 1 = -1。

	1	1	1	1	1	1	1	0	(-2)
|	0	0	0	0	0	0	0	1	(1)
	1	1	1	1	1	1	1	1	(-1)

25 % 3 * 7 + 16 % 6 = 1 * 7 + 4 = 11。

87. 8 | (7 * (9 + 16)) & (11 * 3) * 2 = 8 | (7 * 25) & 33 * 2 = 8 | 175 & 66 = 8 | 2 = 10。

先計算 175 & 66 = 2

	1	0	1	0	1	1	1	1	(175)
&	0	1	0	0	0	0	1	0	(66)
	0	0	0	0	0	0	1	0	(2)

再計算 8 | 2 = 10

	0	0	0	0	1	0	0	0	(8)
|	0	0	0	0	0	0	1	0	(2)
	0	0	0	0	1	0	1	0	(10)

88. s = (13 - 5) * 2 ^ (4 - 2) = 8 * 2 ^ 2 = 16 ^ 2 = 18。

	0	0	0	1	0	0	0	0	(16)
^	0	0	0	0	0	0	1	0	(2)
	0	0	0	1	0	0	1	0	(18)

90. X = 10 * 16 + 19 = 179。

Y = 7 | 9 = 15。

	0	0	0	0	0	1	1	1	(7)
|	0	0	0	0	1	0	0	1	(9)
	0	0	0	0	1	1	1	1	(15)

輸出(X - (9 + Y) & 15) + 28 = (179 - (9 + 15) & 15) + 28
= (179 - 24 & 15) + 28
= (155 & 15) + 28 = 11 + 28 = 39。

	1	0	0	1	1	0	1	1	(155)
&	0	0	0	0	1	1	1	1	(15)
	0	0	0	0	1	0	1	1	(11)

93. val = b / a + c / b + d / b = 3 / 2 + 4 / 3 + 5 / 3 = 1 + 1 + 1 = 3。

95.

!(y || z) || x	!y || (z || !x)
= !TRUE || TRUE	= !TRUE || (FALSE || FALSE)
= FALSE || TRUE	= FALSE || FALSE
= TRUE	= FALSE

z || (x && (y || z))	(x || x) && z
= FALSE || (TRUE && TRUE)	= TRUE && FALSE
= FALSE || TRUE	= FALSE
= TRUE	

答案&詳解

103. x為整數型態，故a / b = 7 / 2 = 3。
y為浮點數型態，故a / b = 7 / 2 = 3.5。

104. a ^ b = 9 ^ 7 = 14。計算過程如下。

	0	0	0	0	1	0	0	1	(9)
^	0	0	0	0	0	1	1	1	(7)
	0	0	0	0	1	1	1	0	(14)

105.

!(1 != 3) || 1 == 3 = !true || false = false || false = false	1 != 3 && !!(1 == 3) = true && false = false
!(1 < 3) || 1 >= 3 = !true || false = false || false = false	1 < 3 && !(1 >= 3) = true && !false = true && true = true

106. Num1 = Num1 << Num3 - 1 = 10 << (3 - 1) = 10 << 2 = 40。

			0	0	0	0	1	0	1	0	(10)
<< 2	~~0~~	~~0~~	0	0	1	0	1	0			
			0	0	1	0	1	0	0	0	(40)

Num2 = Num2 * Num1 >> 1 = (5 * 40) >> 1 = 200 >> 1 = 100。

	1	1	0	0	1	0	0	0		(200)
>> 1		1	1	0	0	1	0	0	~~0~~	
	0	1	1	0	0	1	0	0		(100)

所以Num1 = 40、Num2 = 100。

107. 速解法：選項(D)的公式，"任何數" & 2結果只會出現0或2，再加2 % 5結果只有2或4，因此((A + 124) & 2) + 2 % 5計算的結果都是偶數。

108. x = a++ / b + c * ++d
= 1 / 3 + 5 * 8
= 0 + 40
= 40

109. c = (~a << 2 ^ b | a) & 0xff
= (~128 << 2 ^ 255 | 128) & 0xff
= (01111111 << 2 ^ 11111111 | 10000000) & 0xff
= (11111100 ^ 11111111 | 10000000) & 0xff
= (00000011 | 10000000) & 0xff
= 10000011 & 0xff
= 10000011 & 11111111
= 10000011
= $131_{(10)}$

→行號5：std::cout << std::hex << c以16進制輸出，$131_{(10)} = 83_{(16)}$。

統測考試範圍

CH 6

流程指令及迴圈

學習重點

章節架構	常考重點	
6-1　條件判斷敘述	• 巢狀if…else判斷敘述 • if…else if判斷敘述	★★★★☆
6-2　迴圈控制	• for迴圈 • while迴圈	★★★★½

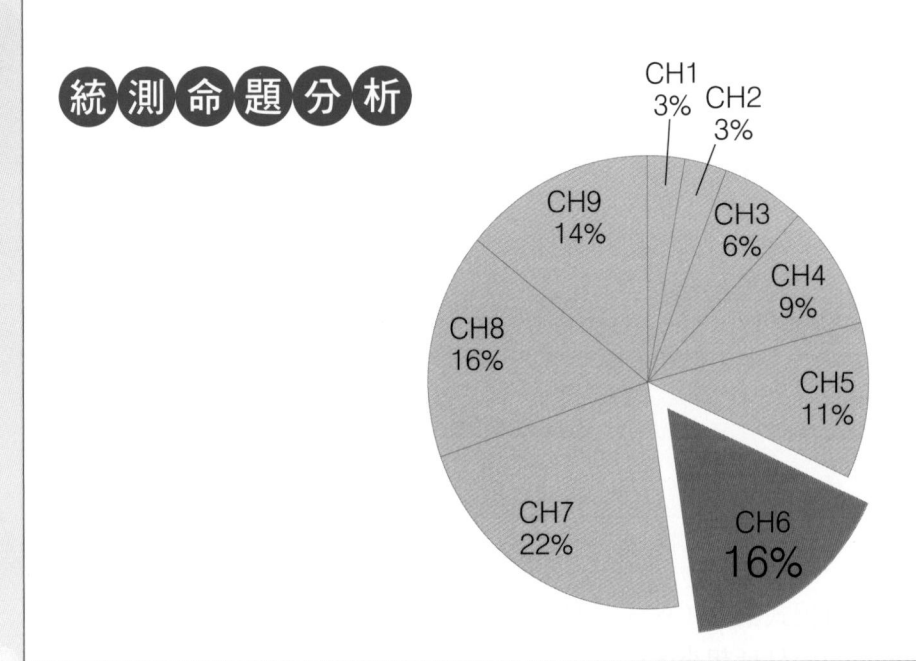

統測命題分析

CH1
3%
CH2
3%
CH3
6%
CH4
9%
CH5
11%
CH6
16%
CH7
22%
CH8
16%
CH9
14%

6-1　條件判斷敘述

種類	適用於
if判斷敘述	單一條件判斷
if…else判斷敘述	雙向條件判斷
巢狀if…else判斷敘述	多層條件判斷
if…else if判斷敘述	多項條件判斷
條件運算子	雙向條件判斷
switch多條件分支敘述	多項條件判斷

條件判斷

一、if判斷敘述　113　114

1. **流程**：如果條件運算式成立（true），就執行程式區塊；
   如果不成立（false），則執行下一行敘述。

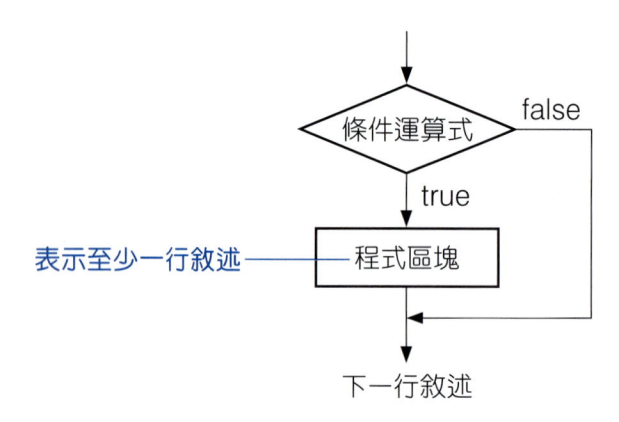

2. **語法**：

> **單行式：**
> ```
> if (條件運算式)
>     程式敘述;
> ```
>
> **區塊式：**
> ```
> if (條件運算式) {
>     程式區塊 ;
> }
> ```

說明

- 當條件運算式成立時，執行程式敘述（程式區塊）。
- 超過一行的程式敘述，必須用{}括起來。

3. **範例**：判斷是否符合考駕照年齡

| ```
1   #include <stdio.h>
2   int main(){
3       int age = 19;
4       if(age >= 18)
5           printf("已達到考駕照年齡");
6   }
``` | **執行結果**<br><br>已達到考駕照年齡 |

說明

- 當age >= 18成立時，輸出 "已達到考駕照年齡"。

4. **練習**：

例1 判斷成績是否及格

| ```
1   #include <stdio.h>
2   int main(){
3       int score = 49;
4       if(score < 60)
5           printf("不及格");
6   }
``` | **執行結果**<br><br>不及格 |

例2 判斷悠遊卡是否自動加值

| ```
1   #include <stdio.h>
2   int main(){
3       int b = 80;
4       if(b < 100){
5           printf("餘額小於100");
6           printf("自動加值");
7       }
8   }
``` | **執行結果**<br><br>餘額小於100自動加值 |
```

二、if…else判斷敘述 112 114

1. **流程**：如果條件運算式成立（true），就執行程式區塊1；
   如果不成立（false），則執行程式區塊2。

```
        ┌─────────┐ false
        │ 條件運算式 ├──────┐
        └────┬────┘       │
           true           │
        ┌────▼────┐   ┌───▼───┐
        │ 程式區塊1 │   │程式區塊2│
        └────┬────┘   └───┬───┘
             └─────┬──────┘
              下一行敘述
```

2. **語法**：

> **語法**
> ```
> if(條件運算式){
>     程式區塊1 ;
> }
> else{
>     程式區塊2 ;
> }
> ```

說明
- 當條件運算式成立時，執行程式區塊1，否則執行程式區塊2。
- 超過一行的程式敘述，必須用{}括起來。

3. **範例**：判斷是否有發燒

舉例	程式	執行結果
| | ```
1   #include <stdio.h>
2   int main(){
3       float t;
4       printf("請輸入體溫:");
5       scanf("%f", &t);
6       if(t >= 37.5)
7           printf("體溫偏高");
8       else
9           printf("體溫正常");
10  }
``` | 請輸入體溫:**36**<br>體溫正常 |

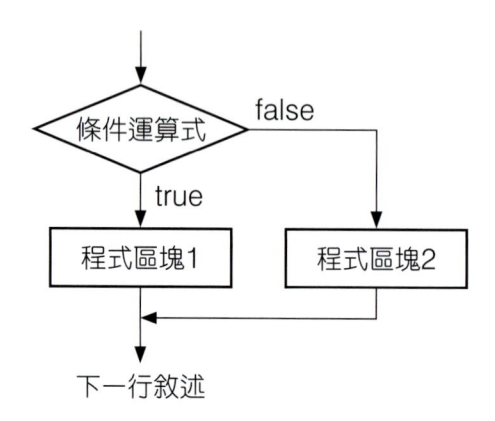

說明
- 當t >= 37.5成立時，輸出 "體溫偏高"。
- 當t >= 37.5不成立（即t < 37.5）時，輸出 "體溫正常"。
```

4. **練習：**

例1 判斷是否有投票權

```
1    #include <stdio.h>
2    int main(){
3        int age;
4        printf("請輸入年齡:");
5        scanf("%d", &age);
6        if(age >= 20)
7            printf("已有投票權");
8        else
9            printf("未有投票權");
10   }
```

執行結果

請輸入年齡：**23**
已有投票權

例2 判斷是否符合優惠活動

```
1    #include <stdio.h>
2    int main(){
3        int a;
4        printf("請輸入消費金額:");
5        scanf("%d", &a);
6        if(a >= 1000){
7            printf("符合滿千打88折活動, 折扣後金額為:%d", int(a * 0.88));
8        }
9        else
10           printf("抱歉, 您不符合優惠活動");
11   }
```

執行結果

請輸入消費金額：**2900**
符合滿千打88折活動, 折扣後金額為:2552

得分加+

( )1. if…else為下列何種結構？
(A)循環結構 (B)條件結構 (C)重複結構 (D)樹狀結構。

( )2. 下列C語言程式碼片段執行後，變數c的值為何？ (A)2 (B)4 (C)6 (D)8。
```
1    int a = 25, b = 75, c;
2    if((3 * a) > b)
3        c = 8;
4    else
5        c = 4;
```

(　　)3. 下列C語言程式碼片段執行後，變數a的值為何？
(A)21　(B)35　(C)56　(D)91。
```
1    int a = 5, b = 7;
2    if(a < b)
3        a = a + 3;
4    else
5        a = b + 6;
6    a = a * b;
```

(　　)4. 下列C語言程式碼片段執行後，變數W的值為何？
(A)69　(B)73.5　(C)77.5　(D)81。
```
1    char Sex = 'M';
2    int H = 185;
3    float W;
4    if(Sex == 'M')
5        W = (H - 80) * 0.7;
6    else
7        W = (H - 70) * 0.6;
```

(　　)5. 下列C語言程式碼片段執行後，輸出為何？　(A)X　(B)Y　(C)7　(D)3。
```
1    if(7 > 3 && 5 < 4)
2        printf("X");
3    else
4        printf("Y");
```

(　　)6. 下列C語言程式碼片段執行後，結果何者正確？
(A)a = 8　(B)a = 4　(C)b = 4　(D)b = 12。
```
1    int a = 5, b = 7;
2    if(a + 3 < 6 || b - 3 < 5){
3        a = a + 3;
4        b = b - 2;
5    }
6    else{
7        a = a - 1;
8        b = b + 5;
9    }
```

(　　)7. 下列C語言程式碼片段執行後，輸出為何？　(A)21　(B)24　(C)27　(D)29。
```
1    int x = 9, y = 3, z = 8;
2    if((x % y) == 0)
3        printf("%d", x * y);
4    else
5        printf("%d", y * z);
```

( )8. 下列C語言程式碼片段執行後，變數m的值為何？ (A)0 (B)2 (C)4 (D)8。
```
1    int x = 8, y = 4, m;
2    if(x < y)
3        m = m;
4    else
5        m = x;
```

( )9. 下列C語言程式碼片段執行後，輸出為何？ (A)0 (B)1 (C)7 (D)8。
```
1    int a = 8, b = 7, c = 9;
2    if((a % b) > c)
3        printf("%d", b % a);
4    else
5        printf("%d", c % a);
```

( )10. 下列C語言程式碼片段執行後，輸出為何？
　　　(A)8 7 5　(B)8 5 3　(C)3 8 5　(D)3 8 7。
```
1    int t = 87, x = 5, y = 8, z = 3;
2    if(y < x && x < z){
3        t = y;
4        y = x;
5        x = t;
6    }
7    else{
8        t = x;
9        x = z;
10       z = t;
11   }
12   printf("%d %d %d", x, y, z);
```

答 1. B　2. B　3. C　4. B　5. B　6. A　7. C　8. D　9. B　10. C

解 3. a < b成立，故執行a = a + 3，即a = 5 + 3 = 8，最後執行a = 8 * 7 = 56。

4. Sex == 'M' 成立，故執行W = (H - 80) * 0.7，即W = (185 - 80) * 0.7 = 73.5。

5. 7 > 3 && 5 < 4 = true && false = false，故輸出結果為Y。

6. a + 3 < 6 || b - 3 < 5 = 5 + 3 < 6 || 7 - 3 < 5
　　　　　　　　　　　　= 8 < 6 || 4 < 5
　　　　　　　　　　　　= false || true
　　　　　　　　　　　　= true
　　故執行a = 5 + 3 = 8、b = 7 - 2 = 5。

7. 因為x % y = 9 % 3 = 0，所以輸出x * y = 9 * 3 = 27。

10. y < x && x < z = 8 < 5 && 5 < 3 = false && false = false
　　故執行t = x = 5、x = z = 3、z = t = 5，執行結果為3 8 5。

三、巢狀if…else判斷敘述

1. **流程**：當條件運算式1、2成立時，執行程式區塊1；
   當條件運算式1成立，但條件運算式2不成立時，執行程式區塊2，以此類推。

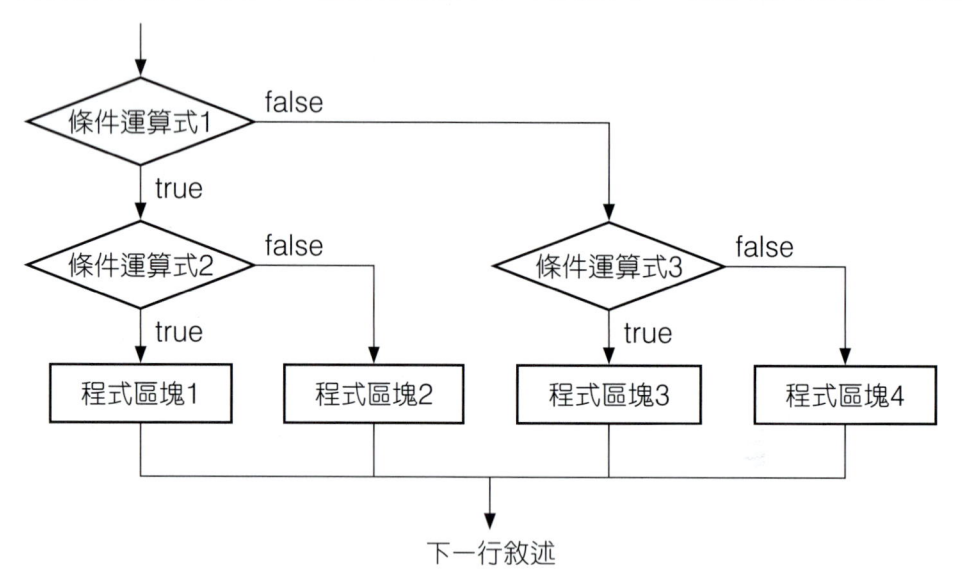

條件運算式1
false
true
條件運算式2
false
條件運算式3
false
true
true
程式區塊1
程式區塊2
程式區塊3
程式區塊4
下一行敘述

2. **語法**：

語法

```
if (條件運算式1) {
    if (條件運算式2)
        程式區塊1 ;
    else
        程式區塊2 ;
}
else {
    if (條件運算式3)
        程式區塊3 ;
    else
        程式區塊4 ;
}
```

說明

- 在if…else內加入另一組或多組if…else，可處理多種不同條件判斷的狀況。
- 當條件運算式成立時，所對應執行的程式區塊，說明如下表所示：

條件式成立			執行的程式區塊
條件式1	條件式2	條件式3	
true	true		程式區塊1
true	false		程式區塊2
false		true	程式區塊3
false		false	程式區塊4

- 撰寫巢狀if…else判斷敘述的程式時，應搭配使用{}及**縮排**，可讓程式清楚分隔條件運算式所對應的程式區塊，方便閱讀。

3. **範例**：判斷購票種類

舉例

```
#include <stdio.h>
int main(){
    float height;
    printf("請輸入身高(公分):");
    scanf("%f", &height);
    if(height <= 140){
        if(height <= 110)
            printf("免購票\n");
        else
            printf("可買半票\n");
    }
    else{
        printf("請買全票\n");
    }
    printf("祝旅途愉快");
}
```

執行結果

```
請輸入身高(公分):112.5
可買半票
祝旅途愉快
```

說明

- 當身高在110公分含以下（表示height <= 140、height <= 110都成立）時，輸出 "免購票"。
- 當身高介於111～140公分（含）之間（表示height <= 140成立，但height <= 110不成立）時，輸出 "可買半票"。
- 當身高超過140公分（表示height <= 140不成立）時，輸出 "請買全票"。

4. **練習**：

例1 依成績分等第

```
#include <stdio.h>
int main(){
    float grade;
    printf("請輸入你的成績:");
    scanf("%f", &grade);
    if(grade >= 70){
        if(grade >= 80)
            printf("你的成績為甲等");
        else
            printf("你的成績為乙等");
    }
    else{
        if(grade >= 60)
            printf("你的成績為丙等");
        else
            printf("你的成績為丁等");
    }
}
```

執行結果

```
請輸入你的成績:64
你的成績為丙等
```

例2　由包裹重量判斷運費

```
1    #include <stdio.h>
2    int main(){
3        float Weight;
4        printf("請輸入包裹重量(kg):");
5        scanf("%f", &Weight);
6        if(Weight >= 6){
7            if(Weight >= 11)
8                printf("運費為110元");
9            else
10                printf("運費為90元");
11       }
12       else{
13           printf("運費為70元");
14       }
15   }
```

執行結果

請輸入包裹重量(kg):**15**
運費為110元

得分加+

(　)1.　下列C語言程式碼片段執行後，變數y的值為何？　(A)120　(B)3　(C)2　(D)1。
```
1    int x = 125, y;
2    if(x > 120){
3        if(x > 130)
4            y = 2;
5        else
6            y = 3;
7    }
8    else{
9        y = 1;
10   }
```

(　)2.　下列C語言程式碼片段執行後，變數k的值為何？　(A)5　(B)6　(C)7　(D)8。
```
1    int a = 0, b = 1, k;
2    if(a == 1){
3        if(b == 0)
4            k = 5;
5        else
6            k = 6;
7    }
8    else{
9        k = 7;
10   }
```

(　)3. 下列C語言程式碼片段執行後,輸出為何?
(A)4　(B)9　(C)12　(D)16。
```
1    int a = 4, b = 9, c = 12;
2    if(a < b){
3        if(b > c)
4            printf("%d", a);
5        else
6            printf("%d", b);
7    }
8    else{
9        printf("%d", c);
10   }
```

(　)4. 下列C語言程式碼片段執行後,輸出為何?
(A)打85折　(B)打75折　(C)打6折　(D)無折扣。
```
1    int s = 20000;
2    if(s >= 10000 || s <= 30000){
3        printf("打75折");
4    }
5    else{
6        if(s >= 5000)
7            printf("打85折");
8        else
9            printf("無折扣");
10   }
```

(　)5. 下列C語言程式碼片段執行後,變數c的值為何?
(A)15　(B)4　(C)210　(D)29。
```
1    int x = 7, y = 9, z = 8, c;
2    if(y > z){
3        if(y > x)
4            c = y + 20;
5        else
6            c = z / 2;
7    }
8    else{
9        c = x * 30;
10   }
```

(　　)6. 下列C語言程式碼片段執行後，若輸入值為162，輸出結果為何？
(A)bd　(B)ab　(C)cd　(D)dd。

```
1   int n;
2   printf("請輸入數字:");
3   scanf("%d", &n);
4   if(n > 145){
5       if(n > 190)
6           printf("a");
7       else
8           printf("b");
9   }
10  else{
11      printf("c");
12  }
13  printf("d");
```

答 1. B　2. C　3. B　4. B　5. D　6. A

解 1. x > 120成立，但x > 130不成立，故執行y = 3，y值為3。

2. a == 1不成立，故執行k = 7，k值為7。

3. a < b成立，但b > c不成立，故輸出b，b值為9。

4. s >= 10000 || s <= 30000 = 20000 >= 10000 || 20000 <= 30000 = true || true = true，故輸出 "打75折"。

5. y > z及y > x都成立，故執行c = y + 20 = 9 + 20 = 29，c值為29。

6. n > 145成立，但n > 190不成立，故執行printf("b")及printf("d")，輸出bd。

四、if…else if判斷敘述

1. **流程**：在if…else內加入一組或多組else if，只要符合任一if條件判斷敘述，即執行其內所屬的程式區塊，不會再繼續進行其他if條件判斷。

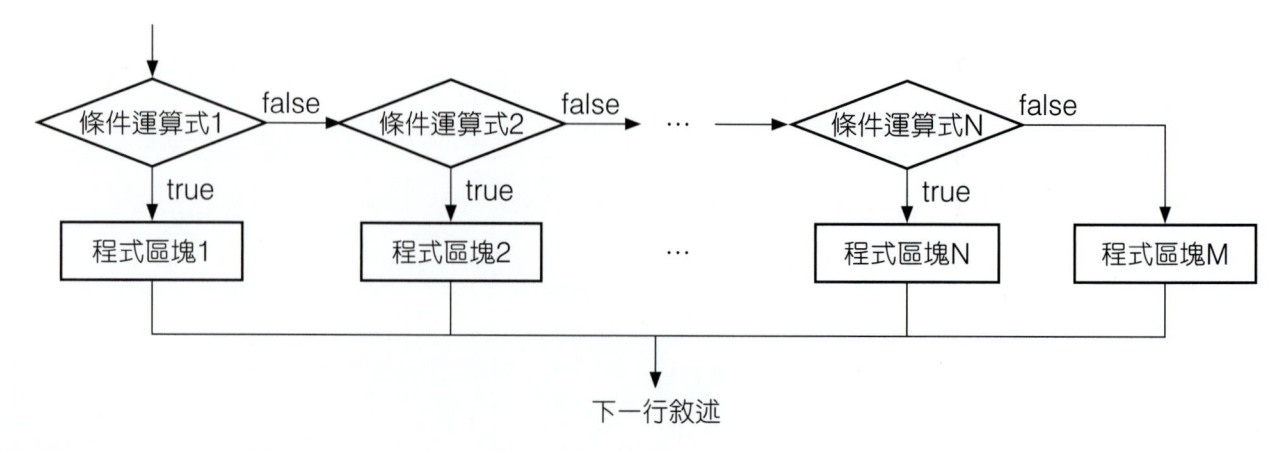

2. **語法：**

```
if(條件運算式1)
    程式區塊1 ;
else if(條件運算式2)
    程式區塊2 ;
        ⋮
else if(條件運算式N)
    程式區塊N ;
else
    程式區塊M ;
```

說明
- 如果同時有多個條件運算式成立，僅執行第1個成立的程式區塊。
- 如果條件運算式都不成立，執行程式區塊M。

3. **範例**：空氣品質指數

```
1   #include <stdio.h>
2   int main(){
3       float pm;
4       printf("請輸入空氣品質指數:");
5       scanf("%f", &pm);
6       if(pm > 150)
7           printf("對所有族群不健康");
8       else if(pm > 100)
9           printf("對敏感族群不健康");
10      else if(pm > 50)
11          printf("普通");
12      else
13          printf("良好");
14  }
```

執行結果

請輸入空氣品質指數:**96**
普通

說明
- 當pm > 150成立時，輸出 "對所有族群不健康"。
- 當pm > 100成立時，輸出 "對敏感族群不健康"。
- 當pm > 50成立時，輸出 "普通"。
- 當pm <= 50（表示pm > 150、pm > 100、pm > 50都不成立）時，輸出 "良好"。

4. **練習：**

例1 判斷TOEIC的證書顏色

```
1   #include <stdio.h>
2   int main(){
3       int S;
4       printf("請輸入TOEIC成績:");
5       scanf("%d", &S);
6       if((S <= 990) && (S >= 860))
7           printf("獲得金色證書");
8       else if((S <= 855) && (S >= 730))
9           printf("獲得藍色證書");
10      else if((S <= 725) && (S >= 470))
11          printf("獲得綠色證書");
12      else if((S <= 465) && (S >= 220))
13          printf("獲得棕色證書");
14      else if((S <= 215) && (S >= 10))
15          printf("獲得橘色證書");
16      else
17          printf("無法取得證書 或 總分有誤");
18  }
```

執行結果

請輸入TOEIC成績:**545**
獲得綠色證書

例2 分析身體質量指數（BMI值）

```
1   #include <stdio.h>
2   int main(){
3       float BMI;
4       printf("請輸入BMI值:");
5       scanf("%f", &BMI);
6       if(BMI >= 24)
7           printf("體重異常");
8       else if(BMI >= 18.5)
9           printf("健康體重");
10      else
11          printf("體重過輕");
12  }
```

執行結果

請輸入BMI值:**22**
健康體重

得分加+

( )1. 下列C語言程式碼片段執行後，輸出為何？
(A)可買1樓區域　(B)可買特區　(C)只能買3樓區域　(D)可買2樓區域。
```
1    int money = 2300;
2    if(money >= 4200)
3        printf("可買特區");
4    else if(money >= 3200)
5        printf("可買1樓區域");
6    else if(money >= 2000)
7        printf("可買2樓區域");
8    else
9        printf("只能買3樓區域");
```

( )2. 下列C語言程式碼片段執行後，何者正確？
(A)a = 15　(B)a = 12　(C)b = 8　(D)b = 11。
```
1    int a = 10, b = 8;
2    if(a % 3 == 0)
3        a += 2;
4    else if(b % 5 < 4)
5        b += 3;
6    else{
7        a += 5;
8        b += 6;
9    }
```

( )3. 下列C語言程式碼片段執行後，變數tax的值為何？
(A)1350　(B)1450　(C)1600　(D)1750。
```
1    int d = 400, tax;
2    if(d <= 250)
3        tax = d * 4;
4    else if(d >= 300)
5        tax = 150 + (d - 100) * 4;
6    else
7        tax = 700 + (d - 200) * 3;
```

( )4. 下列C語言程式碼片段執行後，變數r的值為何？
(A)180　(B)190　(C)200　(D)220。
```
1    int d = 30, r;
2    if(d <= 20)
3        r = d / 2;
4    else if(d <= 50)
5        r = d + 50 * 3;
6    else
7        r = d + r + 30;
```

| 答 | 1. D　　2. D　　3. A　　4. A |

| 解 | 2. b % 5 < 4成立，故執行b += 3 = 8 + 3 = 11，執行結果a值為10、b值為11。
3. d >= 300成立，故執行tax = 150 + (d - 100) * 4 = 150 + (400 - 100) *4 = 1350，tax值為1350。
4. d <= 50成立，故執行r = d + 50 * 3 = 30 + 50 * 3 = 180，r值為180。 |

五、條件運算子　114

1. **流程**：如果條件運算式成立（true），就執行程式敘述1；
   如果不成立（false），則執行程式敘述2。

2. **語法**：

> **語法**　（條件運算式）**?**（程式敘述1）**:**（程式敘述2）；

說明

- 條件運算式與2個程式敘述都在同一行，由問號 **?** 及冒號 **:** 所組成。
- 如果條件運算式成立，執行程式敘述1；如果不成立，則執行程式敘述2。

3. **範例**：取絕對值

| 舉例 | ```
1  #include <stdio.h>
2  int main(){
3      int a;
4      printf("請輸入任一數值:");
5      scanf("%d", &a);
6      a = (a >= 0) ? a : -a;
7          printf("絕對值為%d", a);
8  }
``` | **執行結果**<br><br>請輸入任一數值:**-4**<br>絕對值為4 |

說明

- 當a >= 0成立時，執行a = a。
- 當a >= 0不成立（表示a < 0）時，執行a = -a。

6-16
```

4. 練習：

> **例** 獎金計算

```
1    #include <stdio.h>
2    int main(){
3        int sal;
4        float bouns;
5        printf("請輸入本月銷售額:");
6        scanf("%d", &sal);
7        bouns = (sal > 10000) ? (sal * 0.1) : (sal * 0.05);
8            printf("獎金共計%.0f元", bouns);
9    }
```

執行結果

請輸入本月銷售額：**12000**
獎金共計1200元

六、switch多條件分支敘述

1. **流程**：條件式1成立，執行程式區塊1；條件式2成立，執行程式區塊2，以此類推，條件式都不成立，執行程式區塊M。

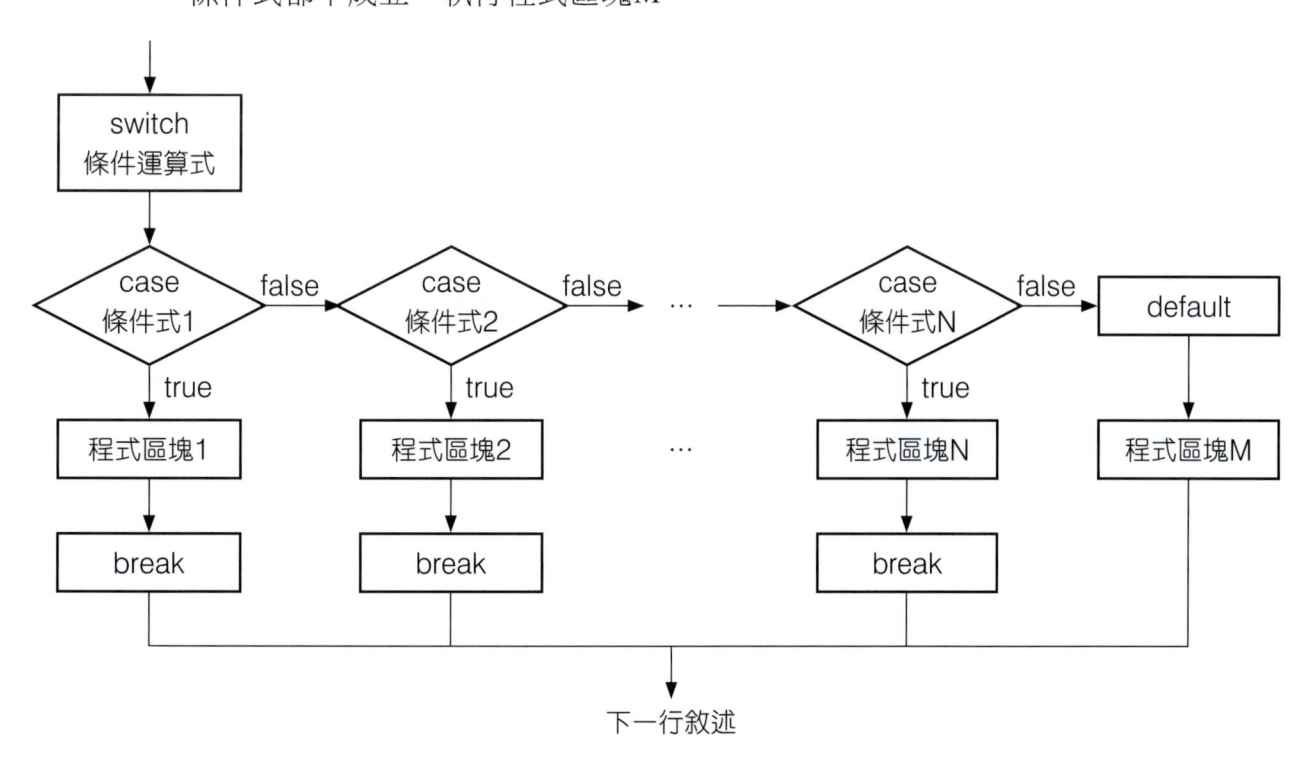

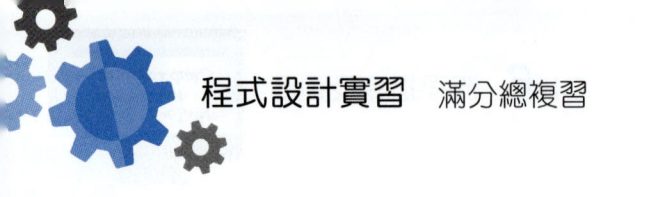

2. **語法**：

語法

```
switch(變數或運算式){
    case 條件式 1:
            程式區塊1;
            break;
    case 條件式 2:
            程式區塊2;
            break;
    case 條件式3:
    case 條件式4:
            程式區塊3;
            break;
              ⋮
    case 條件式 N:
            程式區塊N;
            break;
    default:
            程式區塊M;
}
```

說明

- case條件式有下列3種語法（n、m各代表一個數值）：

語法		範例
數值	case 數值	case 1 case 2
指定數值範圍	case n ... m	case 1 ... 3（表示1~3） case 6 ... 8（表示6~8）
字元	case '字元'	case 'A' case 'd'

- 如果case條件式成立，就執行對應的程式區塊，直到遇到break後離開switch敘述，也可以多項case條件式對應同一個程式區塊，直到遇到break後離開switch敘述。
- 如果條件式都不成立，執行default的程式區塊M。
- 處理多重選擇的問題時，使用switch敘述比使用if…else敘述簡潔。

3. **範例1**：飛機餐選擇

```
1    #include <stdio.h>
2    int main(){
3        int meal;
4        printf("請選擇您要的餐點");
5        printf("(1.牛肉麵 2.雞肉飯):");
6        scanf("%d", &meal);
7        switch(meal){
8            case 1:
9                printf("馬上為您準備牛肉麵");
10               break;
11           case 2:
12               printf("馬上為您準備雞肉飯");
13               break;
14       }
15   }
```

執行結果

請選擇您要的餐點(1.牛肉麵 2.雞肉飯):**2**
馬上為您準備雞肉飯

說明

- 當meal = 1時，輸出 "馬上為您準備牛肉麵"，接著執行break跳出switch敘述。
- 當meal = 2時，輸出 "馬上為您準備雞肉飯"，接著執行break跳出switch敘述。

範例2：查詢套餐價格

```
1    #include <stdio.h>
2    int main(){
3        int choice;
4        printf("A餐/B餐/C餐\n");
5        printf("請選擇套餐(請輸入A~C):");
6        scanf("%c", &choice);
7        switch(choice){
8            case 'A':
9                printf("餐點價格為119元");
10               break;
11           case 'B':
12           case 'C':
13               printf("餐點價格為89元");
14               break;
15       }
16   }
```

執行結果

A餐/B餐/C餐
請選擇套餐(請輸入A~C):**C**
餐點價格為89元

說明

- 當choice = 'A' 時，輸出 "餐點價格為119元"，接著執行break跳出switch敘述。
- 當choice = 'B' 或 'C' 時，皆會輸出 "餐點價格為89元"，接著執行break跳出switch敘述。
- case 'B' 省略break，可與case 'C' 共用程式敘述。

4. **練習**：

> **例1**　國外旅遊警示分級表

```
1   #include <stdio.h>
2   int main(){
3       int Travel;
4       printf("請選擇旅遊警示");
5       printf("(1.灰 2.黃 3.橙 4.紅):");
6       scanf("%d", &Travel);
7       switch(Travel){
8           case 1:
9               printf("提醒注意");
10              break;
11          case 2:
12              printf("檢討應否前往");
13              break;
14          case 3:
15              printf("避免非必要旅行");
16              break;
17          case 4:
18              printf("不宜前往，儘速離境");
19              break;
20          default:
21              printf("請輸入數字1~4");
22              break;
23      }
24  }
```

執行結果

請選擇旅遊警示(1.灰 2.黃 3.橙 4.紅)：**3**
避免非必要旅行

> **例2**　查詢工作日

```
1   #include <stdio.h>
2   int main(){
3       int day;
4       printf("請輸入星期幾(1-7):");
5       scanf("%d", &day);
6       switch(day){
7           case 1 ... 5:
8               printf("這天是工作日");
9               break;
10          case 6 ... 7:
11              printf("這天是週末");
12              break;
13          default:
14              printf("輸入錯誤");
15              break;
16      }
17  }
```

執行結果

請輸入星期幾(1-7)：**3**
這天是工作日

得分加＋

( )1. 下列C語言程式碼片段執行後，變數b的值為何？
(A)7　(B)13　(C)14　(D)17。
```
1    int a = 7, b;
2    switch(7){
3        case 7:
4            b = a ^ 9;
5            break;
6        case 8:
7            b = a ^ 10;
8            break;
9    }
```

( )2. 下列C語言程式碼片段執行後，變數b的值為何？
(A)1　(B)7　(C)5　(D)6。
```
1    int a = 3, b;
2    switch(3){
3        case 3:
4            b = a | 7;
5            break;
6        case 5:
7            b = a ^ 6;
8            break;
9    }
```

( )3. 下列C語言程式碼片段執行後，輸出為何？
(A)apple　(B)pineapple　(C)grape　(D)kiwi。
```
1    switch(35){
2        case 15:
3            printf("apple");
4            break;
5        case 25:
6            printf("pineapple");
7            break;
8        case 35:
9        case 45:
10           printf("grape");
11           break;
12       default:
13           printf("kiwi");
14           break;
15   }
```

(　　)4. 下列C語言程式碼片段執行後，總共輸出幾個*？　(A)3　(B)2　(C)1　(D)4。
```
1   int x = 8 / 4;
2   switch(x){
3       case 4:
4           printf("*");
5           break;
6       case 3:
7           printf("**");
8           break;
9       case 2:
10          printf("***");
11          break;
12      default:
13          printf("****");
14          break;
15  }
```

(　　)5. 下列C語言程式碼片段執行後，變數s的值為何？　(A)0　(B)1　(C)8　(D)16。
```
1   int r = 2, s;
2   switch(r){
3       case 1:
4       case 3:
5           s = r >> 1;
6           break;
7       case 2:
8       case 4:
9           s = r << 2;
10          break;
11  }
```

答　1. C　2. B　3. C　4. A　5. C

解　1. a = 7，執行case 7的敘述b = 7 ^ 9，b值為14。

```
         0   0   0   0   0   1   1   1   (7)
    ^    0   0   0   0   1   0   0   1   (9)
         0   0   0   0   1   1   1   0   (14)
```

2. a = 3，執行case 3的敘述b = 3 | 7，b值為7。

```
         0   0   0   0   0   0   1   1   (3)
    |    0   0   0   0   0   1   1   1   (7)
         0   0   0   0   0   1   1   1   (7)
```

5. r = 2，執行case 2的敘述s = 2 << 2，s值為8。

```
                 0   0   0   0   0   0   1   0   (2)
    << 2    0̶   0̶   0   0   0   0   1   0
                 0   0   0   0   1   0   0   0   (8)
```

6-2 迴圈控制

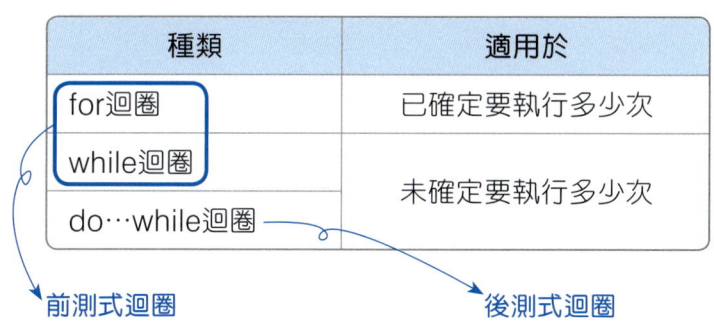

種類	適用於
for迴圈	已確定要執行多少次
while迴圈	未確定要執行多少次
do…while迴圈	

前測式迴圈
先判斷條件式,再依判斷結果
決定是否執行迴圈內敘述

後測式迴圈
先執行一次迴圈內敘述,再判斷條件式,
依結果決定是否繼續執行迴圈內敘述

一、for迴圈 [111] [114]

1. **流程**:利用變數控制迴圈執行次數,在條件運算式成立的情況下,不斷執行迴圈內的程式區塊1,直到條件運算式不成立時離開迴圈。

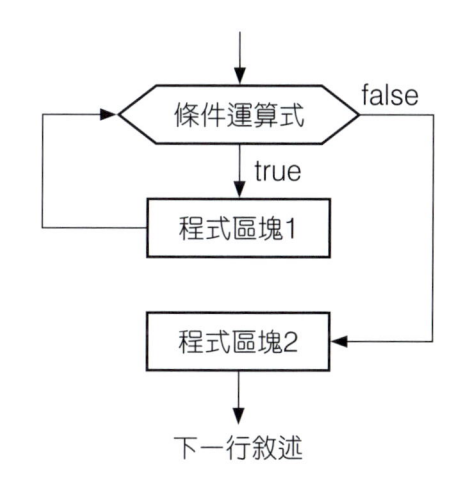

2. **語法**:

```
for (變數初始值; 條件運算式; 控制運算式) {
    程式區塊 ;
}
```

說明
- 第一次進入for迴圈時,變數會被設定為初始值。
- 迴圈不斷執行,直到條件運算式不成立時,跳離迴圈。
- 超過一行的for迴圈內程式區塊,必須用{}括起來。

3. **範例**：用for迴圈計算1加到5的總和

```
1    #include <stdio.h>
2    int main(){
3        int s = 0;
4        int i;
5        for(i = 1; i <= 5; i += 1)
6            s += i;
7        printf("%d", s);
8    }
```

執行結果

15

說明

- 宣告變數s，用來儲存1到5相加的總和。
- 使用for迴圈，設定變數初始值為i = 1；條件運算式設為i <= 5，控制運算式為i += 1（i = i + 1），表示當i <= 5時才執行迴圈，i從1開始每執行完一次迴圈加1遞增。
- s += i（s = s + i）是將s值加上目前的i值。
- 最後輸出從1加到5的總和。

4. **練習**：

例1 計算1～10的偶數總和

```
1    #include <stdio.h>
2    int main(){
3        int sum = 0;
4        for(int i = 1; i <= 10; i++){
5            if(i % 2 == 0)
6                sum += i;
7        }
8        printf("%d", sum);
9    }
```

執行結果

30

例2 輸出迴圈中變數j值的變化

```
1    #include <stdio.h>
2    int main(){
3        int j = 0;
4        for(int i = 1; i <= 15; i += 3){
5            j = j + i + 2;
6            printf("%d\n", j);
7        }
8    }
```

執行結果

3
9
18
30
45

得分加+

( ) 1. 下列C語言程式碼片段執行後，變數a的值為何？
    (A)0　(B)1　(C)10　(D)20。
    ```
    1  int a = 0;
    2  for(int i = 4; i > 0; i -= 1)
    3      a = a + i;
    ```

( ) 2. 下列C語言程式碼片段執行後，輸出為何？　(A)10　(B)4　(C)2　(D)0。
    ```
    1  int s = 0;
    2  for(int k = 1; k < 5; k += 1)
    3      s = s + (k / 2);
    4  printf("%d", s);
    ```

( ) 3. 下列C語言程式碼片段執行後，輸出為何？　(A)7　(B)14　(C)27　(D)30。
    ```
    1  int s = 0, x = 2;
    2  for(int i = 1; i < 4; i++){
    3      s = s + x;
    4      x = x * 2;
    5  }
    6  printf("%d", s);
    ```

( ) 4. 下列C語言程式碼片段執行後，變數sum的值為何？
    (A)2500　(B)2550　(C)5050　(D)5500。
    ```
    1  int sum = 0;
    2  for(int i = 1; i < 100; i = i + 2)
    3      sum = sum + i;
    ```

( ) 5. 下列C語言程式碼片段執行後，輸出為何？　(A)660　(B)700　(C)720　(D)740。
    ```
    1  int p = 1;
    2  for(int k = 1; k <= 6; k++)
    3      p = p * k;
    4  printf("%d", p);
    ```

( ) 6. 若要列印出5個 "$"，下列C語言程式碼a、b、c應分別填入何者？
    (A)3、8、i += 1　(B)1、5、i += 2　(C)1、5、i -= 1　(D)10、18、i += 2。
    ```
    1  for(int i = a; i <= b; c)
    2      printf("$");
    ```

( ) 7. 若要計算1至100的奇數和，下列C語言程式碼片段的空格中應依序填入哪些值？
    (A)1、100、1　(B)2、100、2　(C)1、100、2　(D)2、100、1。
    ```
    1  int sum = 0;
    2  int i;
    3  for(i = _____; i <= _____; i += _____)
    4      sum = sum + i;
    5  printf("%d\n", sum);
    ```

(　)8. 下列C語言程式碼片段執行後，變數i的值為何？
(A)30　(B)32　(C)40　(D)42。
```
1    int i = 1, k;
2    for(int j = 0; j <= 2; j += 1){
3        k = 4 * i - 3;
4        i = i + k;
5    }
6    printf("%d", i);
```

(　)9. 下列C語言程式碼片段執行後，輸出為何？　(A)-7　(B)-8　(C)-9　(D)-10。
```
1    int sum = 1, j;
2    for(int i = 1; i < 4; i += 1){
3        j = i - 2 * 2;
4        sum = 2 * sum + j;
5    }
6    printf("%d", sum + 2);
```

(　)10. 下列C語言程式碼片段執行後，會輸出幾個 "#"？　(A)6　(B)7　(C)8　(D)9。
```
1    for(int i = 20; i > 0; i -= 3)
2        printf("#");
```

(　)11. 下列C語言程式碼片段執行後，變數m的值為何？
(A)65　(B)60　(C)70　(D)75。
```
1    int m = 1, k;
2    for(int i = 1; i < 3; i += 1){
3        k = 6 * m + 2;
4        m = m + k;
5    }
6    printf("%d", m);
```

(　)12. 下列C語言程式碼片段執行後，變數sum的值為何？
(A)12　(B)8　(C)10　(D)6。
```
1    int sum = 0;
2    for(int i = 1; i <= 3; i += 1)
3        sum = i * 2;
4    printf("%d", sum);
```

(　)13. 下列C語言程式碼片段執行後，變數b的值為何？
(A)0　(B)20　(C)120　(D)140。
```
1    int sum = 1, a = 20, b;
2    for(int i = 1; i <= 5; i += 1){
3        sum = sum * i;
4        b = a + sum;
5    }
6    printf("%d", b);
```

(　)14. 下列C語言程式碼片段執行後，變數a的值為何？
　　　(A)11　(B)20　(C)22　(D)26。
```
1    int a = 2;
2    for(int i = 1; i < 10; i += 1){
3        if(i % 2 == 0)
4            a = a + i;
5    }
6    printf("%d", a);
```

(　)15. 下列C語言程式碼片段執行後，變數a的值為何？
　　　(A)0　(B)10　(C)11　(D)12。
```
1    int a = 0;
2    for(int k = 1; k <= 10; k += 1)
3        a = k + 2;
4    printf("%d", a);
```

(　)16. 下列C語言程式碼片段執行後，變數sum的值為何？
　　　(A)10　(B)18　(C)21　(D)23。
```
1    int sum = 0;
2    for(int i = 10; i >= 0; i -= 4)
3        sum = sum + i;
4    printf("%d", sum);
```

(　)17. 下列C語言程式碼片段執行後，會輸出幾個"*"？　(A)6　(B)8　(C)9　(D)10。
```
1    int b = 16;
2    for(int a = 1; a <= b; a += 1){
3        if(a % 2 == 0)
4            printf("*");
5    }
```

(　)18. 下列C語言程式碼片段執行後，變數b的值為何？
　　　(A)-2　(B)-6　(C)10　(D)64。
```
1    int a = 1, b = 1;
2    for(int i = 5; i >= 0; i -= 1){
3        a = a + i * b;
4        b = b * -2;
5    }
```

(　)19. 下列C語言程式碼片段執行後，變數t的值為何？
　　　(A)495　(B)550　(C)594　(D)505。
```
1    int t = 0;
2    for(int i = 1; i <= 100; i += 1){
3        if(i % 9 == 0)
4            t = t + i;
5    }
```

( )20. 下列C語言程式碼片段執行後，輸出為何？
(A)25 30　(B)30 25　(C)25 15　(D)30 30。
```
1   int k1 = 0, k2 = 0;
2   for(int j = 1; j <= 10; j += 1){
3       if(j % 2 == 0)
4           k1 = k1 + j;
5       else
6           k2 = k2 + j;
7   }
8   printf("%d %d", k1, k2);
```

( )21. 下列C語言程式碼片段執行後，變數ans的值為何？
(A)0　(B)11　(C)55　(D)66。
```
1   int ans = 0;
2   for(int i = 1; i <= 10; i += 1)
3       ans += i;
```

( )22. 下列C語言程式碼片段執行後，變數ans的值為何？
(A)120　(B)220　(C)320　(D)420。
```
1   int ans = 1;
2   for(int i = 1; i < 5; i += 1)
3       ans = ans + ans * i;
```

( )23. 下列C語言程式碼片段執行後，輸出為何？
(A)0　(B)1　(C)2　(D)3。
```
1   int c = 0;
2   for(int i = 1; i <= 6; i += 1)
3       c = c + (i % 3);
4   printf("%d", c % 4);
```

( )24. 下列C語言程式碼片段執行後，變數sum的值為何？
(A)28　(B)23　(C)29　(D)30。
```
1   int sum = 0;
2   for(int x = 1; x <= 3; x += 1)
3       sum = sum + x * 2 * x;
4   printf("%d", sum);
```

( )25. 下列C語言程式碼片段執行後，變數c的值為何？
(A)10　(B)21　(C)25　(D)30。
```
1   int c = 0;
2   for(int i = 6; i >= 1; i -= 1)
3       c = c + (i / 1);
4   printf("%d", c);
```

答　1. C　2. B　3. B　4. A　5. C　6. D　7. C　8. B　9. A　10. B
　　11. A　12. D　13. D　14. C　15. D　16. B　17. B　18. D　19. C　20. B
　　21. C　22. A　23. C　24. A　25. B

解　1. 執行過程如下表，a值為10。

i值	i > 0	a = a + i	i -= 1
4	成立	a = 0 + 4 = 4	3
3	成立	a = 4 + 3 = 7	2
2	成立	a = 7 + 2 = 9	1
1	成立	a = 9 + 1 = 10	0
0	不成立	離開迴圈	

2. 執行過程如下表，s值為4。

k值	k < 5	s = s + (k / 2)	k += 1
1	成立	s = 0 + (1 / 2) = 0	2
2	成立	s = 0 + (2 / 2) = 1	3
3	成立	s = 1 + (3 / 2) = 2	4
4	成立	s = 2 + (4 / 2) = 4	5
5	不成立	離開迴圈	

3. 執行過程如下表，s值為14。

i值	i < 4	s = s + x	x = x * 2	i++
1	成立	s = 0 + 2 = 2	x = 2 * 2 = 4	2
2	成立	s = 2 + 4 = 6	x = 4 * 2 = 8	3
3	成立	s = 6 + 8 = 14	x = 8 * 2 = 16	4
4	不成立	離開迴圈		

4. 速解法：
   i從1至99，每次累加2，可得知sum為1至99間的奇數總和，因此可使用「等差數列」公式來計算：
   - 項次 = (末項 - 首項) / 公差 + 1 = (99 - 1) / 2 + 1 = 49 + 1 = 50。
   - sum = (首項 + 末項) * 項次 / 2 = (1 + 99) * 50 / 2 = 2500。

5. 執行過程如下表，p值為720。

k值	k <= 6	p = p * k	k++
1	成立	p = 1 * 1 = 1	2
2	成立	p = 1 * 2 = 2	3
⋮	⋮	⋮	⋮
5	成立	p = 24 * 5 = 120	6
6	成立	p = 120 * 6 = 720	7
7	不成立	離開迴圈	

8. 執行過程如下表，i值為32。

j值	j <= 2	k = 4 * i - 3	i = i + k	j += 1
0	成立	k = 4 * 1 - 3 = 1	i = 1 + 1 = 2	1
1	成立	k = 4 * 2 - 3 = 5	i = 2 + 5 = 7	2
2	成立	k = 4 * 7 - 3 = 25	i = 7 + 25 = 32	3
3	不成立		離開迴圈	

9. 執行過程如下表，輸出sum + 2結果為-7。

i值	i < 4	j = i - 2 * 2	sum = 2 * sum + j	i += 1
1	成立	j = 1 - 2 * 2 = -3	sum = 2 * 1 + (-3) = -1	2
2	成立	j = 2 - 2 * 2 = -2	sum = 2 * -1 + (-2) = -4	3
3	成立	j = 3 - 2 * 2 = -1	sum = 2 * -4 + (-1) = -9	4
4	不成立		離開迴圈	

10. 速解法：
    i從20開始執行迴圈，每次遞減3，因此當i等於20、17、14、11、8、5、2時，都會各輸出1個#，最後共輸出7個#。

11. 執行過程如下表，m值為65。

i值	i < 3	k = 6 * m + 2	m = m + k	i += 1
1	成立	k = 6 * 1 + 2 = 8	m = 1 + 8 = 9	2
2	成立	k = 6 * 9 + 2 = 56	m = 9 + 56 = 65	3
3	不成立		離開迴圈	

12. 執行過程如下表，sum值為6。

i值	i <= 3	sum = i * 2	i += 1
1	成立	sum = 1 * 2 = 2	2
2	成立	sum = 2 * 2 = 4	3
3	成立	sum = 3 * 2 = 6	4
4	不成立	離開迴圈	

13. 執行過程如下表，b值為140。

i值	i <= 5	sum = sum * i	b = a + sum	i += 1
1	成立	sum = 1 * 1 = 1	b = 20 + 1 = 21	2
2	成立	sum = 1 * 2 = 2	b = 20 + 2 = 22	3
3	成立	sum = 2 * 3 = 6	b = 20 + 6 = 26	4
4	成立	sum = 6 * 4 = 24	b = 20 + 24 = 44	5
5	成立	sum = 24 * 5 = 120	b = 20 + 120 = 140	6
6	不成立		離開迴圈	

14. 執行過程如下表，a值為22。

i值	i < 10	i % 2 == 0	a = a + i	i += 1
1	成立	不成立		2
2	成立	成立	a = 2 + 2 = 4	3
⋮	⋮	⋮	⋮	⋮
8	成立	成立	a = 14 + 8 = 22	9
9	成立	不成立		10
10	不成立	離開迴圈		

15. 速解法：
    此題迴圈中的a值並沒有逐次累加，因此只要計算最後一次迴圈k = 10的a = k + 2 = 10 + 2 = 12，即可得知a值為**12**。

16. 速解法：
    此題的sum為i值的累加，i從10開始每次遞減4，直到i < 0為止，因此當i等於10、6、2時，便會累加sum的值，即sum = 10 + 6 + 2 = **18**。

17. 速解法：
    a從1開始執行迴圈，每次遞增1，當a值可被2整除時，輸出1個*，因此當a等於2、4、6、8、10、12、14、16時，都會各輸出1個*，最後共輸出**8個***。

18. 執行過程如下表，b值為64。

i值	i >= 0	a = a + i * b	b = b * -2	i -= 1
5	成立	a = 1 + 5 * 1 = 6	b = 1 * -2 = -2	4
4	成立	a = 6 + 4 * -2 = -2	b = -2 * -2 = 4	3
⋮	⋮	⋮	⋮	⋮
0	成立	a = 10 + 0 * -32 = 10	b = -32 * -2 = 64	-1
-1	不成立	離開迴圈		

19. 速解法：
    i從1開始執行迴圈，每次遞增1，在if判斷敘述中，當i值為9的倍數時，累加t的值，所以i從9至99，每次間隔9，使用「等差數列」公式來計算：
    - 項次 = (末項 - 首項) / 公差 + 1 = (99 - 9) / 9 + 1 = 11。
    - t = (首項 + 末項) * 項次 / 2 = (9 + 99) * 11 / 2 = **594**。

20. 速解法：
    j從1至10，每次遞增1，當j可被2整除時（即偶數）累加k1的值，若不可被2整除時（即奇數）累加k2的值，因此可使用「等差數列」公式來計算：
    - 偶數項次 = (末項 - 首項) / 公差 + 1 = (10 - 2) / 2 + 1 = 5。
    - 奇數項次 = (末項 - 首項) / 公差 + 1 = (9 - 1) / 2 + 1 = 5。
    - k1 = (首項 + 末項) * 偶數項次 / 2 = (2 + 10) * 5 / 2 = 30。
    - k2 = (首項 + 末項) * 奇數項次 / 2 = (1 + 9) * 5 / 2 = 25。

    最後輸出k1的值為**30**、k2的值為**25**。

21. 速解法：

    i從1至10，每次遞增1，可得知ans為1至10的累加總和，因此可使用「等差數列」公式來計算：

    - 項次 = (末項 - 首項) / 公差 + 1 = (10 - 1) / 1 + 1 = 10。
    - ans = (首項 + 末項) * 項次 / 2 = (1 + 10) * 10 / 2 = 55。

22. 執行過程如下表，ans值為120。

i值	i < 5	ans = ans + ans * i	i += 1
1	成立	ans = 1 + 1 * 1 = 2	2
2	成立	ans = 2 + 2 * 2 = 6	3
3	成立	ans = 6 + 6 * 3 = 24	4
4	成立	ans = 24 + 24 * 4 = 120	5
5	不成立	離開迴圈	

23. 執行過程如下表，輸出c % 4結果為2。

i值	i <= 6	c = c + (i % 3)	i += 1
1	成立	c = 0 + (1 % 3) = 1	2
2	成立	c = 1 + (2 % 3) = 3	3
⋮	⋮	⋮	⋮
6	成立	c = 6 + (6 % 3) = 6	7
7	不成立	離開迴圈	

24. 執行過程如下表，sum值為28。

x值	x <= 3	sum = sum + x * 2 * x	x += 1
1	成立	sum = 0 + 1 * 2 * 1 = 2	2
2	成立	sum = 2 + 2 * 2 * 2 = 10	3
3	成立	sum = 10 + 3 * 2 * 3 = 28	4
4	不成立	離開迴圈	

25. 執行過程如下表，c值為21。

i值	i >= 1	c = c + (i / 1)	i -= 1
6	成立	c = 0 + (6 / 1) = 6	5
5	成立	c = 6 + (5 / 1) = 11	4
⋮	⋮	⋮	⋮
2	成立	c = 18 + (2 / 1) = 20	1
1	成立	c = 20 + (1 / 1) = 21	0
0	不成立	離開迴圈	

二、while迴圈 111 114

1. **流程**：在條件運算式成立的情況下，執行迴圈內的程式區塊1，直到條件運算式不成立時離開迴圈。while迴圈敘述適用於無法事先確定迴圈需執行多少次的情況下使用。

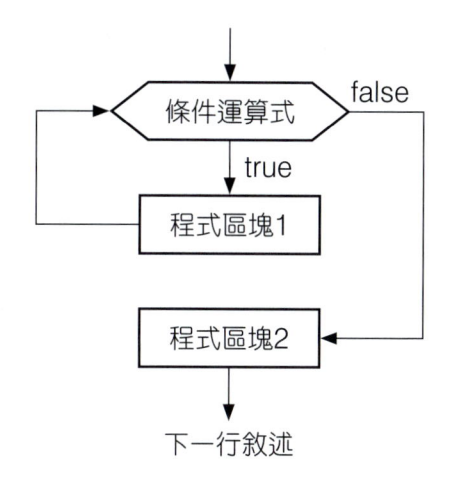

2. **語法**：

語法

```
while(條件運算式){
    程式區塊;
}
```

說明

- 當條件運算式成立時，執行迴圈，直到條件運算式不成立時，跳離迴圈。
- 每次執行迴圈時，都必須重新判斷條件式是否成立。
- 若條件運算式設計不當，可能會使程式無法跳離迴圈，而形成**無窮迴圈**（endless loop）。

3. **範例1**：用while迴圈計算1加到5的總和

舉例

```
#include <stdio.h>
int main(){
    int s = 0;
    int i = 1;
    while(i <= 5){
        s += i;
        i++;
    }
    printf("%d", s);
}
```

執行結果

```
15
```

說明

- 宣告變數s，用來儲存1到5相加的總和。
- 使用while迴圈，將條件運算式設為i <= 5，控制運算式為i++，表示當i <= 5時才執行迴圈，i從1開始每執行完一次迴圈加1遞增。
- s += i（s = s + i）是將s的值加上目前i的值。
- 最後輸出從1加到5的總和。

範例2：while與for的無窮迴圈

while迴圈	for迴圈
| ```
1  #include <stdio.h>
2  int main(){
3      int i = 1;
4      while(i <= 5){
5          i--;
6          printf("無窮迴圈\n");
7      }
8  }
``` | ```
#include <stdio.h>
int main(){
    int i;
    for(int i = 1; i <= 5; i--)
        printf("無窮迴圈\n");
}
``` |

執行結果

無窮迴圈
無窮迴圈
⋮
無窮迴圈
無窮迴圈

說明

- 當條件運算式 i <= 5 永遠成立，使程式無法結束執行，會形成無窮迴圈。
- 常見的編譯器（如Dev-C++）可按Ctrl + C鍵來強制停止無窮迴圈的程式執行。

4. **練習**：

例1 輸出迴圈中變數a值的變化

```
1  #include <stdio.h>
2  int main(){
3      int a = 5;
4      while(a > 0){
5          printf("%d\n", a);
6          a--;
7      }
8  }
```

執行結果

5
4
3
2
1

例2 計算x的y次方

```c
#include <stdio.h>
int main(){
    int p = 1, i = 1, x, y;
    printf("請輸入x值:");
    scanf("%d", &x);
    printf("請輸入y值:");
    scanf("%d", &y);
    while(i <= y){
        p = p * x;
        i++;
    }
    printf("%d的%d次方為%d", x, y, p);
}
```

執行結果

請輸入x值：**2**
請輸入y值：**4**
2的4次方為16

得分加+

( ) 1. 下列C語言程式碼片段執行後，變數b的值為何？
(A)5　(B)7　(C)11　(D)17。

```c
int a = 1, b = 5;
while(b < 15){
    b = b + 2 * a;
    a = a + 1;
}
printf("%d", b);
```

( ) 2. 下列C語言程式碼片段執行後，輸出為何？　(A)3　(B)6　(C)8　(D)10。

```c
int s = 0, i = 1;
while(i < 10){
    s = s + 1;
    i = i * 2 + 1;
}
printf("%d", s);
```

( ) 3. 下列C語言程式碼片段執行後，輸出為何？
(A)****　(B)***　(C)**　(D)*。

```c
int x;
while(x < 16){
    printf("*");
    x = x + 5;
}
```

(　　)4. 下列C語言程式碼片段執行後，輸出為何？　(A)18　(B)22　(C)24　(D)25。
```
1    int t = 0, s = 1;
2    while(s <= 3){
3        s = s + 1;
4        t = t + s * (s - 1);
5    }
6    t = t + s;
7    printf("%d", t);
```

(　　)5. 下列C語言程式碼片段執行後，輸出為何？　(A)1　(B)2　(C)3　(D)6。
```
1    int s = 0, a = 123;
2    while(a > 0){
3        s = s + (a % 3);
4        a = a / 10;
5    }
6    printf("%d", s);
```

(　　)6. 下列C語言程式碼片段執行後，變數sum的值為何？
(A)8　(B)12　(C)16　(D)32。
```
1    int sum = 0, a = 1;
2    while(a < 10){
3        sum = sum + a;
4        a = sum;
5    }
6    printf("%d", sum);
```

(　　)7. 下列C語言程式碼片段執行後，變數sum的值為何？
(A)7　(B)13　(C)15　(D)31。
```
1    int x = 1, sum = 0;
2    while(x < 20){
3        if(x < 10){
4            sum = sum + x;
5            x = x * 3;
6        }
7    }
8    printf("%d", sum);
```

(　　)8. 下列C語言程式碼片段執行後，變數n的值為何？
(A)82　(B)78　(C)54　(D)27。
```
1    int n = 0, i = 0;
2    while(i < 50){
3        if(i % 13 == 1)
4            n = n + i;
5        i = i + 3;
6    }
7    printf("%d", n);
```

(　)9. 若要輸出整數10的所有因數，請問下列C語言的程式碼空格處應填入何者？
(A)i > n　(B)i >= n　(C)i > n / 2　(D)i <= n。
```
1    int n = 10, i = 0;
2    while(_____){
3        i = i + 1;
4        if(n % i == 0)
5            printf("%d\n", i);
6    }
```

(　)10. 下列C語言的程式碼片段可完成之工作為下列何者？
(A)計算2 + 3 + 4 + … + 50　　(B)計算1 + 2 + 3 + … + 49
(C)計算2 + 3 + 4 + … + 51　　(D)計算1 + 2 + 3 + … + 50。
```
1    int s = 0, x = 1;
2    while(x < 50){
3        x = x + 1;
4        s = s + x;
5    }
```

(　)11. 下列C語言程式碼片段執行後，輸出為何？　(A)0　(B)2　(C)20　(D)30。
```
1    int sum = 0, i = 0;
2    while(i <= 9){
3        i = i + 1;
4        if(i % 2 == 0)
5            sum += i;
6    }
7    printf("%d", sum);
```

(　)12. 下列C語言程式碼片段執行後，變數s的值為何？　(A)0　(B)9　(C)7　(D)8。
```
1    int s = 0, a = 36;
2    while(a > 0){
3        s = s + (a % 10);
4        a = a / 10;
5    }
```

(　)13. 下列C語言程式碼片段執行後，變數s的值為何？
(A)20　(B)23　(C)28　(D)16。
```
1    int k = 1, s = 0;
2    while(k < 8){
3        if(k >= 4){
4            k = k + 2;
5            s = s + k;
6        }
7        else{
8            s = s + k;
9            k++;
10       }
11   }
```

(　　)14. 下列C語言程式碼片段執行後，變數s的值為何？
    (A)21　(B)23　(C)29　(D)35。
    ```
    1    int k = 1, s = 0;
    2    while(k < 8){
    3        if(k < 4){
    4            k = k + 2;
    5            s = s + k;
    6        }
    7        else{
    8            k = k + 1;
    9            s = s + k;
    10       }
    11   }
    ```

(　　)15. 下列C語言程式碼片段執行後，變數sum的值為何？
    (A)5　(B)10　(C)16　(D)36。
    ```
    1    int i = 15, sum = 0;
    2    while(i > 0){
    3        sum = sum + i;
    4        i = i - 4;
    5    }
    ```

(　　)16. 下列C語言程式碼片段執行後，變數s的值為何？
    (A)18　(B)15　(C)21　(D)63。
    ```
    1    int s = 0, i = 0;
    2    while(i <= 20){
    3        s = s + i;
    4        i = i + 3;
    5    }
    ```

答 1. D　2. A　3. A　4. C　5. A　6. C　7. B　8. D　9. D　10. A
　　　11. D　12. B　13. A　14. C　15. D　16. D

解 1. 執行過程如下表，b值為17。

b值	b < 15	b = b + 2 * a	a = a + 1
5	成立	b = 5 + 2 * 1 = 7	a = 1 + 1 = 2
7	成立	b = 7 + 2 * 2 = 11	a = 2 + 1 = 3
11	成立	b = 11 + 2 * 3 = 17	a = 3 + 1 = 4
17	不成立	離開迴圈	

2. 執行過程如下表,s值為3。

i值	i < 10	s = s + 1	i = i * 2 + 1
1	成立	s = 0 + 1 = 1	i = 1 * 2 + 1 = 3
3	成立	s = 1 + 1 = 2	i = 3 * 2 + 1 = 7
7	成立	s = 2 + 1 = 3	i = 7 * 2 + 1 = 15
15	不成立	離開迴圈	

3. 速解法:
   x從0開始執行迴圈,每執行1次迴圈輸出1個*,x每次遞增5直到x >= 16時離開迴圈,因此當x等於0、5、10、15時,都會各輸出1個*,最後共輸出4個*。

4. 迴圈中執行過程如下表。

s值	s <= 3	s = s + 1	t = t + s * (s - 1)
1	成立	s = 1 + 1 = 2	t = 0 + 2 * (2 - 1) = 2
2	成立	s = 2 + 1 = 3	t = 2 + 3 * (3 - 1) = 8
3	成立	s = 3 + 1 = 4	t = 8 + 4 * (4 - 1) = 20
4	不成立	離開迴圈	

最後執行迴圈外敘述t = t + s = 20 + 4 = 24,輸出t值為24。

5. 執行過程如下表,s值為1。

a值	a > 0	s = s + (a % 3)	a = a / 10
123	成立	s = 0 + (123 % 3) = 0	a = 123 / 10 = 12
12	成立	s = 0 + (12 % 3) = 0	a = 12 / 10 = 1
1	成立	s = 0 + (1 % 3) = 1	a = 1 / 10 = 0
0	不成立	離開迴圈	

6. 執行過程如下表,sum值為16。

a值	a < 10	sum = sum + a	a = sum
1	成立	sum = 0 + 1 = 1	a = 1
1	成立	sum = 1 + 1 = 2	a = 2
⋮	⋮	⋮	⋮
8	成立	sum = 8 + 8 = 16	a = 16
16	不成立	離開迴圈	

7. 執行過程如下表,sum值為13。

x值	x < 20	x < 10	sum = sum + x	x = x * 3
1	成立	成立	sum = 0 + 1 = 1	x = 1 * 3 = 3
3	成立	成立	sum = 1 + 3 = 4	x = 3 * 3 = 9
9	成立	成立	sum = 4 + 9 = 13	x = 9 * 3 = 27
27	不成立	離開迴圈		

8. 執行過程如下表，n值為27。

i值	i < 50	i % 13 == 1	n = n + i	i = i + 3
0	成立	不成立		i = 0 + 3 = 3
3	成立	不成立		i = 3 + 3 = 6
⋮	⋮	⋮	⋮	⋮
27	成立	成立	n = 0 + 27 = 27	i = 27 + 3 = 30
30	成立	不成立		i = 30 + 3 = 33
⋮	⋮	⋮	⋮	⋮
51	不成立		離開迴圈	

11. 執行過程如下表，sum值為30。

i值	i <= 9	i = i + 1	i % 2 == 0	sum += i
0	成立	i = 0 + 1 = 1	不成立	
1	成立	i = 1 + 1 = 2	成立	sum = 0 + 2 = 2
⋮	⋮	⋮	⋮	⋮
9	成立	i = 9 + 1 = 10	成立	sum = 20 + 10 = 30
10	不成立		離開迴圈	

12. 執行過程如下表，s值為9。

a值	a > 0	s = s + (a % 10)	a = a / 10
36	成立	s = 0 + (36 % 10) = 6	a = 36 / 10 = 3
3	成立	s = 6 + (3 % 10) = 9	a = 3 / 10 = 0
0	不成立	離開迴圈	

13. 執行過程如下表，s值為20。

k值	k < 8	k >= 4	k = k + 2	s = s + k	k++
1	成立	不成立		s = 0 + 1 = 1	k = 2
2	成立	不成立		s = 1 + 2 = 3	k = 3
3	成立	不成立		s = 3 + 3 = 6	k = 4
4	成立	成立	k = 4 + 2 = 6	s = 6 + 6 = 12	
6	成立	成立	k = 6 + 2 = 8	s = 12 + 8 = 20	
8	不成立		離開迴圈		

14. 執行過程如下表，s值為29。

k值	k < 8	k < 4	k = k + 2	k = k + 1	s = s + k
1	成立	成立	k = 1 + 2 = 3		s = 0 + 3 = 3
3	成立	成立	k = 3 + 2 = 5		s = 3 + 5 = 8
5	成立	不成立		k = 5 + 1 = 6	s = 8 + 6 = 14
6	成立	不成立		k = 6 + 1 = 7	s = 14 + 7 = 21
7	成立	不成立		k = 7 + 1 = 8	s = 21 + 8 = 29
8	不成立		離開迴圈		

15. 執行過程如下表，sum值為36。

i值	i > 0	sum = sum + i	i = i - 4
15	成立	sum = 0 + 15 = 15	i = 15 - 4 = 11
11	成立	sum = 15 + 11 = 26	i = 11 - 4 = 7
7	成立	sum = 26 + 7 = 33	i = 7 - 4 = 3
3	成立	sum = 33 + 3 = 36	i = 3 - 4 = -1
-1	不成立	離開迴圈	

16. 執行過程如下表，s值為63。

i值	i <= 20	s = s + i	i = i + 3
0	成立	s = 0 + 0 = 0	i = 0 + 3 = 3
3	成立	s = 0 + 3 = 3	i = 3 + 3 = 6
⋮	⋮	⋮	⋮
18	成立	s = 45 + 18 = 63	i = 18 + 3 = 21
21	不成立	離開迴圈	

三、do…while迴圈 114

1. **流程**：先執行一次迴圈內的程式敘述，再判斷條件運算式是否成立，依判斷結果，決定是否繼續執行迴圈內的敘述，若成立即執行，否則就跳出迴圈。

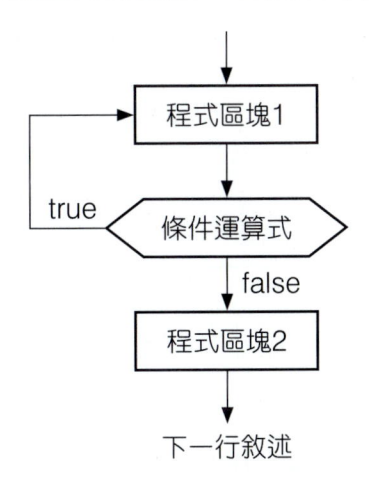

2. **語法**：

```
do{
    程式區塊 ;
}while(條件運算式);
```

說明

- 先執行一次迴圈內的程式區塊，再判斷條件運算式是否成立。
- **do…while迴圈至少會執行一次**。
- 當條件運算式成立時，執行迴圈，直到條件運算式不成立時，跳離迴圈。
- 若條件運算式設計不當，可能會使程式無法跳離迴圈，而形成**無窮迴圈**。

3. **範例**：利用do…while迴圈模擬ATM輸入密碼

```c
1   #include <stdio.h>
2   int main(){
3       int pwd;
4       do{
5           printf("請輸入密碼:");
6           scanf("%d", &pwd);
7       }while(pwd != 1234);
8       printf("歡迎使用ATM");
9   }
```

執行結果

請輸入密碼:**1456**
請輸入密碼:**1234**
歡迎使用ATM

說明

- 宣告變數pwd，並將使用者輸入的密碼存入pwd。
- 使用do…while迴圈，判斷密碼是否正確，當密碼不正確時（pwd != 1234），即進入迴圈重新輸入密碼，直到密碼正確（pwd = 1234），即跳出迴圈。
- 最後輸出 "歡迎使用ATM"。

4. **練習**：

例 輸入5科成績並計算加總

```c
1   #include <stdio.h>
2   int main(){
3       int n, sum, i = 1;
4       do{
5           printf("請輸入第%d科的成績:", i);
6           scanf("%d", &n);
7           sum = sum + n;
8           i++;
9       }while(i < 6);
10      printf("5科成績加總為:%d", sum);
11  }
```

執行結果

請輸入第1科的成績:**77**
請輸入第2科的成績:**68**
請輸入第3科的成績:**89**
請輸入第4科的成績:**65**
請輸入第5科的成績:**97**
5科成績加總為:396

得分加+

( )1. 下列C語言程式碼片段執行後,輸出為何? (A)16 (B)25 (C)27 (D)30。
```
1    int c, i = 1;
2    do{
3        if(i % 2 == 1)
4            c = c + i;
5        i++;
6    }while(i < 10);
7    printf("%d", c);
```

( )2. 下列C語言程式碼片段執行後,輸出為何? (A)36 (B)6 (C)1 (D)18。
```
1    int a = 36, b = 90, c;
2    do{
3        c = a % b;
4        a = b;
5        b = c;
6    }while(b > 0);
7    printf("%d", a);
```

( )3. 下列C語言程式碼片段執行後,變數t的值為何?
(A)256 (B)240 (C)225 (D)196。
```
1    int t = 0, u = 0;
2    do{
3        u = u + 1;
4        if(u % 2 == 1)
5            t = t + u;
6    }while(u < 30);
```

( )4. 下列C語言程式碼片段執行後,變數s的值為何? (A)40 (B)15 (C)8 (D)5。
```
1    int s = 0, j = 1;
2    do{
3        if(j % 2 == 0)
4            s = 5 * s;
5        else
6            s = s + j;
7        j++;
8    }while(j < 5);
```

( )5. 下列C語言程式碼片段執行後,變數j的值為何?
(A)56 (B)504 (C)5040 (D)55440。
```
1    int i = 6, j = 1;
2    do{
3        i = i + 1;
4        j = j * i;
5    }while(i <= 10);
```

(　)6. 下列C語言程式碼片段執行後，變數s的值為何？
(A)9　(B)12　(C)18　(D)24。
```
1    int s = 0, x = 1;
2    do{
3        x += 2;
4        if(x % 3 < 1)
5            s = s + x;
6    }while(x < 12);
```

(　)7. 下列C語言程式碼片段執行後，輸出為何？
(A)12231　(B)12213　(C)13313　(D)12313。
```
1    int y = -1;
2    do{
3        switch(y){
4            case -1:
5            case 2:
6                printf ("1");
7                break;
8            case 0:
9            case 1:
10               printf ("2");
11               break;
12           default:
13               printf ("3");
14               break;
15       }
16       y++;
17   }while(y < 4);
```

(　)8. 下列C語言程式碼片段執行後，變數x的值為何？
(A)-1　(B)2　(C)0　(D)1。
```
1    int x = 25;
2    do{
3        x = x - 2;
4        if(x > 5){
5            x = x - 1;
6        }
7        else{
8            x = x - 2;
9        }
10   }while(x > 0);
```

CH6 流程指令及迴圈

答 1. B　　2. D　　3. C　　4. A　　5. D　　6. B　　7. B　　8. A

解 1. 執行過程如下表，c值為25。

i值	i % 2 == 1	c = c + i	i++	i < 10
1	成立	c = 0 + 1 = 1	2	成立
2	不成立		3	成立
3	成立	c = 1 + 3 = 4	4	成立
⋮	⋮	⋮	⋮	⋮
9	成立	c = 16 + 9 = **25**	10	不成立
離開迴圈

2. 執行過程如下表，a值為18。

a值	b值	c = a % b	a = b	b = c	b > 0
36	90	c = 36 % 90 = 36	a = 90	b = 36	成立
90	36	c = 90 % 36 = 18	a = 36	b = 18	成立
36	18	c = 36 % 18 = 0	a = **18**	b = 0	不成立
離開迴圈

3. 執行過程如下表，t值為225。

u值	u = u + 1	u % 2 == 1	t = t + u	u < 30
0	u = 0 + 1 = 1	成立	t = 0 + 1 = 1	成立
1	u = 1 + 1 = 2	不成立		成立
⋮	⋮	⋮	⋮	⋮
28	u = 28 + 1 = 29	成立	t = 196 + 29 = **225**	成立
29	u = 29 + 1 = 30	不成立		不成立
離開迴圈

4. 執行過程如下表，s值為40。

j值	j % 2 == 0	s = 5 * s	s = s + j	j++	j < 5
1	不成立		s = 0 + 1 = 1	j = 2	成立
2	成立	s = 5 * 1 = 5		j = 3	成立
3	不成立		s = 5 + 3 = 8	j = 4	成立
4	成立	s = 5 * 8 = **40**		j = 5	不成立
離開迴圈

6-45

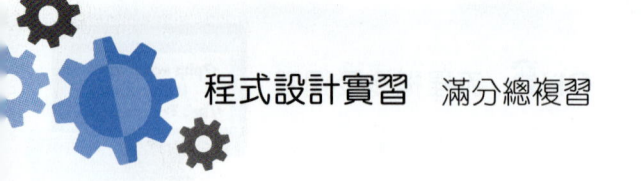

5. 執行過程如下表，j值為55440。

i值	i = i + 1	j = j * i	i <= 10
6	i = 6 + 1 = 7	j = 1 * 7 = 7	成立
7	i = 7 + 1 = 8	j = 7 * 8 = 56	成立
8	i = 8 + 1 = 9	j = 56 * 9 = 504	成立
9	i = 9 + 1 = 10	j = 504 * 10 = 5040	成立
10	i = 10 + 1 = 11	j = 5040 * 11 = 55440	不成立
		離開迴圈	

6. 執行過程如下表，s值為12。

x值	x += 2	if(x % 3 < 1)	s = s + x	x < 12
1	x = 3	成立	s = 0 + 3 = 3	成立
3	x = 5	不成立		成立
5	x = 7	不成立		成立
7	x = 9	成立	s = 3 + 9 = 12	成立
9	x = 11	不成立		成立
11	x = 13	不成立		不成立
		離開迴圈		

7. 執行過程如下表，輸出結果為12213。

y值	switch(y)	輸出	y++	y < 4
-1	case -1	1	0	成立
0	case 0	2	1	成立
1	case 1	2	2	成立
2	case 2	1	3	成立
3	default	3	4	不成立
		離開迴圈		

8. 執行過程如下表，x值為-1。

x值	x = x - 2	x > 5	x = x - 1	x = x - 2	x > 0
25	x = 25 - 2 = 23	成立	x = 23 - 1 = 22		成立
22	x = 22 - 2 = 20	成立	x = 20 - 1 = 19		成立
⋮	⋮	⋮	⋮	⋮	⋮
7	x = 7 - 2 = 5	不成立		x = 5 - 2 = 3	成立
3	x = 3 - 2 = 1	不成立		x = 1 - 2 = -1	不成立
		離開迴圈			

四、巢狀迴圈

1. **流程**：先執行外層迴圈一次，再執行內層迴圈，待內層迴圈執行完畢，再執行第2次外層迴圈，一直到外層迴圈全部執行完畢即結束。

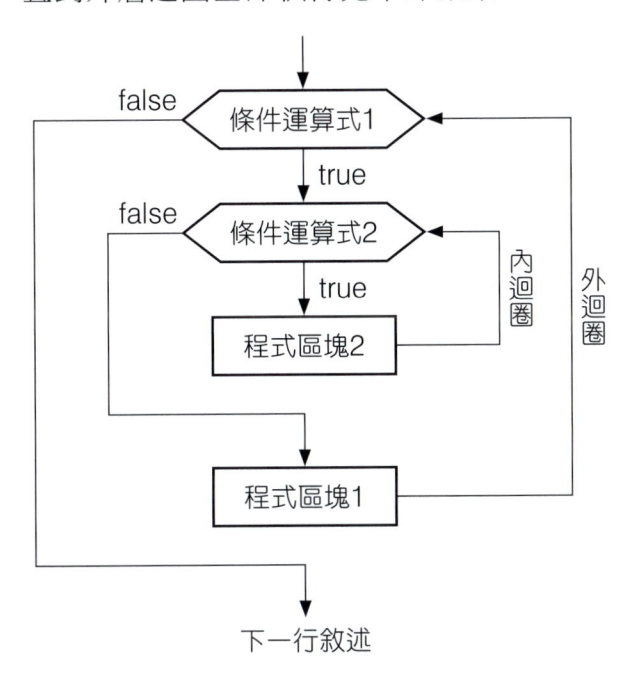

```
          ↓
  false ┌─條件運算式1─┐
  ┌─────┤            │←─────┐
  │     └─────┬──────┘      │
  │         true             │
  │           ↓              │
  │   false ┌─條件運算式2─┐  │
  │   ┌─────┤            │←┐ │   內  外
  │   │     └─────┬──────┘ │ │   迴  迴
  │   │         true        │ │   圈  圈
  │   │           ↓         │ │
  │   │      ┌─程式區塊2─┐  │ │
  │   │      └─────┬─────┘  │ │
  │   │            └────────┘ │
  │   │                       │
  │   └──→┌─程式區塊1─┐       │
  │       └─────┬─────┘───────┘
  │             │
  └────────────→↓
           下一行敘述
```

2. **語法**：

> **語法**
>
> **巢狀for 迴圈：**
> ```
> for(變數初始值； 條件運算式1； 控制運算式) {
>     for(變數初始值； 條件運算式2； 控制運算式) {   ┐
>         內層迴圈的 程式區塊2 ；                    │ 外層迴圈的
>     }                                             │ 程式區塊
>     程式區塊1 ；                                  ┘
> }
> ```
>
> **巢狀while 迴圈：**
> ```
> while(條件運算式1) {
>     while(條件運算式2) {         ┐
>         內層迴圈的 程式區塊2 ；   │ 外層迴圈的
>     }                            │ 程式區塊
>     程式區塊1 ；                 ┘
> }
> ```

說明
- 迴圈內又含有迴圈，即稱為**巢狀迴圈**。

3. **範例1**：用巢狀for迴圈輸出九九乘法表

```
1   #include <stdio.h>
2   int main(){
3       for(int x = 1; x < 10; x++){
4           for(int y = 1; y < 10; y++)
5               printf("%d * %d = %d\t", x, y, x * y);
6           printf("\n");
7       }
8   }
```

執行結果

```
1 * 1 = 1       1 * 2 = 2          1 * 8 = 8       1 * 9 = 9
2 * 1 = 2       2 * 2 = 4          2 * 8 = 16      2 * 9 = 18
3 * 1 = 3       3 * 2 = 6          3 * 8 = 24      3 * 9 = 27
4 * 1 = 4       4 * 2 = 8          4 * 8 = 32      4 * 9 = 36
5 * 1 = 5       5 * 2 = 10   ...   5 * 8 = 40      5 * 9 = 45
6 * 1 = 6       6 * 2 = 12         6 * 8 = 48      6 * 9 = 54
7 * 1 = 7       7 * 2 = 14         7 * 8 = 56      7 * 9 = 63
8 * 1 = 8       8 * 2 = 16         8 * 8 = 64      8 * 9 = 72
9 * 1 = 9       9 * 2 = 18         9 * 8 = 72      9 * 9 = 81
```

說明

- 先執行外層for迴圈由x = 1開始，分別乘內層for迴圈y = 1～9；
  再執行第2次外層for迴圈x = 2，分別乘內層for迴圈y = 1～9；
  以此類推，執行至外層for迴圈條件運算式（x < 10）不成立為止。
- 外層迴圈每執行1次，內層迴圈就會執行9次。

範例2：用巢狀while迴圈，輸出由 "*" 組成的三角形

```
1   #include <stdio.h>
2   int main(){
3       int i = 1, j;
4       while(i <= 5){
5           j = 1;
6           while(j <= i){
7               printf("*");
8               j++;
9           }
10          printf("\n");
11          i++;
12      }
13  }
```

執行結果

```
*
**
***
****
*****
```

說明

- 外層while迴圈控制輸出行數，內層while迴圈控制 "*" 輸出的個數。
- 外層while迴圈每執行1次，內層while迴圈便會輸出i個 "*"。

4. 練習：

例1 用巢狀for迴圈輸出 "*"

```
1   #include <stdio.h>
2   int main(){
3       for(int i = 1; i < 3; i++){
4           for(int j = 1; j < 5; j++)
5               printf("*");
6       }
7   }
```

執行結果

****

速解法
外層迴圈執行2次，
內層迴圈執行4次，
共執行2 × 4次，會輸出8個 "*"。

例2 用巢狀for迴圈計算 1! + 2! + 3!

```
1   #include <stdio.h>
2   int main(){
3       int fac = 1, sum = 0;
4       for(int i = 1; i <= 3; i++){
5           for(int j = 1; j <= i; j++){
6               fac = fac * j;
7           }
8           sum = sum + fac;
9           fac = 1;
10      }
11      printf("%d", sum);
12  }
```

執行結果

9

例3 輸出1～50的質數

```
1   #include <stdio.h>
2   int main(){
3       int a = 1, i = 2, j;
4       while(i <= 50){
5           j = 2;
6           while(j <= i - 1){
7               if(i % j == 0){
8                   a = 0;
9               }
10              j++;
11          }
12          if(a == 1){
13              printf("%d\n", i);
14          }
15          a = 1;
16          i++;
17      }
18  }
```

執行結果

2
3
5
7
11
13
17
19
23
29
31
37
41
43
47

得分加+

(　　)1. 下列C語言程式碼片段執行後，變數j的值為何？
(A)134　(B)140　(C)174　(D)225。

```
int j = 0;
for(int k = 1; k <= 5; k++){
    for(int m = k; m <= 5; m++)
        j = j + k * m;
}
printf("%d", j);
```

(　　)2. 下列C語言程式碼片段執行後，輸出為何？
(A)4　(B)6　(C)10　(D)20。

```
int s = 0;
for(int x = 1; x <= 2; x++){
    for(int y = 1; y <= 3; y++)
        s = s + 1;
    s = s + 2;
}
printf("%d", s);
```

(　　)3. 下列C語言程式碼片段執行後，變數s的值為何？
(A)15　(B)25　(C)35　(D)40。

```
int s = 10;
for(int a = 1; a <= 5; a++){
    for(int b = 1; b <= a; b++)
        s = s + 1;
}
printf("%d", s);
```

(　　)4. 下列C語言程式碼片段執行後，總共會輸出幾個#？
(A)6個　(B)10個　(C)14個　(D)24個。

```
for(int k = 2; k <= 4; k++){
    for(int j = k; j <= 10; j++){
        printf("#");
    }
}
```

(　　)5. 下列C語言程式碼片段執行後，總共會輸出幾個*號？
(A)19　(B)22　(C)25　(D)28。

```
for(int i = 10; i >= 1; i -= 3){
    for(int k = 1; k <= i; k++)
        printf("*");
}
```

(　　)6. 下列C語言程式碼片段執行後，變數k的值為何？
    (A)0　(B)-1　(C)-2　(D)-3。
    ```
    1    int k;
    2    for(int i = 1; i <= 5; i++){
    3        for(int j = i + 2; j <= 4; j++)
    4            k = k + 1;
    5        k = k - 1;
    6    }
    7    printf("%d", k);
    ```

(　　)7. 下列C語言程式碼片段執行後，變數sum的值為何？
    (A)46　(B)56　(C)166　(D)220。
    ```
    1    int count = 1, sum = 1;
    2    while(count < 10){
    3        for(int a = 1; a <= count; a++)
    4            sum = sum + a;
    5        count++;
    6    }
    7    printf("%d", sum);
    ```

(　　)8. 下列C語言程式碼片段執行後，變數ans的值為何？
    (A)33　(B)36　(C)39　(D)42。
    ```
    1    int ans, i = 1;
    2    while(i < 9){
    3        for(int j = 1; j <= i; j++)
    4            ans = ans + j;
    5        i = i + 3;
    6    }
    7    printf("%d", ans);
    ```

(　　)9. 下列C語言程式碼片段執行後，變數sum的值為何？
    (A)134　(B)147　(C)159　(D)169。
    ```
    1    int sum;
    2    for(int i = 0; i <= 6; i++){
    3        for(int j = 1; j <= 6; j++)
    4            sum = sum + j;
    5    }
    6    printf("%d", sum);
    ```

(　　)10. 下列C語言程式碼片段執行後，輸出為何？
(A)15　(B)23　(C)26　(D)27。
```
1    int sum = 2, i = 0;
2    for(int j = 0; j <= 5; j++){
3        while(i <= j)
4            i += 1;
5        sum += i;
6    }
7    printf("%d", sum);
```

(　　)11. 下列C語言程式碼片段執行後，變數sum的值為何？
(A)58　(B)47　(C)59　(D)48。
```
1    int sum = 0;
2    for(int i = 0; i <= 3; i++){
3        for(int j = i; j <= 4; j++){
4            for(int k = j; k <= 5; k++)
5                sum = sum + 1;
6        }
7    }
8    printf("%d", sum);
```

(　　)12. 下列C語言程式碼片段執行後，變數sum的值為何？
(A)26　(B)28　(C)36　(D)48。
```
1    int sum = 0;
2    for(int i = 0; i <= 3; i++){
3        for(int j = i; j <= 4; j++)
4            sum = sum + 2;
5    }
6    printf("%d", sum);
```

(　　)13. 下列C語言程式碼片段執行後，變數s的值為何？
(A)98　(B)81　(C)71　(D)65。
```
1    int s = 1, i = 1, j = 1;
2    while(i <= 5){
3        while(j <= 4){
4            s = s * 3;
5            j++;
6        }
7        i++;
8    }
9    printf("%d", s);
```

(　　)14. 下列C語言程式碼片段執行後，變數j的值為何？
    (A)30　(B)26　(C)31　(D)28。
```
1   int j = 0, n = 5;
2   for(int i = 1; i <= n; i++){
3       for(int k = i + 1; k <= n - 1; k++)
4           j = j + n;
5   }
6   printf("%d", j);
```

(　　)15. 下列C語言程式碼片段執行後，變數sum的值為何？
    (A)11　(B)8　(C)14　(D)12。
```
1   int sum = 0;
2   for(int i = 1; i <= 2; i++){
3       for(int k = 0; k <= 3; k++)
4           sum = sum + k;
5   }
6   printf("%d", sum);
```

(　　)16. 下列C語言程式碼片段執行後，變數sum的值為何？
    (A)-20　(B)-22　(C)20　(D)22。
```
1   int sum = 0;
2   for(int i = 0; i <= 4; i++){
3       for(int j = i; j <= 5; j += 2){
4           for(int k = j; k <= 5; k += 2)
5               sum = sum + j - k;
6       }
7   }
8   printf("%d", sum);
```

(　　)17. 下列C語言程式碼片段執行後，變數s的值為何？
    (A)51　(B)46　(C)49　(D)52。
```
1   int s = 0, i = 0;
2   while(i <= 5){
3       i++;
4       for(int j = 1; j <= i; j++){
5           if(j % 2 == 1)
6               s = s + j;
7           else
8               s = s + 2;
9       }
10  }
11  printf("%d", s);
```

( )18. 下列C語言程式碼片段執行後，變數s的值為何？
(A)33　(B)25　(C)28　(D)38。
```
1    int s = 0;
2    for(int a = 0; a < 5; a += 2){
3        for(int b = 0; b < a; b += 2){
4            for(int c = a; c < 5; c += 2)
5                s = s + a + b + c;
6        }
7    }
8    printf("%d", s);
```

( )19. 下列C語言程式碼片段執行後，變數s的值為何？
(A)40　(B)45　(C)52　(D)56。
```
1    int s = 0, i = 0;
2    while(i <= 7){
3        for(int j = 1; j < i; j++){
4            if(j % 2 == 0)
5                s = s + 1 + i;
6            else
7                s = s + 2 + j;
8        }
9        i += 2;
10   }
11   printf("%d", s);
```

( )20. 下列C語言程式碼片段執行後，變數j的值為何？
(A)51　(B)55　(C)41　(D)47。
```
1    int j = 0, n = 20;
2    for(int i = 1; i < n; i += 3){
3        for(int k = i + 1; k < n - 1; k += 4)
4            j = j + 3;
5    }
6    printf("%d", j);
```

( )21. 下列C語言程式碼片段執行後，變數sum的值為何？
(A)22　(B)-22　(C)-24　(D)24。
```
1    int sum = 0;
2    for(int i = 1; i < 10; i++){
3        for(int j = i; j < 9; j += 2){
4            for(int k = j; k < 8; k += 3)
5                sum = sum + j - k;
6        }
7    }
8    printf("%d", sum);
```

( )22. 下列C語言程式碼片段執行後，變數sum的值為何？
(A)32 (B)34 (C)26 (D)29。
```
1    int sum = 2;
2    for(int i = 1; i < 5; i += 2){
3        for(int j = 1; j < 5; j += 2)
4            sum = sum * -2;
5    }
6    printf("%d", sum);
```

( )23. 下列C語言程式碼片段執行後，變數s的值為何？ (A)3 (B)4 (C)12 (D)16。
```
1    int s = 0, i = 2, j = 1;
2    while(i <= 4){
3        while(j <= 4){
4            s += 1;
5            j += 1;
6        }
7        i += 1;
8    }
9    printf("%d", s);
```

( )24. 下列C語言程式碼片段執行後，變數sum的值為何？
(A)57 (B)59 (C)68 (D)66。
```
1    int sum = 0, i = 0;
2    while(i <= 5){
3        for(int j = 1; j <= i + 2; j++)
4            sum = sum + i + j;
5        i += 2;
6    }
7    printf("%d", sum);
```

( )25. 下列C語言程式碼片段執行後，變數sum的值為何？
(A)85 (B)87 (C)75 (D)73。
```
1    int sum = 1;
2    for(int i = 1; i <= 4; i += 3){
3        for(int j = 1; j < 4; j += 2){
4            for(int k = 1; k <= 4; k++)
5                sum = sum + i + j;
6        }
7    }
8    printf("%d", sum);
```

答 1. B 2. C 3. B 4. D 5. B 6. C 7. C 8. C 9. B 10. B
　 11. D 12. B 13. B 14. A 15. D 16. A 17. B 18. C 19. B 20. A
　 21. C 22. A 23. B 24. D 25. D

解 1. 執行過程如下表,j值為140。

k值	k <= 5	m值	m <= 5	j = j + k * m
1	成立	1	成立	j = 0 + 1 * 1 = 1
		2	成立	j = 1 + 1 * 2 = 3
		3	成立	j = 3 + 1 * 3 = 6
		4	成立	j = 6 + 1 * 4 = 10
		5	成立	j = 10 + 1 * 5 = 15
		6	不成立	
⋮	⋮	⋮	⋮	⋮
5	成立	5	成立	j = 115 + 5 * 5 = **140**
		6	不成立	
6	不成立	離開迴圈		

2. 執行過程如下表,s值為10。

x值	x <= 2	y值	y <= 3	s = s + 1	s = s + 2
1	成立	1	成立	s = 0 + 1 = 1	
		2	成立	s = 1 + 1 = 2	
		3	成立	s = 2 + 1 = 3	
		4	不成立		s = 3 + 2 = 5
2	成立	1	成立	s = 5 + 1 = 6	
		2	成立	s = 6 + 1 = 7	
		3	成立	s = 7 + 1 = 8	
		4	不成立		s = 8 + 2 = **10**
3	不成立	離開迴圈			

3. 執行過程如下表,s值為25。

a值	a <= 5	b值	b <= a	s = s + 1
1	成立	1	成立	s = 10 + 1 = 11
		2	不成立	
2	成立	1	成立	s = 11 + 1 = 12
		2	成立	s = 12 + 1 = 13
		3	不成立	
⋮	⋮	⋮	⋮	⋮
		⋮	⋮	⋮
5	成立	4	成立	s = 23 + 1 = 24
		5	成立	s = 24 + 1 = **25**
		6	不成立	
6	不成立	離開迴圈		

4. 執行過程如下表，總共會輸出24個#。

k值	k <= 4	j值	j <= 10	printf("#")
2	成立	2	成立	1個#
		3	成立	2個#
		⋮	⋮	⋮
		10	成立	9個#
		11	不成立	
⋮	⋮	⋮	⋮	⋮
4	成立	4	成立	18個#
		⋮	⋮	⋮
		10	成立	24個#
		11	不成立	
5	不成立	離開迴圈		

5. 執行過程如下表，總共會輸出22個*。

i值	i >= 1	k值	k <= i	printf("*")
10	成立	1	成立	1個*
		2	成立	2個*
		⋮	⋮	⋮
		10	成立	10個*
		11	不成立	
7	成立	1	成立	11個*
		2	成立	12個*
		⋮	⋮	⋮
		7	成立	17個*
		8	不成立	
⋮	⋮	⋮	⋮	⋮
1	成立	1	成立	22個*
		2	不成立	
-2	不成立	離開迴圈		

7. 執行過程如下表,sum值為166。

count值	count < 10	a值	a <= count	sum = sum + a
1	成立	1	成立	sum = 1 + 1 = 2
		2	不成立	
2	成立	1	成立	sum = 2 + 1 = 3
		2	成立	sum = 3 + 2 = 5
		3	不成立	
⋮	⋮	⋮	⋮	⋮
9	成立	1	成立	sum = 121 + 1 = 122
		2	成立	sum = 122 + 2 = 124
		⋮	⋮	⋮
		9	成立	sum = 157 + 9 = **166**
		10	不成立	
10	不成立	離開迴圈		

8. 執行過程如下表,ans值為39。

i值	i < 9	j值	j <= i	ans = ans + j
1	成立	1	成立	ans = 0 + 1 = 1
		2	不成立	
4	成立	1	成立	ans = 1 + 1 = 2
		2	成立	ans = 2 + 2 = 4
		3	成立	ans = 4 + 3 = 7
		4	成立	ans = 7 + 4 = 11
		5	不成立	
7	成立	⋮	⋮	⋮
		7	成立	ans = 32 + 7 = **39**
		8	不成立	
10	不成立	離開迴圈		

9. 執行過程如下表,sum值為147。

i值	i <= 6	j值	j <= 6	sum = sum + j
0	成立	1	成立	sum = 0 + 1 = 1
		2	成立	sum = 1 + 2 = 3
		⋮	⋮	⋮
		6	成立	sum = 15 + 6 = 21
		7	不成立	
⋮	⋮	⋮	⋮	⋮
6	成立	1	成立	sum = 126 + 1 = 127
		2	成立	sum = 127 + 2 = 129
		⋮	⋮	⋮
		6	成立	sum = 141 + 6 = **147**
		7	不成立	
7	不成立	離開迴圈		

10. 執行過程如下表,sum值為23。

j值	j <= 5	i值	i <= j	i += 1	sum += i
0	成立	0	成立	i = 0 + 1 = 1	
		1	不成立		sum = 2 + 1 = 3
1	成立	1	成立	i = 1 + 1 = 2	
		2	不成立		sum = 3 + 2 = 5
⋮	⋮	⋮	⋮	⋮	⋮
5	成立	5	成立	i = 5 + 1 = 6	
		6	不成立		sum = 17 + 6 = 23
6	不成立			離開迴圈	

11. 執行過程如下表,sum值為48。

i值	i <= 3	j值	j <= 4	k值	k <= 5	sum = sum + 1
0	成立	0	成立	0	成立	sum = 0 + 1 = 1
				1	成立	sum = 1 + 1 = 2
				2	成立	sum = 2 + 1 = 3
				3	成立	sum = 3 + 1 = 4
				4	成立	sum = 4 + 1 = 5
				5	成立	sum = 5 + 1 = 6
				6	不成立	
		⋮	⋮	⋮	⋮	⋮
		5	不成立			
⋮	⋮	⋮	⋮			⋮
3	成立	3	成立	3	成立	sum = 43 + 1 = 44
				4	成立	sum = 44 + 1 = 45
				5	成立	sum = 45 + 1 = 46
				6	不成立	
		4	成立	4	成立	sum = 46 + 1 = 47
				5	成立	sum = 47 + 1 = 48
				6	不成立	
		5	不成立			
4	不成立			離開迴圈		

12. 執行過程如下表,sum值為28。

i值	i <= 3	j值	j <= 4	sum = sum + 2
0	成立	0	成立	sum = 0 + 2 = 2
		1	成立	sum = 2 + 2 = 4
		2	成立	sum = 4 + 2 = 6
		3	成立	sum = 6 + 2 = 8
		4	成立	sum = 8 + 2 = 10
		5	不成立	
⋮	⋮	⋮	⋮	⋮
3	成立	3	成立	sum = 24 + 2 = 26
		4	成立	sum = 26 + 2 = 28
		5	不成立	
4	不成立			離開迴圈

13. 執行過程如下表,s值為81。

i值	i <= 5	j值	j <= 4	s = s * 3
1	成立	1	成立	s = 1 * 3 = 3
		2	成立	s = 3 * 3 = 9
		3	成立	s = 9 * 3 = 27
		4	成立	s = 27 * 3 = 81
		5	不成立	
2	成立	5	不成立	
⋮	⋮			
5	成立			
6	不成立			離開迴圈

14. 執行過程如下表,j值為30。

i值	i <= n	k值	k <= n - 1	j = j + n
1	成立	2	成立	j = 0 + 5 = 5
		3	成立	j = 5 + 5 = 10
		4	成立	j = 10 + 5 = 15
		5	不成立	
⋮	⋮	⋮	⋮	⋮
3	成立	4	成立	j = 25 + 5 = 30
		5	不成立	
⋮	⋮	⋮	⋮	⋮
5	成立	6	不成立	
6	不成立			離開迴圈

15. 執行過程如下表，sum值為12。

i值	i <= 2	k值	k <= 3	sum = sum + k
1	成立	0	成立	sum = 0 + 0 = 0
		1	成立	sum = 0 + 1 = 1
		2	成立	sum = 1 + 2 = 3
		3	成立	sum = 3 + 3 = 6
		4	不成立	
2	成立	0	成立	sum = 6 + 0 = 6
		1	成立	sum = 6 + 1 = 7
		2	成立	sum = 7 + 2 = 9
		3	成立	sum = 9 + 3 = 12
		4	不成立	
3	不成立			離開迴圈

16. 執行過程如下表，sum值為-20。

i值	i <= 4	j值	j <= 5	k值	k <= 5	sum = sum + j - k
0	成立	0	成立	0	成立	sum = 0 + 0 - 0 = 0
				2	成立	sum = 0 + 0 - 2 = -2
				4	成立	sum = -2 + 0 - 4 = -6
				6	不成立	
		2	成立	2	成立	sum = -6 + 2 - 2 = -6
				4	成立	sum = -6 + 2 - 4 = -8
				6	不成立	
		4	成立	4	成立	sum = -8 + 4 - 4 = -8
				6	不成立	
		6	不成立			
⋮	⋮	⋮	⋮	⋮	⋮	⋮
4	成立	4	成立	4	成立	sum = -20 + 4 - 4 = -20
				6	不成立	
		6	不成立			
5	不成立					離開迴圈

17. 執行過程如下表，s值為46。

i值	i <= 5	i++	j值	j <= i	j % 2 == 1	s = s + j	s = s + 2
0	成立	1	1	成立	成立	s = 0 + 1 = 1	
			2	不成立			
1	成立	2	1	成立	成立	s = 1 + 1 = 2	
			2	成立	不成立		s = 2 + 2 = 4
			3	不成立			
⋮	⋮	⋮	⋮	⋮	⋮	⋮	⋮
5	成立	6	1	成立	成立	s = 31 + 1 = 32	
			⋮	⋮	⋮	⋮	⋮
			6	成立	不成立		s = 44 + 2 = 46
			7	不成立			
6	不成立	離開迴圈					

18. 執行過程如下表，s值為28。

a值	a < 5	b值	b < a	c值	c < 5	s = s + a + b + c
0	成立	0	不成立			
2	成立	0	成立	2	成立	s = 0 + 2 + 0 + 2 = 4
				4	成立	s = 4 + 2 + 0 + 4 = 10
				6	不成立	
		2	不成立			
4	成立	0	成立	4	成立	s = 10 + 4 + 0 + 4 = 18
				6	不成立	
		2	成立	4	成立	s = 18 + 4 + 2 + 4 = 28
				6	不成立	
		4	不成立			
6	不成立	離開迴圈				

19. 執行過程如下表，s值為45。

i值	i <= 7	j值	j < i	j % 2 == 0	s = s + 1 + i	s = s + 2 + j
0	成立	1	不成立			
2	成立	1	成立	不成立		s = 0 + 2 + 1 = 3
		2	不成立			
⋮	⋮	⋮	⋮	⋮	⋮	⋮
6	成立	1	成立	不成立		s = 16 + 2 + 1 = 19
		⋮	⋮	⋮	⋮	⋮
		5	成立	不成立		s = 38 + 2 + 5 = 45
		6	不成立			
8	不成立	離開迴圈				

20. 執行過程如下表，j值為51。

i值	i < n	k值	k < n - 1	j = j + 3
1	成立	2	成立	j = 0 + 3 = 3
		6	成立	j = 3 + 3 = 6
		⋮	⋮	⋮
		18	成立	j = 12 + 3 = 15
		22	不成立	
⋮	⋮	⋮	⋮	⋮
16	成立	17	成立	j = 48 + 3 = 51
		21	不成立	
19	成立	20	不成立	
22	不成立	離開迴圈		

21. 執行過程如下表，sum值為-24。

i值	i < 10	j值	j < 9	k值	k < 8	sum = sum + j - k
1	成立	1	成立	1	成立	sum = 0 + 1 - 1 = 0
				4	成立	sum = 0 + 1 - 4 = -3
				7	成立	sum = -3 + 1 - 7 = -9
				10	不成立	
		⋮	⋮	⋮	⋮	⋮
		7	成立	7	成立	sum = -12 + 7 - 7 = -12
				10	不成立	
		9	不成立			
⋮	⋮	⋮	⋮	⋮	⋮	⋮
7	成立	7	成立	7	成立	sum = -24 + 7 - 7 = -24
				10	不成立	
		9	不成立			
8	成立	8	成立	8	不成立	
9	成立	9	不成立			
10	不成立	離開迴圈				

22. 執行過程如下表，sum值為32。

i值	i < 5	j值	j < 5	sum = sum * -2
1	成立	1	成立	sum = 2 * (-2) = -4
		3	成立	sum = (-4) * (-2) = 8
		5	不成立	
3	成立	1	成立	sum = 8 * (-2) = -16
		3	成立	sum = (-16) * (-2) = 32
		5	不成立	
5	不成立			離開迴圈

23. 執行過程如下表，s值為4。

i值	i <= 4	j值	j <= 4	s += 1	j += 1	i += 1
2	成立	1	成立	s = 0 + 1 = 1	j = 1 + 1 = 2	
		2	成立	s = 1 + 1 = 2	j = 2 + 1 = 3	
		3	成立	s = 2 + 1 = 3	j = 3 + 1 = 4	
		4	成立	s = 3 + 1 = 4	j = 4 + 1 = 5	
		5	不成立			i = 2 + 1 = 3
3	成立	5	不成立			i = 3 + 1 = 4
4	成立	5	不成立			i = 4 + 1 = 5
5	不成立			離開迴圈		

24. 執行過程如下表，sum值為66。

i值	i <= 5	j值	j <= i + 2	sum = sum + i + j
0	成立	1	成立	sum = 0 + 0 + 1 = 1
		2	成立	sum = 1 + 0 + 2 = 3
		3	不成立	
⋮	⋮	⋮	⋮	⋮
4	成立	1	成立	sum = 21 + 4 + 1 = 26
		2	成立	sum = 26 + 4 + 2 = 32
		3	成立	sum = 32 + 4 + 3 = 39
		4	成立	sum = 39 + 4 + 4 = 47
		5	成立	sum = 47 + 4 + 5 = 56
		6	成立	sum = 56 + 4 + 6 = 66
		7	不成立	
6	不成立			離開迴圈

25. 執行過程如下表，sum值為73。

i值	i <= 4	j值	j < 4	k值	k <= 4	sum = sum + i + j
1	成立	1	成立	1	成立	sum = 1 + 1 + 1 = 3
				2	成立	sum = 3 + 1 + 1 = 5
				3	成立	sum = 5 + 1 + 1 = 7
				4	成立	sum = 7 + 1 + 1 = 9
				5	不成立	
		⋮		⋮	⋮	⋮
		3	成立			
		5	不成立			
4	成立	1	成立	1	成立	sum = 25 + 4 + 1 = 30
				2	成立	sum = 30 + 4 + 1 = 35
				3	成立	sum = 35 + 4 + 1 = 40
				4	成立	sum = 40 + 4 + 1 = 45
				5	不成立	
		3	成立	1	成立	sum = 45 + 4 + 3 = 52
				2	成立	sum = 52 + 4 + 3 = 59
				3	成立	sum = 59 + 4 + 3 = 66
				4	成立	sum = 66 + 4 + 3 = 73
				5	不成立	
		5	不成立			
7	不成立			離開迴圈		

五、break指令：跳出迴圈

1. **流程**：在程式迴圈執行過程中，利用「break」指令放在迴圈適當位置，能中斷迴圈的執行，立即跳出迴圈。

> **TIP**
> break應用在巢狀迴圈時，若break敘述是在內層迴圈中，則只會跳出內層迴圈，外層迴圈不受影響。

2. **範例**：使用break跳脫無窮迴圈

舉例
```c
1   #include <stdio.h>
2   int main(){
3       int i = 1;
4       while(i > 0){
5           printf("迴圈執行中...\n");
6           if(i == 3)
7               break;
8           i++;
9       }
10      printf("順利的跳出迴圈了!");
11  }
```

執行結果
```
迴圈執行中...
迴圈執行中...
迴圈執行中...
順利的跳出迴圈了!
```

說明
- 當while迴圈的條件運算式i > 0永遠成立時，會形成無窮迴圈。
- 當if判斷敘述中的條件運算式i == 3成立時，執行if內的break指令，便能跳出迴圈。
- 最後輸出 "順利的跳出迴圈了!"。

六、continue指令：結束這一輪迴圈的程式敘述

1. **流程**：在程式迴圈執行過程中，利用「continue」指令放在迴圈適當位置，能跳過「這一輪」迴圈，略過這一輪迴圈中其他尚未執行的程式敘述，直接進入下一輪迴圈再繼續執行。

2. **範例**：使用continue跳過迴圈

舉例
```c
1   #include <stdio.h>
2   int main(){
3       for(int i = 1; i <= 5; i++){
4           if(i == 3)
5               continue;
6           printf("%d ", i);
7       }
8   }
```

執行結果
```
1 2 4 5
```

說明
- 當if判斷敘述中的條件運算式i == 3成立時，執行if內的continue指令，即略過這一輪for迴圈中尚未執行的程式敘述（輸出i），接著繼續下一輪for迴圈，直到條件運算式i <= 5不成立，即結束迴圈。

CH6 流程指令及迴圈

得分加倍

情境素養題

▲ 閱讀下文，回答第1至3題：

志銘與朋友們安排一趟5天4夜的日本關西自由行，志銘一行人打算以大眾運輸作為主要交通工具，因此他們在車站購買了關西周遊3日券及關西ICOCA卡。

( ) 1. 志銘在旅行時，發生下列情境，何者較不適合使用條件判斷敘述？
(A)自動販賣機依據志銘投入的金額，顯示可購買的飲料
(B)唐吉訶德依據志銘購物的金額給予折扣
(C)志銘使用ICOCA卡搭乘地鐵，系統依起訖站來扣除應付的票價
(D)志銘在電電城抽一番賞，抽中A賞的機率。　　　　　　　　　　　　　　　[6-1]

( ) 2. 志銘在旅行時，發生下列情境，何者與迴圈敘述的概念較不相似？
(A)志銘轉扭蛋需要投入足夠金額才能轉動旋鈕
(B)志銘在迴轉壽司店吃壽司，迴轉壽司的輸送帶不停繞行
(C)志銘在環球影城的營業時間內，可以不斷地遊玩任何一項遊樂設施
(D)志銘使用周遊3日券，可在3日內搭乘無數次地鐵。　　　　　　　　　　　[6-2]

( ) 3. 志銘在電電城玩太鼓達人，在音樂結束前，志銘可以不斷打擊太鼓，系統會累計分數，請問以上的情境，若要撰寫成C／C++程式碼，比較不適合用下列何種敘述撰寫？　(A)for　(B)while　(C)switch　(D)do…while。　　　　　　　　[6-2]

( ) 4. 承恩想使用if判斷敘述，來撰寫一支判斷車子是否要加油的程式，請問下列有關if判斷敘述的說明何者錯誤？
(A)if後面可以有else…if
(B)if跟else是互補關係
(C)else前面一定要有if
(D)if後面一定要有else。　　　　　　　　　　　　　　　　　　　　　　　　　[6-1]

( ) 5. 冠中想用switch多條件分支敘述，來撰寫一支程式，可以讓使用者輸入月份，便能顯示大小月，下列有關switch的敘述，何者正確？
(A)default是不可缺少的
(B)switch一定要使用break敘述作為程式的結尾
(C)case 'A':可以接受 'a' 和 'A' 的條件值
(D)default只能寫在switch的最後面。　　　　　　　　　　　　　　　　　　　[6-1]

擬真試題

6-1 ( )6. 下列關於條件運算子「(條件運算式)？(敘述1)：(敘述2)」的敘述何者正確？
(A)當條件運算式為真時，執行敘述2
(B)當條件運算式為假時，不執行敘述1
(C)當條件運算式為真時，執行敘述1及敘述2
(D)當條件運算式為假時，執行敘述1。

( )7. 下列C語言程式碼片段執行後，結果何者正確？
(A)a = 2 (B)a = 3 (C)b = 3 (D)b = 1。
```
1    int a = 1, b = 2;
2    if(a < b)
3        a += b;
```

( )8. 下列C語言程式碼片段執行後，變數a的值為何？ (A)2 (B)5 (C)10 (D)50。
```
1    int a = 5, b = 10;
2    if(a < b)
3        a = b;
4    printf("%d", a);
```

( )9. 下列C語言程式碼片段執行後，輸出為何？ (A)4 (B)6 (C)A (D)B。
```
1    if(6 > 5 || 4 > 5)
2        printf("A");
3    else
4        printf("B");
```

( )10. 下列C語言程式碼片段執行後，輸出為何？ (A)10 (B)8 (C)5 (D)a + b + c。
```
1    int a = 5, b = 0, c = 0;
2    if(a < 5){
3        a = a * a;
4        b = b + a;
5        c = c - 2;
6    }
7    else{
8        b = b * a;
9        c = c + a;
10       a = a - 2;
11   }
12   printf("%d", a + b + c);
```

( )11. 下列C語言程式碼片段執行後，輸出為何？ (A)0 (B)1 (C)3 (D)5。
```
1    int a = 9, b = 5, c = 6;
2    if((a % b) > c)
3        printf("%d", b % a);
4    else
5        printf("%d", a % c);
```

( )12. 下列C語言程式碼片段執行後，輸出為何？ (A)3 (B)53 (C)73 (D)357。
```
1   int a = 7, b = 5, c = 3;
2   if(a > b){
3       if(b > c)
4           printf("%d", a);
5   }
6   else{
7       printf("%d", b);
8   }
9   printf("%d", c);
```

( )13. 下列C語言程式碼片段執行後，變數a的值為何？ (A)10 (B)16 (C)15 (D)12。
```
1   int a = 15, b = 6;
2   if(a != b || a > b)
3       a = a | b ^ 2;
4   else
5       a = a ^ b & 2;
6   printf("%d", a);
```

( )14. 下列C語言程式碼片段執行後，結果何者正確？
(A)a = 1　(B)b = 10　(C)a = 0　(D)b = 0。
```
1   int a = 5, b = 4;
2   if(a > 1)
3       a = a << 1;
4   else
5       b = b >> 2;
6   if(b > 2)
7       b = b & 1;
8   else
9       a = a | 2;
```

( )15. 下列C語言程式碼片段執行後，變數c的值為何？ (A)14 (B)18 (C)25 (D)22。
```
1   int a = 30, b = 15, c;
2   if(a > b)
3       c = a & b;
4   else
5       c = b | a;
6   printf("%d", c);
```

( )16. 下列C語言程式碼片段執行後，變數n的值為何？ (A)-6 (B)6 (C)5 (D)-5。
```
1   int n = 30;
2   if(n <= 30)
3       n = ~5;
4   else
5       n = n % 5;
6   printf("%d", n);
```

(　　)17. 下列C語言程式碼片段執行後，輸出為何？
(A)-55　(B)-35　(C)-45　(D)-50。
```
1    int d = 35;
2    if(d > 20)
3        d = d ^ 18;
4    if(d <= 0)
5        d = d | 20;
6    d = ~d;
7    printf("%d", d);
```

(　　)18. 下列C語言程式碼片段執行後，結果何者正確？
(A)a = 3　(B)b = 3　(C)a = 5　(D)b = 5。
```
1    int a = 1, b = 2;
2    if(a > 1)
3        a = a + 1;
4    else
5        b = b + 2;
6    if(b > 2)
7        b = b + 1;
8    else
9        a = a + 2;
```

(　　)19. 下列C語言程式碼片段執行後，輸出為何？
(A)c　(B)b　(C)a　(D)abc。
```
1    int x = 62, y = 24, z = 212, w;
2    w = x / (z / 2) * 2;
3    if(y % 2 != 0){
4        if(w < 10)
5            printf("a");
6        else
7            printf("b");
8    }
9    else
10       printf("c");
```

(　　)20. 下列C語言程式碼片段執行後，輸出為何？
(A)-1　(B)4　(C)1　(D)-4。
```
1    int x = 10, y = 15;
2    x = x / 5;
3    y = y % 4;
4    if(x > y)
5        x = y + 1;
6    else
7        x = x - 1;
8    printf("%d", x);
```

( )21. 下列C語言程式碼片段執行後，輸出為何？　(A)16　(B)13　(C)10　(D)9。
```
1    int d = 55, m = 47;
2    if(d < 49)
3        m = m << 4;
4    else if(d < 53)
5        m = m >> 3;
6    else
7        m = m & 29;
8    printf("%d", m);
```

( )22. 下列C語言程式碼片段執行後，輸出為何？　(A)過輕　(B)正常　(C)過重　(D)肥胖。
```
1    double BMI;
2    BMI = 26;
3    if(BMI >= 27)
4        printf("肥胖");
5    else if((BMI >= 24) && (BMI < 27))
6        printf("過重");
7    else if((BMI >= 18) && (BMI < 24))
8        printf("正常");
9    else
10       printf("過輕");
```

( )23. 下列C語言程式碼片段執行後，變數b的值為何？　(A)6　(B)7　(C)11　(D)12。
```
1    int a = 50, b = 40;
2    if(5 % 2 == 0)
3        a = a << 2;
4    else if(10 % 2 == 0)
5        b = b >> 3;
6    else
7        a = a >> 2;
8    b = b + 1;
9    printf("%d", b);
```

( )24. 下列C語言程式碼片段執行後，輸出為何？　(A)0　(B)7　(C)8　(D)9。
```
1    int num = 1;
2    if(num > 0)
3        num = 5;
4    if(num > 3){
5        num = 7;
6        if(num % 2 == 0)
7            num = 1;
8        else
9            num = 0;
10   }
11   else
12       num = 2;
13   printf("%d", num);
```

( )25. 下列C語言程式碼片段執行後，輸出為何？
(A)57　(B)49　(C)45　(D)55。
```
1    int x = 23, y = 48;
2    if(x > y)
3        y = x + 5;
4    else{
5        x = y | 7;
6        if(x < 60)
7            x = x ^ 14;
8        else
9            x = x << 5;
10   }
11   printf("%d", x);
```

( )26. 下列C語言程式碼片段執行後，輸出為何？
(A)a　(B)b　(C)c　(D)20。
```
1    int x = 20;
2    switch(x){
3        case 5:
4            printf("a");
5            break;
6        case 15:
7            printf("b");
8            break;
9        case 20:
10           printf("c");
11           break;
12   }
```

( )27. 下列C語言程式碼片段執行後，變數a的值為何？
(A)16　(B)11　(C)8　(D)5。
```
1    int a = 6;
2    switch(a){
3        case 1:
4            a = 56 >> 3;
5            break;
6        case 2:
7            a = 50 << 4;
8            break;
9        default:
10           a = 66 >> 2;
11           break;
12   }
```

(　)28. 下列C語言程式碼片段執行後，變數result的值為何？
(A)2　(B)3　(C)4　(D)5。
```
1    int o, result;
2    o = 5 * 2 % 2 * 3 + 6 / 2;
3    switch(o){
4        case 7:
5            result = 1;
6            break;
7        case 3:
8            result = 2;
9            break;
10       case 2:
11           result = 3;
12           break;
13       default:
14           result = 4;
15           break;
16   }
```

(　)29. 下列switch敘述程式碼片段，可如何以if…else改寫？
```
1    switch(x){
2        case 1:
3        case 2:
4            y = 1;
5            break;
6        case 3:
7            y = 2;
8            break;
9        default:
10           y = 3;
11   }
```
(A)if(x == 1 || x == 2) y = 1; else if(x == 3) y = 2; else y = 3;
(B)if(x == 1) y = 1; else if(x == 2) y = 2; else if(x == 3) y =3;
(C)if(x == 1 && x == 2) y = 1; else if(x == 2) y = 2; else y = 3;
(D)if(x == 1) y = 1; if(x == 2 || x == 3) y = 2; y = 3;。

(   )30. 下列是依據分數s評定等第的程式碼片段，正確的等第公式應為：
90～100判為A等
80～89判為B等
70～79判為C等
60～69判為D等
0～59判為F等
這段程式碼在處理0～100的分數時，有幾個分數的等第是錯的？
(A)20　(B)11　(C)2　(D)10。　　　　　　　　　　　　　　　　　　　[APCS]

```
1    if(s >= 90){
2        printf("A\n");
3    }
4    else if(s >= 80){
5        printf("B\n");
6    }
7    else if(s > 60){
8        printf("D\n");
9    }
10   else if(s > 70){
11       printf("C\n");
12   }
13   else{
14       printf("F\n");
15   }
```

(   )31. 下列switch敘述程式碼可以如何以if-else改寫？

```
1    switch(x){
2        case 10: y = 'a'; break;
3        case 20:
4        case 30: y = 'b'; break;
5        default: y = 'c';
6    }
```

(A) if(x == 10) y = 'a';
　　if(x == 20 || x == 30) y x == 30) y = 'b';
　　y = 'c';
(B) if(x == 10) y = 'a';
　　else if(x == 20 || x == 30) y = 'b';
　　else y = 'c';
(C) if(x == 10) y = 'a';
　　if(x >= 20 && x <= 30) y = 'b';
　　y = 'c';
(D) if(x == 10) y = 'a';
　　else if(x >= 20 && x <= 30) y = 'b';
　　else y = 'c';。　　　　　　　　　　　　　　　　　　　　　　　　　　[APCS]

6-2

( )32. 需要精確控制執行次數時，用下列何者迴圈較為適當？
(A)do…while (B)while (C)for (D)break。

( )33. 無論如何都需先執行一次時，用下列何者迴圈較為適當？
(A)for (B)do…while (C)while (D)break。

( )34. 關於迴圈的敘述下列何者正確？
(A)continue可在迴圈敘述中使用
(B)while迴圈不用條件運算式
(C)for迴圈不用控制運算式
(D)for迴圈內不能包含while迴圈。

( )35. 若想要輸出九九乘法表，可使用下列何種結構，使程式碼精簡且正確？
(A)switch多條件分支　　　　　　(B)do…while迴圈
(C)巢狀迴圈　　　　　　　　　　(D)if條件敘述。

( )36. 程式若進入無窮迴圈，可使用下列何者鍵盤按鈕強迫程式停止執行？
(A)Ctrl + V (B)Ctrl + C (C)Shift + C (D)Shift + V。

( )37. 執行下列C語言程式後，輸出結果為何？
(A)$ (B)$$ (C)$$$ (D)$$$$$。
```
1   for(int i = 0; i < 15; i += 3)
2       printf("$");
```

( )38. 下列C語言程式碼片段執行後，輸出為何？
(A)0 (B)10 (C)11 (D)13。
```
1   int i;
2   for(i = 1; i < 10; i++){
3       i = i + 3;
4   }
5   printf("%d", i);
```

( )39. 下列C語言程式碼片段，具備什麼功能？
```
1   int s = 0;
2   for(int i = 1; i <= 10; i += 3)
3       s += i;
4   printf("%d", s);
```
(A)計算1 + 2 + … + 10的總和　　　(B)計算1 + 4 + 7 + 10的總和
(C)計算1 + 3 + 5 + 7 + 9的總和　　(D)計算1 * 3 * 5 * 7 * 9的總和。

( )40. 下列C語言程式碼片段執行後，輸出為何？
(A)2 (B)4 (C)6 (D)10。
```
1   int s = 0;
2   for(int k = 1; k <= 4; k++)
3       s = s + (k % 2);
4   printf("%d", s);
```

(　　)41. 下列C語言程式碼片段執行後，變數sum的值為何？
(A)0　(B)1　(C)10　(D)11。
```
1    int sum;
2    for(int i = 0; i < 10; i++)
3        sum = i + 1;
4    printf("%d", sum);
```

(　　)42. 下列C語言程式碼片段執行後，變數sum的值為何？
(A)0　(B)1　(C)10　(D)11。
```
1    int sum;
2    for(int i = 0; i < 10; i++){
3        sum = i + 1;
4        break;
5    }
6    printf("%d", sum);
```

(　　)43. 下列C語言程式碼片段執行後，變數s的值為何？
(A)-4　(B)-5　(C)8　(D)55。
```
1    int s = 1, r = 1;
2    for(int i = 1; i <= 10; i++){
3        s = s + i * r;
4        r = r * (-1);
5    }
6    printf("%d", s);
```

(　　)44. 下列C語言程式碼片段執行後，輸出為何？
```
1    for(int i = 0; i < 20; i++){
2        printf("%d ", i);
3        i += 2;
4    }
```
(A)0　2　4　6　8　10　12　14　16　18
(B)0　1　4　7　10　13　16　19
(C)0　2　5　8　11　14　17
(D)0　3　6　9　12　15　18。

(　　)45. 下列C++程式碼片段無法正確輸出10次的 "C++"，請問下列哪一個修改方式依然無法正確輸出10次的 "C++"？
```
1    for(int i = 0; i <= 100; i += 10)
2        cout << "C++";
```
(A)需將i <= 100和i += 10分別修正為i < 10和i += 1
(B)需要將i = 0修正為i = 1
(C)需要將i <= 100修正為i < 100
(D)需要將i = 0和i <= 100分別修正為i = 10和i < 100。

(　)46. 下列C語言程式碼片段執行後，輸出為何？
(A)3 8 13 18 23　　　　　　　　(B)3 7 11 15 19 23
(C)4 9 14 19 24　　　　　　　　(D)4 8 12 16 20 24。
```
1    int a = 3;
2    for(int i = 0; i < 25; i += 2){
3        i = i + a;
4        printf("%d ", i);
5    }
```

(　)47. 下列C語言程式碼片段執行後，輸出為何？
(A)14　(B)27　(C)29　(D)30。
```
1    int sum = 0;
2    for(int x = 1; x <= 3; x++)
3        sum = sum + x + 2 * (x + 1) + 1;
4    printf("%d", sum);
```

(　)48. 下列C語言程式碼片段執行後，變數j的值為何？
(A)1617　(B)1713　(C)1511　(D)1417。
```
1    int j = 0;
2    for(int i = 1; i < 100; i += 3)
3        j = j + i;
4    printf("%d", j);
```

(　)49. 下列C語言程式碼片段執行後，變數s的值為何？
(A)24　(B)25　(C)26　(D)27。
```
1    int s = 1, n = 2;
2    for(int i = 1; i < 10; i = i + n)
3        s += i;
4    printf("%d", s);
```

(　)50. 下列C語言程式碼片段執行後，變數s的值為何？
(A)0　(B)24　(C)48　(D)96。
```
1    int s = 0;
2    for(int k = 9; k < 16; k += 2)
3        s = s + k;
4    printf("%d", s);
```

(　)51. 若要計算1到100間能被7整除的整數個數，並輸出其結果，下列C語言程式碼的空格應填入什麼內容？　(A)i　(B)i % 7　(C)n　(D)n - 1。
```
1    int n = 0;
2    for(int i = 1; i <= 100; i++){
3        if(i % 7 == 0)
4            n = n + 1;
5    }
6    printf("%d", _____);
```

( )52. 下列C語言程式碼片段執行後，變數sum的值為何？
(A)12　(B)22　(C)32　(D)42。
```
1    int sum = 0;
2    for(int i = 1; i <= 8; i += 2)
3        sum = sum + i * 2;
4    printf("%d", sum);
```

( )53. 若要計算1 + 2 + 3 + … + 99 + 100的總和，下列C語言程式碼的空格處應加入哪一行敘述？
(A)s = 1 + 2 + … + j　(B)s + j = s　(C)s = s + j　(D)s = j。
```
1    int s = 0;
2    for(int j = 1; j <= 100; j++)
3        _____;
4    printf("%d", s);
```

( )54. 下列C語言程式碼片段執行後，變數f的值為何？
(A)760　(B)945　(C)550　(D)806。
```
1    int f = 1, g = 10;
2    g = g - f;
3    for(int i = g; i > 0; i -= 2)
4        f = f * i;
5    printf("%d", f);
```

( )55. 下列C語言程式碼片段執行後，變數s的值為何？
(A)-20　(B)-30　(C)-10　(D)-5。
```
1    int s = 0;
2    for(int i = 12; i > 1; i -= 3)
3        s = s - i;
4    printf("%d", s);
```

( )56. 下列C語言程式碼片段是在計算？
```
1    int st = 1, sum = 0;
2    for(int k = 1; k <= 7; k++){
3        sum = sum + st * st;
4        st = st + k;
5    }
6    printf("%d", sum);
```
(A)1 ^ 2 + 2 ^ 2 + 4 ^ 2 + 7 ^ 2 + … + 22 ^ 2
(B)1 ^ 2 + 3 ^ 2 + 5 ^ 2 + … + 13 ^ 2
(C)1 ^ 2 + 2 ^ 2 + 4 ^ 2 + … + 64 ^ 2
(D)1 ^ 2 + 2 ^ 2 + 3 ^ 2 + … + 7 ^ 2。

(   )57. 下列C語言程式碼片段執行後，變數sum的值為何？
(A)210　(B)190　(C)170　(D)165。
```
1   int sum = 0, n;
2   for(int j = 1; j < 4; j++){
3       switch(j + 1){
4           case 1:
5           case 2:
6               n = 80;
7               break;
8           case 3:
9               n = 70;
10              break;
11          case 4:
12              n = 60;
13              break;
14      }
15      sum = sum + n;
16  }
17  printf("%d", sum);
```

(   )58. 下列C語言程式碼片段執行後，變數x的值為何？
(A)60　(B)66　(C)50　(D)56。
```
1   int x = 1;
2   for(int i = 1; i <= 4; i++)
3       x = x + i;
4   for(int j = 1; j <= 3; j++)
5       x = x * j;
6   printf("%d", x);
```

(   )59. 下列C語言程式碼片段執行後，輸出為何？
(A)10　(B)20　(C)30　(D)90。
```
1   int i = 0, sum = 0;
2   while(i < 10){
3       sum = sum + i;
4       i = i + 2;
5   }
6   printf("%d", sum);
```

(   )60. 下列C語言程式碼片段執行後，輸出為何？　(A)18　(B)24　(C)26　(D)28。
```
1   int t = 0, s = 1;
2   while(s <= 3){
3       s = s + 1;
4       t = t + s * (s - 1);
5   }
6   printf("%d", t + s);
```

( )61. 下列C語言程式碼片段執行後，輸出為何？
(A)5　(B)7　(C)11　(D)15。
```
1    int a = 1, b = 5;
2    while(b < 10){
3        b = b + 2 * a;
4        a = a + 1;
5    }
6    printf("%d", b);
```

( )62. 下列C語言程式碼片段執行後，輸出為何？
(A)0　(B)3　(C)6　(D)9。
```
1    int x = 15, y = 9, z;
2    while(y > 0){
3        z = x % y;
4        x = y;
5        y = z;
6    }
7    printf("%d", x);
```

( )63. 下列C語言程式碼片段執行後，輸出為何？
(A)20　(B)171　(C)190　(D)380。
```
1    int c = 3;
2    double s = 1;
3    while(c <= 20){
4        s = s * c / (c - 2);
5        c = c + 1;
6    }
7    printf("%.0lf", s);
```

( )64. 下列C語言程式碼片段執行後，若power之值為64，則x之值應設為多少？
(A)2　(B)4　(C)6　(D)8。
```
1    int i = 1, power = 1, n = 3, x = _____;
2    while(i <= n){
3        power = power * x;
4        i = i + 1;
5    }
6    printf("%d", power);
```

( )65. 下列C語言程式碼片段執行後，輸出為何？
(A)101　(B)100　(C)90　(D)96。
```
1    int i = 1, sum = 1;
2    while(i < 20){
3        sum = sum + i;
4        i = i + 2;
5    }
6    printf("%d", sum);
```

( )66. 下列C語言程式碼片段執行後,共會輸出幾個 "@" 符號?
(A)4　(B)5　(C)6　(D)7。
```
1   int x = 100;
2   while(x > 1){
3       x = x / 3;
4       printf("@");
5   }
```

( )67. 下列C語言程式碼片段執行後,變數s的值為何?
(A)10　(B)13　(C)18　(D)15。
```
1   int c = 3, s = 1;
2   while(c <= 6){
3       s = s * c / (c - 2);
4       c = c + 1;
5   }
```

( )68. 下列C語言程式碼片段執行後,輸出為何?
(A)149　(B)179　(C)155　(D)169。
```
1   int x = 144, y = 24, s = 1;
2   while(x > y){
3       if(x > 100)
4           s = s - y;
5       else
6           s = s + x;
7       x = x - y;
8   }
9   printf("%d", s);
```

( )69. 下列C語言程式碼片段執行後,若要求i與j的最大公因數,請問while迴圈空格處的內容何者正確?
```
1   while((i % j) != 0){
2       _____
3       _____
4       _____
5   }
6   printf ("%d\n", j);
```
(A) k = i % j;
　　i = j;
　　j = k;
(B) i = j;
　　j = k;
　　k = i % j;
(C) i = j;
　　j = i % k;
　　k = i;
(D) k = i;
　　i = j;
　　j = i % k;

(　　)70. 執行下列C語言程式碼片段後，下列敘述何者正確？
```
1    int i = 1, k = 0;
2    while(i < 100){
3        if((i % 2 == 0) || (i % 5 == 0)){
4            k = k + 1;
5        i = i + 1;
6        }
7    }
```
(A)k為1～99中2的倍數但不是5的倍數的數字之個數
(B)k為1～99中2的倍數或5的倍數的數字之個數
(C)k為1～99中2的倍數且是5的倍數的數字之個數
(D)k為1～99中5的倍數但不是2的倍數的數字之個數。

(　　)71. 下列C語言程式碼片段執行後，輸出為何？
(A)38　(B)36　(C)44　(D)40。
```
1    int ans = 1, i = 1;
2    do{
3        if(i % 2 == 0)
4            ans = ans * i;
5        i = i + 3;
6    }while(i <= 12);
7    printf("%d", ans);
```

(　　)72. 下列C語言程式碼片段執行後，輸出為何？
(A)192　(B)200　(C)210　(D)202。
```
1    int c = 4, d = 1;
2    do{
3        d = d * c;
4        c = c + 2;
5    }while(c < 10);
6    printf("%d", d);
```

(　　)73. 下列C語言程式碼片段執行後，輸出為何？
(A)45　(B)55　(C)67　(D)57。
```
1    int x = 1, y = 14;
2    do{
3        x = x + y;
4        y = y - 2;
5    }while(y > 1);
6    printf("%d", x);
```

( )74. 下列C語言程式碼片段執行後，變數c的值為何？ (A)0 (B)15 (C)30 (D)60。
```
1   int c = 0;
2   for(int a = 30; a != 0; a = a - 2){
3       for(int b = 30; b != 0; b -= 2){
4           if(a == b)
5               c = c + 1;
6       }
7   }
8   printf("%d", c);
```

( )75. 下列C語言程式碼片段執行後，輸出為何？ (A)38 (B)41 (C)43 (D)46。
```
1   int s = 0, k, j;
2   for(k = 1; k <= 6; k += 2){
3       for(j = 3; j <= 8; j += 3)
4           s = s + j;
5   }
6   printf("%d", s + k + j);
```

( )76. 下列C語言程式碼片段執行後，輸出為何？ (A)15 (B)20 (C)8 (D)18。
```
1   int i = 1, j = 1, k = 1;
2   while(i < 5){
3       while(j < 5){
4           while(k < 5)
5               k++;
6           j++;
7       }
8       i++;
9   }
10  printf("%d", i + j + k);
```

( )77. 下列C語言程式碼片段執行後，輸出結果會有幾個 "*"？
(A)8 (B)10 (C)12 (D)14。
```
1   for(int i = 6; i >= 1; i = i - 2)
2       for(int k = 1; k <= i; k++)
3           printf("*");
```

( )78. 下列C語言程式碼片段執行後，輸出為何？ (A)14 (B)16 (C)20 (D)24。
```
1   int x = 10;
2   for(int i = 1; i <= 3; i++){
3       for(int j = 1; j <= 3; j++){
4           if((i + j) == 2)
5               x = x + 1;
6           if((i + j) == 3)
7               x = x + 2;
8           if((i + j) == 4)
9               x = x + 3;
10      }
11  }
12  printf("%d", x);
```

( )79. 下列C語言程式碼片段執行後，變數s的值為何？ (A)79 (B)85 (C)73 (D)89。
```
1    int s = 0;
2    for(int a = 1; a < 5; a += 2){
3        for(int b = 11 - a; b > 1; b--)
4            s = s + b;
5    }
6    printf("%d", s);
```

( )80. 下列C語言程式碼片段執行後，變數c的值為何？ (A)5 (B)6 (C)7 (D)8。
```
1    int a, b, c;
2    for(int a = 1; a < 7; a += 2){
3        for(int b = 5; b > 1; b--){
4            if(b % 2 == 0)
5                c += 1;
6        }
7    }
8    printf("%d", c);
```

( )81. 下列C語言程式碼片段執行後，會輸出幾個 "@"？
(A)9個 (B)5個 (C)12個 (D)10個。
```
1    for(int k = 1; k < 5; k++){
2        for(int m = k; m < k * 2; m++)
3            printf("@");
4    }
```

( )82. 下列C語言程式碼片段執行後，變數z的值為何？
(A)0 (B)226 (C)235 (D)256。
```
1    int z;
2    for(int x = 1; x < 20; x += 5){
3        for(int y = 1; y <= x; y += 5)
4            z = x * y;
5    }
6    printf("%d", z);
```

( )83. 下列C語言程式碼片段執行後，輸出為何？
(A)&&& (B)&&&& (C)&&&&& (D)&&&&&&。
```
1    for(int i = 1; i <= 4; i++){
2        for(int j = 1; j < i; j++)
3            printf("&");
4    }
```

( )84. 下列C語言程式碼片段執行後，會輸出幾顆 "☆"？
(A)35 (B)40 (C)25 (D)20。
```
1    for(int k = 6; k <= 10; k++){
2        for(int j = 1; j < k; j++)
3            printf("☆");
4    }
```

(　)85. 下列C語言程式碼片段執行後,變數s的值為何?　(A)35　(B)45　(C)55　(D)65。

```
1   int s = 0, x = 1, y;
2   while(x <= 10){
3       y = 1;
4       while(y <= x){
5           s = s + y;
6           y = y + 2;
7       }
8       x = x + 2;
9   }
10  printf("%d", s);
```

(　)86. 下列C語言程式碼片段執行後,變數z的值為何?　(A)32　(B)52　(C)54　(D)62。

```
1   int z = 2;
2   for(int a = 1; a <= 4; a += 3){
3       for(int b = a; b <= 8; b += 2)
4           z = z + a + b;
5   }
6   printf("%d", z);
```

(　)87. 下列程式執行完畢後所輸出值為何?　(A)12　(B)24　(C)16　(D)20。　[APCS]

```
1   int main(){
2       int x = 0, n = 5;
3       for(int i = 1; i <= n; i = i + 1)
4           for(int j = 1; j <= n; j = j + 1){
5               if((i + j) == 2)
6                   x = x + 2;
7               if((i + j) == 3)
8                   x = x + 3;
9               if((i + j) == 4)
10                  x = x + 4;
11          }
12      printf("%d\n", x);
13      return 0;
14  }
```

(　)88. 下列程式片段無法正確列印20次的 "Hi!",請問下列哪一個修正方式仍無法正確列印20次的 "Hi!"?

```
1   for(int i = 0; i <= 100; i = i + 5){
2       printf("%s\n", "Hi!");
3   }
```

(A)需要將i <= 100和i = i + 5分別修正為i < 20和i = i + 1
(B)需要將i = 0修正為i = 5
(C)需要將i <= 100修正為i < 100;
(D)需要將i = 0和i <= 100分別修正為i = 5和i < 100。　[APCS]

( )89. 請問下列程式,執行完後輸出為何?
(A)2417851639229258349412352 7　(B)68921 43
(C)65537 65539　(D)134217728 6。　[APCS]

```
1   int i = 2, x = 3;
2   int N = 65536;
3   while(i <= N){
4       i = i * i * i;
5       x = x + 1;
6   }
7   printf("%d %d", i, x);
```

( )90. 若n為正整數,下列程式三個迴圈執行完畢後a值將為何?
(A)n(n + 1) / 2　(B)n³ / 2　(C)n(n - 1) / 2　(D)n²(n + 1) / 2。　[APCS]

```
1   int a = 0, n;
⋮       ⋮
7   for(int i = 1; i <= n; i = i + 1)
8       for(int j = i; j <= n; j = j + 1)
9           for(int k = 1; k <= n; k = k + 1)
10              a = a + 1;
```

( )91. 下列程式片段執行過程中的輸出為何?
(A)5 10 15 20　(B)5 11 17 23　(C)6 12 18 24　(D)6 11 17 22。　[APCS]

```
1   int a = 5;
⋮       ⋮
7   for(int i = 0; i < 20; i = i + 1){
8       i = i + a;
9       printf("%d ", i);
10  }
```

( )92. 通常不應該使用哪種資料類型來控制迴圈計數?
(A)長整數　(B)整數　(C)短整數　(D)浮點數。　[111技競]

( )93. 已知一個迴圈程式碼為x = 4; while(x < 70000) x = x * 2;則x = x * 2總共會執行幾次?　(A)15次　(B)16次　(C)17次　(D)18次。　[111技競]

( )94. 有關下面C程式片段中,若輸入值為6,最後ccc的值為何?
(A)2　(B)3　(C)5　(D)7。　[111技競]

```
1   int ccc = 0, i = 1, no, ppp;
2   scanf("%d", &no);
3   ppp = no;
4   while(ppp - i >= 0){
5       ppp = ppp - i;
6       ccc++;
7       i = i + 2;
8   }
9   printf("%d\n", ccc);
```

統測試題

( )95. 下列C語言程式碼片段執行後，變數y的值為何？
(A)45 (B)46 (C)47 (D)48。 [111資電類]
```
1   int y, a = 45;
2   if(a >= 60)
3       y = a + 1;
4   else if(a >= 50)
5       y = a + 2;
6   else
7       y = a + 3;
```

( )96. 下列C語言程式碼片段執行結果，變數total的值為何？
(A)4 (B)8 (C)16 (D)28。 [111資電類]
```
1   int i, total = 0;
2   for(i = 1; i < 8; i += 2)
3       total += i;
```

( )97. 下列C語言程式碼片段執行結果，變數y的值為何？
(A)42 (B)30 (C)12 (D)6。 [111資電類]
```
1   int y, r, a = 30, b = 42;
2   r = a % b;
3   while(r != 0){
4       a = b;
5       b = r;
6       r = a % b;
7   }
8   y = b;
```

( )98. 阿華想要了解C語言程式if條件敘述中常用的運算子&與&&的不同，撰寫如下程式，下列何者為程式執行結果？
```
1   #include <stdio.h>
2
3   int main(){
4
5       int a = 0x0a;
6       int b = 0x05;
7
8       if(a & b)
9           printf("a&b = %d\n", a & b);
10      else
11          printf("a&&b = %d\n", a && b);
12
13      return 0;
14  }
```
(A)a&&b = 1 (B)a&&b = 0 (C)a&b = 1 (D)a&b = 0。 [112資電類]

( )99. 如下C語言程式，當程式執行完畢後，輸出為何？
```
1   #include <stdio.h>
2
3   int main(){
4       unsigned char i = 3;
5       switch ((i&0x0e) % 5){
6           case(1):
7               printf("%c", '0' + i);
8               break;
9           case(2):
10              printf("%c", '0' + i * i);
11          case(3):
12              printf("%c", 'a' + i * i);
13          default:
14              printf("%c", 'z');
15      }
16      return(0);
17  }
```
(A)9jz　(B)927z　(C)9270　(D)9。　　　　　　　　　　　　　　　　　　　　[113資電類]

( )100. C++程式語言片段如下，程式由行號1執行到行號9後，下列敘述何者正確？
```
1   enum States {Run = 1, Stop, Pause = 3, Exit};
2   States StateMachine = Pause;
3   int Command = 0;
4   std::cin >> Command;
5   if (Command == 1) StateMachine = Stop;
6   if (Command == 2 && StateMachine == Pause)
7       StateMachine = Run;
8   if (Command == 3 || StateMachine == Stop)
9       StateMachine = Exit;
```
(A)當Command為1，StateMachine的值為Exit
(B)當Command為2，StateMachine的值為Pause
(C)當Command為3，StateMachine的值為Stop
(D)當Command為4，StateMachine的值為Run。　　　　　　　　　　　　　　[113資電類]

( )101. 有一C語言程式片段如下，其中變數a、b與x的資料型態為unsigned short，則此片段可以等價為下列哪一個選項？
```
1   if((x * x) % 2 && a ^ b == x)
2       x = 1;
3   else
4       x = 0;
```
(A)x = ((a ^ b) == x && x * x % 2) ? 1:0;
(B)x = (x * (x % 2) && (a ^ b) == x) ? 0:0;
(C)x = (x * x % 2 && a ^ (b == x)) ? 1:0;
(D)x = ((a ^ b) == x && x * x % 2) ? 1:1;。　　　　　　　　　　　　　　　[114資電類]

( )102. 小明與小玲相約解數學題，二人完成的題目數分別為x與y，若完成題目數總和少於32題，就顯示「Go!繼續努力!」，否則就顯示「Ya!快完成了!」。下列C語言程式應如何修改可以顯示正確的訊息？

```
1   #include <stdio.h>
2   int main(void){
3       int flag = -1;
4       int x = 17;                       // x表示小明完成的題目數
5       int y = 18;                       // y表示小玲完成的題目數
6       flag = (int)(x + y < 32);
7       if (!flag)
8           printf("「Go!繼續努力!」");
9       else
10          printf("「Ya!快完成了!」");
11      return 0;}
```

(A)行號3的int改為float
(B)行號7的!flag改為flag = 32
(C)行號6的x + y < 32 改為x + y >= 32
(D)行號3的flag初始值改為1。　　　　　　　　　　　　　　　　　　　　　[114資電類]

( )103. 下列C語言程式可輸出布林代數式$F(A, B)$之真值表，則$F(A, B)$為何？

```
1   #include <stdio.h>
2   int main(void){
3       int X = 0, Y = 0, Z;
4       printf("%c %c %c\n", 'A', 'B', 'F');
5       do{
6           while(Y <= 1){
7               Z = ((X || !Y)&&(Y || X));
8               printf("%d %d %d\n", X, Y, Z);
9               Y++;
10          }
11          Y = 0;
12          X++;
13      }while(X <= 1);
14      return 0;}
```

(A)$F(A, B) = B + A\overline{B} + AB$
(B)$F(A, B) = A + \overline{A}\,\overline{B} + AB$
(C)$F(A, B) = \overline{A}B + AB$
(D)$F(A, B) = (A + \overline{B})(A + B)$。　　　[114資電類]

答案 & 詳解

答案

1. D	2. A	3. C	4. D	5. D	6. B	7. B	8. C	9. C	10. B
11. C	12. C	13. C	14. D	15. A	16. A	17. D	18. D	19. A	20. C
21. B	22. C	23. A	24. A	25. A	26. C	27. A	28. A	29. A	30. B
31. B	32. C	33. B	34. A	35. C	36. B	37. D	38. D	39. B	40. A
41. C	42. B	43. A	44. D	45. D	46. A	47. B	48. A	49. C	50. C
51. C	52. C	53. C	54. B	55. B	56. A	57. A	58. B	59. B	60. B
61. C	62. B	63. C	64. B	65. A	66. A	67. D	68. D	69. A	70. B
71. D	72. A	73. D	74. B	75. C	76. A	77. C	78. D	79. D	80. B
81. D	82. D	83. D	84. A	85. C	86. B	87. D	88. D	89. D	90. D
91. B	92. D	93. A	94. A	95. D	96. C	97. D	98. A	99. A	100. A
101. C	102. C	103. D							

詳解

9. 條件式6 > 5 || 4 > 5 = true || false = true，此條件成立，所以執行printf("A")，輸出結果為A。

10. 條件式a < 5不成立，故執行else程式區塊，
    執行b = 0 * 5 = 0、c = 0 + 5 = 5、a = 5 - 2 = 3，最後輸出a + b + c結果為8。

11. 條件式(a % b) > c不成立，故執行else程式區塊，輸出a % c = 9 % 6結果為3。

12. 外層條件式a > b成立，故執行內層條件式b > c成立，輸出a值與最後的c值，輸出結果為73。

13. 條件式a != b || a > b = true || true = true，
    故執行a = a | b ^ 2 = 15 | 6 ^ 2 = 15 | 4 = 15，a值為15。
    計算過程如下：

    ```
        0  0  0  0  0  1  1  0   (6)
    ^   0  0  0  0  0  0  1  0   (2)
      ─────────────────────────
        0  0  0  0  0  1  0  0   (4)

        0  0  0  0  1  1  1  1   (15)
    |   0  0  0  0  0  1  0  0   (4)
      ─────────────────────────
        0  0  0  0  1  1  1  1   (15)
    ```

16. 條件式n <= 30成立，故執行n = ~5 = -6。計算過程如下：

    ```
    ~   0  0  0  0  0  1  0  1   (5)
      ─────────────────────────
        1  1  1  1  1  0  1  0   (-6)
    ```

17. 條件式d > 20成立，故執行d = d ^ 18 = 35 ^ 18 = 49。計算過程如下：

    ```
        0  0  1  0  0  0  1  1   (35)
    ^   0  0  0  1  0  0  1  0   (18)
      ─────────────────────────
        0  0  1  1  0  0  0  1   (49)
    ```

    條件式d <= 0不成立，故不執行。最後執行d = ~d = ~49 = -50。計算過程如下：

    ```
    ~   0  0  1  1  0  0  0  1   (49)
      ─────────────────────────
        1  1  0  0  1  1  1  0   (-50)
    ```

答案&詳解

18. 條件式a > 1不成立，故執行b = b + 2 = 2 + 2 = 4；
條件式b > 2成立，故執行b = 4 + 1 = 5；最後結果a = 1、b = 5。

20. x = 10 / 5 = 2、y = 15 % 4 = 3，條件式x > y不成立，故執行x = x - 1 = 2 - 1 = 1，
輸出x值為1。

21. 條件式d < 49、d < 53皆不成立，故執行m = m & 29 = <u>47 & 29</u> = 13，
輸出m值為13。
計算過程如下：

	0	0	1	0	1	1	1	1	(47)
&	0	0	0	1	1	1	0	1	(29)
	0	0	0	0	1	1	0	1	(13)

23. 條件式5 % 2 == 0不成立，10 % 2 == 0成立，故執行b = b >> 3 = <u>40 >> 3</u> = 5，

	0	0	1	0	1	0	0	0				(40)
>> 3				0	0	1	0	1	~~0~~	~~0~~	~~0~~	
	0	0	0	0	0	1	0	1				(5)

最後執行b = b + 1 = 5 + 1 = 6，b值為6。

27. switch(6)會執行default的敘述a = <u>66 >> 2</u> = 16。計算過程如下：

	0	1	0	0	0	0	1	0			(66)
>> 2			0	1	0	0	0	0	~~1~~	~~0~~	
	0	0	0	1	0	0	0	0			(16)

37. 當i = 0、3、6、9、12（i每次遞增3）各會輸出1個$，i = 15時離開迴圈，
最後共輸出**5個$**。

38. 執行過程如下表，i值為13。

i值	i < 10	i = i + 3	i++
1	成立	i = 1 + 3 = 4	5
5	成立	i = 5 + 3 = 8	9
9	成立	i = 9 + 3 = 12	13
13	不成立	離開迴圈	

40. 執行過程如下表，s值為2。

k值	k <= 4	s = s + (k % 2)
1	成立	s = 0 + (1 % 2) = 1
2	成立	s = 1 + (2 % 2) = 1
3	成立	s = 1 + (3 % 2) = 2
4	成立	s = 2 + (4 % 2) = 2
5	不成立	離開迴圈

答案 & 詳解

41. 執行過程如下表，sum值為10。

i值	i < 10	sum = i + 1
0	成立	sum = 0 + 1 = 1
1	成立	sum = 1 + 1 = 2
⋮	⋮	⋮
9	成立	sum = 9 + 1 = 10
10	不成立	離開迴圈

42. 從i = 0進入迴圈先執行sum = i + 1 = 0 + 1 = 1，再執行break離開迴圈，故sum值為1。

43. 執行過程如下表，s值為-4。

i值	i <= 10	s = s + i * r	r = r * (-1)
1	成立	s = 1 + 1 * 1 = 2	r = 1 * (-1) = -1
2	成立	s = 2 + 2 * (-1) = 0	r = -1 * (-1) = 1
⋮	⋮	⋮	⋮
10	成立	s = 6 + 10 * (-1) = -4	r = -1 * (-1) = 1
11	不成立	離開迴圈	

44. 執行過程如下表，輸出結果為0 3 6 9 12 15 18。

i值	i < 20	printf("%d ", i)	i += 2	i++
0	成立	0	i = 0 + 2 = 2	3
3	成立	0 3	i = 3 + 2 = 5	6
⋮	⋮	⋮	⋮	⋮
18	成立	0 3 6 9 12 15 18	i = 18 + 2 = 20	21
21	不成立	離開迴圈		

46. 執行過程如下表，輸出結果為3 8 13 18 23。

i值	i < 25	i = i + a	printf("%d ", i)	i += 2
0	成立	i = 0 + 3 = 3	3	i = 3 + 2 = 5
5	成立	i = 5 + 3 = 8	3 8	i = 8 + 2 = 10
10	成立	i = 10 + 3 = 13	3 8 13	i = 13 + 2 = 15
15	成立	i = 15 + 3 = 18	3 8 13 18	i = 18 + 2 = 20
20	成立	i = 20 + 3 = 23	3 8 13 18 23	i = 23 + 2 = 25
25	不成立	離開迴圈		

答案 & 詳解

47. 執行過程如下表，sum值為27。

x值	x <= 3	sum = sum + x + 2 * (x + 1) + 1
1	成立	sum = 0 + 1 + 2 * (1 + 1) + 1 = 6
2	成立	sum = 6 + 2 + 2 * (2 + 1) + 1 = 15
3	成立	sum = 15 + 3 + 2 * (3 + 1) + 1 = 27
4	不成立	離開迴圈

48. 執行過程如下表，j值為1617。

i值	i < 100	j = j + i
1	成立	j = 0 + 1 = 1
4	成立	j = 1 + 4 = 5
⋮	⋮	⋮
97	成立	j = 1520 + 97 = 1617
100	不成立	離開迴圈

49. 執行過程如下表，s值為26。

i值	i < 10	s += i	i = i + n
1	成立	s = 1 + 1 = 2	i = 1 + 2 = 3
3	成立	s = 2 + 3 = 5	i = 3 + 2 = 5
⋮	⋮	⋮	⋮
9	成立	s = 17 + 9 = 26	i = 9 + 2 = 11
11	不成立	離開迴圈	

50. 執行過程如下表，s值為48。

k值	k < 16	s = s + k
9	成立	s = 0 + 9 = 9
11	成立	s = 9 + 11 = 20
13	成立	s = 20 + 13 = 33
15	成立	s = 33 + 15 = 48
17	不成立	離開迴圈

52. 執行過程如下表，sum值為32。

i值	i <= 8	sum = sum + i * 2
1	成立	sum = 0 + 1 * 2 = 2
3	成立	sum = 2 + 3 * 2 = 8
5	成立	sum = 8 + 5 * 2 = 18
7	成立	sum = 18 + 7 * 2 = 32
9	不成立	離開迴圈

答案 & 詳解

57. 執行過程如下表，sum值為210。

j值	j < 4	switch(j + 1)	sum = sum + n
1	成立	switch(2)執行n = 80	sum = 0 + 80 = 80
2	成立	switch(3)執行n = 70	sum = 80 + 70 = 150
3	成立	switch(4)執行n = 60	sum = 150 + 60 = 210
4	不成立	離開迴圈	

58. 執行過程如下表，x值為66。

i值	i <= 4	x = x + i
1	成立	x = 1 + 1 = 2
2	成立	x = 2 + 2 = 4
3	成立	x = 4 + 3 = 7
4	成立	x = 7 + 4 = 11
5	不成立	離開迴圈

j值	j <= 3	x = x * j
1	成立	x = 11 * 1 = 11
2	成立	x = 11 * 2 = 22
3	成立	x = 22 * 3 = 66
4	不成立	離開迴圈

59. 執行過程如下表，sum值為20。

i值	i < 10	sum = sum + i	i = i + 2
0	成立	sum = 0 + 0 = 0	i = 0 + 2 = 2
2	成立	sum = 0 + 2 = 2	i = 2 + 2 = 4
⋮	⋮	⋮	⋮
8	成立	sum = 12 + 8 = 20	i = 8 + 2 = 10
10	不成立	離開迴圈	

60. 執行過程如下表，輸出t + s結果為24。

s值	s <= 3	s = s + 1	t = t + s * (s - 1)
1	成立	s = 1 + 1 = 2	t = 0 + 2 * (2 - 1) = 2
2	成立	s = 2 + 1 = 3	t = 2 + 3 * (3 - 1) = 8
3	成立	s = 3 + 1 = 4	t = 8 + 4 * (4 - 1) = 20
4	不成立	離開迴圈	

答案 & 詳解

61. 執行過程如下表，b值為11。

b值	b < 10	b = b + 2 * a	a = a + 1
5	成立	b = 5 + 2 * 1 = 7	a = 1 + 1 = 2
7	成立	b = 7 + 2 * 2 = 11	a = 2 + 1 = 3
11	不成立	離開迴圈	

62. 執行過程如下表，x值為3。

y值	y > 0	z = x % y	x = y	y = z
9	成立	z = 15 % 9 = 6	x = 9	y = 6
6	成立	z = 9 % 6 = 3	x = 6	y = 3
3	成立	z = 6 % 3 = 0	x = 3	y = 0
0	不成立	離開迴圈		

63. 執行過程如下表，s值為190。

c值	c <= 20	s = s * c / (c - 2)	c = c + 1
3	成立	s = 1 * 3 / (3 - 2) = 3	c = 3 + 1 = 4
4	成立	s = 3 * 4 / (4 - 2) = 6	c = 4 + 1 = 5
⋮	⋮	⋮	⋮
20	成立	s = 171 * 20 / (20 - 2) = 190	c = 20 + 1 = 21
21	不成立	離開迴圈	

65. 執行過程如下表，sum值為101。

i值	i < 20	sum = sum + i	i = i + 2
1	成立	sum = 1 + 1 = 2	i = 1 + 2 = 3
3	成立	sum = 2 + 3 = 5	i = 3 + 2 = 5
⋮	⋮	⋮	⋮
19	成立	sum = 82 + 19 = 101	i = 19 + 2 = 21
21	不成立	離開迴圈	

66. 當x = 100、33、11、3（x值每次除3）各會輸出1個@，
x = 1時離開迴圈，最後共輸出4個@。

67. 執行過程如下表，s值為15

c值	c <= 6	s = s * c / (c - 2)	c = c + 1
3	成立	s = 1 * 3 / (3 - 2) = 3	c = 3 + 1 = 4
4	成立	s = 3 * 4 / (4 - 2) = 6	c = 4 + 1 = 5
5	成立	s = 6 * 5 / (5 - 2) = 10	c = 5 + 1 = 6
6	成立	s = 10 * 6 / (6 - 2) = 15	c = 6 + 1 = 7
7	不成立	離開迴圈	

答案 & 詳解

68. 執行過程如下表,s值為169。

x值	x > y	x > 100	s = s - y	s = s + x	x = x - y
144	成立	成立	s = 1 - 24 = -23		x = 144 - 24 = 120
120	成立	成立	s = -23 - 24 = -47		x = 120 - 24 = 96
96	成立	不成立		s = -47 + 96 = 49	x = 96 - 24 = 72
72	成立	不成立		s = 49 + 72 = 121	x = 72 - 24 = 48
48	成立	不成立		s = 121 + 48 = 169	x = 48 - 24 = 24
24	不成立			離開迴圈	

71. 執行過程如下表,ans值為40。

i值	i % 2 == 0	ans = ans * i	i = i + 3	i <= 12
1	不成立		i = 1 + 3 = 4	成立
4	成立	ans = 1 * 4 = 4	i = 4 + 3 = 7	成立
7	不成立		i = 7 + 3 = 10	成立
10	成立	ans = 4 * 10 = 40	i = 10 + 3 = 13	不成立
離開迴圈				

72. 執行過程如下表,d值為192。

d = d * c	c = c + 2	c < 10
d = 1 * 4 = 4	c = 4 + 2 = 6	成立
d = 4 * 6 = 24	c = 6 + 2 = 8	成立
d = 24 * 8 = 192	c = 8 + 2 = 10	不成立
離開迴圈		

73. 執行過程如下表,x值為57。

x = x + y	y = y - 2	y > 1
x = 1 + 14 = 15	y = 14 - 2 = 12	成立
x = 15 + 12 = 27	y = 12 - 2 = 10	成立
⋮	⋮	⋮
x = 51 + 4 = 55	y = 4 - 2 = 2	成立
x = 55 + 2 = 57	y = 2 - 2 = 0	不成立
離開迴圈		

答案 & 詳解

75. 執行過程如下表，輸出s + k + j = 27 + 7 + 9結果為**43**。

k值	k <= 6	j值	j <= 8	s = s + j
1	成立	3	成立	s = 0 + 3 = 3
		6	成立	s = 3 + 6 = 9
		9	不成立	
⋮	⋮	⋮	⋮	⋮
5	成立	3	成立	s = 18 + 3 = 21
		6	成立	s = 21 + 6 = 27
		9	不成立	
7	不成立			離開迴圈

77. 速解法：
當外層迴圈i = 6時，內層迴圈k會執行k～i = 1～6，共計6次；
外層迴圈第二輪i = 4時，內層迴圈k會執行1～4，共計4次，
外層迴圈第三輪i = 2時，內層迴圈k會執行1～2，共計2次。
i = 0時離開迴圈，此程式共執行6 + 4 + 2 = 12次，每次會輸出1個*號，共輸出**12個***。

79. 執行過程如下表，s值為**89**。

a值	a < 5	b值	b > 1	s = s + b
1	成立	10	成立	s = 0 + 10 = 10
		9	成立	s = 10 + 9 = 19
		⋮	⋮	⋮
		2	成立	s = 52 + 2 = 54
		1	不成立	
3	成立	8	成立	s = 54 + 8 = 62
		7	成立	s = 62 + 7 = 69
		⋮	⋮	⋮
		2	成立	s = 87 + 2 = 89
		1	不成立	
5	不成立			離開迴圈

答案 & 詳解

82. 執行過程如下表，z值為256。

x值	x < 20	y值	y <= x	z = x * y
1	成立	1	成立	z = 1 * 1 = 1
		6	不成立	
6	成立	1	成立	z = 6 * 1 = 6
		6	成立	z = 6 * 6 = 36
		11	不成立	
⋮	⋮	⋮	⋮	⋮
16	成立	1	成立	z = 16 * 1 = 16
		6	成立	z = 16 * 6 = 96
		11	成立	z = 16 * 11 = 176
		16	成立	z = 16 * 16 = 256
		21	不成立	
21	不成立		離開迴圈	

84. 速解法：
當 j < k 時會輸出1個☆，因此當 k = 6 時會輸出5個☆（j = 1至5，各1個☆），當 k = 7 時會輸出6個☆，k = 8 輸出7個☆，k = 9 輸出8個☆，k = 10 輸出9個☆，最後共輸出 5 + 6 + 7 + 8 + 9 = **35個☆**。

85. 執行過程如下表，s值為55。

x值	x <= 10	y值	y <= x	s = s + y	y = y + 2
1	成立	1	成立	s = 0 + 1 = 1	y = 1 + 2 = 3
		3	不成立		
3	成立	1	成立	s = 1 + 1 = 2	y = 1 + 2 = 3
		3	成立	s = 2 + 3 = 5	y = 3 + 2 = 5
		5	不成立		
⋮	⋮	⋮	⋮	⋮	⋮
9	成立	1	成立	s = 30 + 1 = 31	y = 1 + 2 = 3
		3	成立	s = 31 + 3 = 34	y = 3 + 2 = 5
		⋮	⋮	⋮	⋮
		9	成立	s = 46 + 9 = 55	y = 9 + 2 = 11
		11	不成立		
11	不成立		離開迴圈		

答案 & 詳解

87. 執行過程如下表，x值為20。

i值	i <= n	j值	j <= n	i + j	執行的if區塊
1	成立	1	成立	1 + 1 = 2	x = 0 + 2 = 2
		2	成立	1 + 2 = 3	x = 2 + 3 = 5
		3	成立	1 + 3 = 4	x = 5 + 4 = 9
		4	成立	1 + 4 = 5	
		5	成立	1 + 5 = 6	
		6	不成立		
⋮	⋮	⋮	⋮	⋮	⋮
3	成立	1	成立	3 + 1 = 4	x = 16 + 4 = 20
		2	成立	3 + 2 = 5	
⋮	⋮	⋮	⋮	⋮	⋮
6	不成立			離開迴圈	

89. 執行過程如下表，輸出i與x結果為134217728 6。

i值	i <= N	i = i * i * i	x = x + 1
2	成立	i = 2 * 2 * 2 = 8	x = 3 + 1 = 4
8	成立	i = 8 * 8 * 8 = 512	x = 4 + 1 = 5
512	成立	i = 512 * 512 * 512 = 134217728	x = 5 + 1 = 6
134217728	不成立	離開迴圈	

91. 執行過程如下表，最後輸出5 11 17 23。

i值	i < 20	i = i + a	printf("%d ", i)	i = i + 1
0	成立	i = 0 + 5 = 5	5	i = 5 + 1 = 6
6	成立	i = 6 + 5 = 11	5 11	i = 11 + 1 = 12
12	成立	i = 12 + 5 = 17	5 11 17	i = 17 + 1 = 18
18	成立	i = 18 + 5 = 23	5 11 17 23	i = 23 + 1 = 24
24	不成立		離開迴圈	

97. 執行過程如下表，最後y = b，y值為6。

r = a % b	r != 0	a = b	b = r
r = 30 % 42 = 30	成立	a = 42	b = 30
r = 42 % 30 = 12	成立	a = 30	b = 12
r = 30 % 12 = 6	成立	a = 12	b = 6
r = 12 % 6 = 0	不成立	離開迴圈	

答案 & 詳解

98. - &&（AND）表示兩邊皆true，結果才為true。
    - 若參與運算的資料型態不是布林，非0的數值皆為true，0則為false。

    此題說明：
    0x為16進位表示法，a = 0x0a = $(10)_{10}$、b = 0x05 = $(5)_{10}$，if條件式10 & 5 = 0，條件式不成立（0為false），所以執行else的程式敘述，a && b = 10 && 5 = true && true = 1，輸出結果為a&&b = 1。

99. 在C語言中，0x表示十六進位制。
    $(0e)_{16} = 0 \times 16^1 + 14 \times 16^0 = (14)_{10}$
    (3 & 14) % 5 = 2 % 5 = 2

	0	0	0	0	0	0	1	1	(3)
&	0	0	0	0	1	1	1	0	(14)
	0	0	0	0	0	0	1	0	(2)

    先執行case(2)的敘述，因為case(2)的敘述沒有break，所以執行case(2)後會接著執行case(3)及default的敘述；
    輸出 '0' + i * i 時，先把 '0' 轉換成ASCII碼48，48 + 3 * 3 = 57，再將57轉換成字元9，即輸出9；
    輸出 'a' + i * i 時，先把 'a' 轉換成ASCII碼97，97 + 3 * 3 = 106，再將106轉換成字元j，即輸出j；
    最後輸出z，執行結果為9jz。

100. enum是定義列舉型態的關鍵字，列舉型態是一種一次可定義多個整數常數的資料型態，States為列舉型態的名稱，常數成員若無初始值，會依序加1遞增。
    - 行號1的常數成員初始值為Run = 1, Stop = 2, Pause = 3, Exit = 4，Command為1時，StateMachine被設為Stop。
    - 行號8的條件式為真（"||" 只要一邊為真結果為真），StateMachine重新被設為Exit，所以答案為「當Command為1，StateMachine的值為Exit」。

102. 將行號6的x + y < 32改為x + y >= 32即符合題目需求。
    - 若題目數總和 ≥ 32 → flag = 1 → !flag = 0 →顯示「Ya!快完成了!」
    - 若題目數總和 < 32 → flag = 0 → !flag = 1 →顯示「Go!繼續努力!」

103. 輸出的真值表

A	B	F
0	0	0
0	1	0
1	0	1
1	1	1

    透過真值表可知A = 1時，F都是1，A = 0時，F就為0，因此$F(A, B) = (A + \overline{B})(A + B)$。

NOTE

NOTE

統測考試範圍

CH 7

陣列及指標

學習重點

章節架構	常考重點	
7-1 陣列	• 一維陣列 • 二維陣列與多維陣列 • 陣列的應用	★★★★☆
7-2 指標	• 指標的宣告與存取 • 用指標存取一維陣列	★★★★½

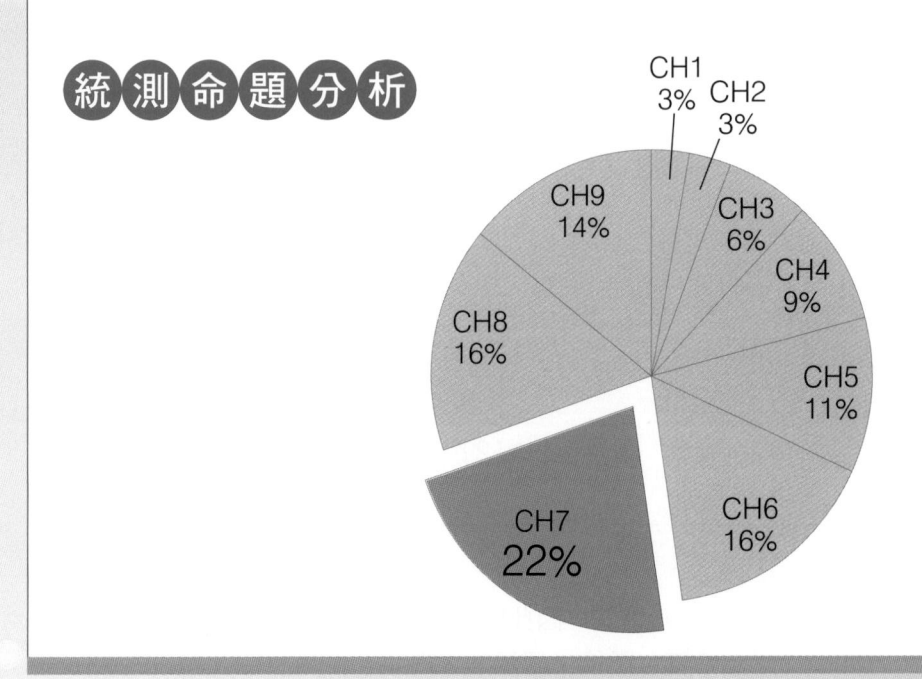

統測命題分析

CH1
3%
CH2
3%
CH3
6%
CH4
9%
CH5
11%
CH6
16%
CH7
22%
CH8
16%
CH9
14%

7-1 陣列

一、一維陣列 111 113

1. **語法**：

> 資料型態　陣列名稱[元素個數]；
> 資料型態　陣列名稱[元素個數] = {初始值}；
> 資料型態　陣列名稱[] = {初始值}；

說明

- 同1個陣列中，每1個元素的資料型態都相同。
- 陣列的名稱命名規則與變數相同。
- 陣列名稱後加上[]，[]中的數字表示此陣列可以**容納多少個相同資料型態的元素**，如int A[5]表示為5個元素的整數陣列。
- 宣告陣列的元素初始值時，須用{}括住**初始值**並依序設定，初始值間以逗號（,）隔開，且初始值個數不能超過元素個數，若未設定到初始值的元素，其預設**初始值為0**。
- 宣告一維陣列時，可不指定元素個數（[]中的值），{}中的初始值個數就是元素個數。
- 使用元素時，需指定陣列名稱及註標（或稱索引），**註標值從0開始**，一維陣列只有1個註標，下圖為陣列A的示意圖，A[0]值為12、A[1]值為43…，依此類推。

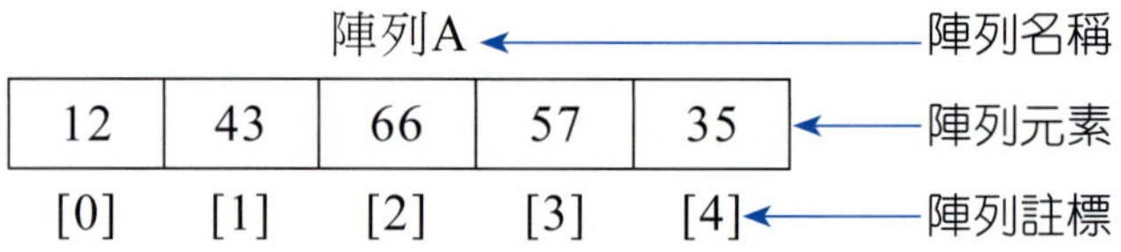

	陣列A			
12	43	66	57	35
[0]	[1]	[2]	[3]	[4]

（陣列名稱、陣列元素、陣列註標）

2. **範例**：宣告陣列初始值

```c
1   #include <stdio.h>
2   int main(){
3       int A[] = {1, 2, 3};
4       int B[3] = {4, 5};
5       for(int i = 0; i < 3; i++)
6           printf("A[%d] = %d\t", i, A[i]);
7       printf("\n");
8       for(int i = 0; i < 3; i++)
9           printf("B[%d] = %d\t", i, B[i]);
10  }
```

執行結果

```
A[0] = 1        A[1] = 2        A[2] = 3
B[0] = 4        B[1] = 5        B[2] = 0
```

說明

- 宣告陣列A不指定元素個數，並設定3個初始值，因此陣列A有3個元素。
- 宣告陣列B有3個元素，並設定2個初始值，最後一個元素未設定初始值，因此預設為0。
- 使用for迴圈從0開始輸出陣列A與陣列B的值。

3. 練習：

例1 宣告陣列並設定元素的值

```
1   #include <stdio.h>
2   int main(){
3       int X[3];
4       X[0] = 16, X[1] = 9, X[2] = 40;
5       printf("%d", X[2]);
6   }
```

執行結果

40

例2 求Y的值

```
1   #include <stdio.h>
2   int main(){
3       int A[5] = {1, 2, 3, 4, 5}, Y;
4       Y = A[A[1 + 1] + 1] + 5;
5       printf("%d", Y);
6   }
```

執行結果

10

得分加+

( )1. 陣列A之內容如下，若執行printf("%d", A[A[2] + 1] + 1)指令後答案為何？
(A)1　(B)2　(C)3　(D)4。

陣列A

2	3	0	1
[0]	[1]	[2]	[3]

( )2. 陣列的註標值預設從何開始？　(A)0　(B)1　(C)2　(D)3。

( )3. 下列有關陣列的敘述，何者錯誤？
(A)可存放資料於連續的記憶體空間中
(B)可方便管理資料
(C)可減少大量變數宣告
(D)可快速地動態插入一個新資料值於陣列中。

( )4. 下列C語言程式碼片段執行後，輸出為何？
(A)0　(B)6　(C)7　(D)10。

```
1   int a[5];
2   a[0] = 1;
3   for(int i = 1; i < 5; i++)
4       a[i] = a[i - 1] + i;
5   printf("%d", a[3]);
```

( )5. 在C語言中，宣告一個陣列 "int a[8]"，表示陣列a可存放幾個陣列元素？
(A)5　(B)6　(C)7　(D)8。

( )6. 下列C語言程式碼片段執行後，變數s的值為何？
(A)35　(B)45　(C)55　(D)65。
```
1    int a[10], s = 0;
2    for(int i = 9; i >= 0; i--){
3        a[i] = i;
4        s = s + a[i];
5    }
6    printf("%d", s);
```

( )7. 下列C語言程式碼片段執行後，a[0]的值為何？
(A)8　(B)5　(C)2　(D)7。
```
1    int a[6];
2    a[5] = 0;
3    a[4] = 2;
4    for(int i = 3; i >= 0; i--)
5        a[i] = a[i + 1] + i;
6    printf("%d", a[0]);
```

( )8. 下列C語言程式碼片段執行後，A[3]的值為何？
(A)10　(B)8　(C)6　(D)2。
```
1    int A[6];
2    A[0] = 3;
3    for(int K = 1; K < 6; K += 1){
4        if(K % 2 == 1)
5            A[K] = A[K - 1] + 2;
6        else
7            A[K] = A[K - 1] + 3;
8    }
9    printf("%d", A[3]);
```

( )9. 下列C語言程式碼片段執行後，輸出為何？　(A)1　(B)8　(C)7　(D)5。
```
1    int A[11];
2    for(int I = 0; I < 11; I++)
3        A[I] = I + 1;
4    printf("%d", A[A[A[2] - 1] + 4] - 3 % 4);
```

( )10. 下列C語言程式碼片段執行後，A[1] + A[2] + A[3]的值為何？
(A)-3　(B)3　(C)0　(D)5。
```
1    int A[10];
2    for(int I = 0; I < 10; I++)
3        A[I] = 2 + (I - 3);
```

(　)11. 下列C語言程式碼片段執行後，輸出為何？ (A)0 (B)1 (C)2 (D)3。
```
1   int A[10];
2   for(int K = 0; K < 10; K++)
3       A[K] = (K + 2 + 1) % 7;
4   printf("%d", (A[3] + A[6]) % 4);
```

(　)12. 下列C語言程式碼片段執行後，若輸出結果為6，則在下列的空格處應填入？
(A)A[1] (B)A[5] (C)A[3] (D)A[4]。
```
1   int A[10], K = 1;
2   while(K <= 5){
3       if(K == 1 || K == 2)
4           A[K] = 1 + 1;
5       else
6           A[K] = (K + 2 + 1);
7       K = K + 1;
8   }
9   printf("%d", _____);
```

(　)13. 下列C語言程式碼片段執行後，A[5]的值為何？ (A)6 (B)3 (C)15 (D)10。
```
1   int A[6], SUM;
2   for(int I = 1; I < 6; I++){
3       SUM = SUM + I;
4       A[I] = SUM;
5   }
```

(　)14. 下列C語言程式碼片段執行後，輸出為何？
(A)7, 11 (B)6, 24 (C)3, 6 (D)6, 10。
```
1   int A[6], Sum = 1;
2   for(int i = 1; i < 6; i++){
3       Sum = Sum * i;
4       A[i] = Sum;
5   }
6   printf("%d, %d", A[3], A[4]);
```

(　)15. 下列C語言程式碼片段執行後，Count_1 + Count_2的值為何？
(A)6 (B)2 (C)3 (D)4。
```
1   int A[8] = {92, 85, 80, 100, 78, 41, 34, 90};
2   int Count_1 = 0, Count_2 = 0;
3   for(int i = 0; i < 8; i++){
4       if(A[i] > 90)
5           Count_1 = Count_1 + 1;
6       if(A[i] <= 60)
7           Count_2 = Count_2 + 2;
8   }
```

答 1. D　　2. A　　3. D　　4. C　　5. D　　6. B　　7. A　　8. A　　9. D　　10. B
　　11. A　　12. C　　13. C　　14. B　　15. A

解 1. A[A[2] + 1] + 1 = A[0 + 1] + 1 = A[1] + 1 = 3 + 1 = 4。

4. 執行過程如下表，輸出a[3]值為7。

i值	i < 5	a[i] = a[i - 1] + i
1	成立	a[1] = a[0] + 1 = 2
2	成立	a[2] = a[1] + 2 = 4
3	成立	a[3] = a[2] + 3 = 7
4	成立	a[4] = a[3] + 4 = 11
5	不成立	離開迴圈

6. 執行過程如下表，s值為45。

i值	i >= 0	a[i] = i	s = s + a[i]
9	成立	a[9] = 9	s = 0 + 9 = 9
8	成立	a[8] = 8	s = 9 + 8 = 17
⋮	⋮	⋮	⋮
1	成立	a[1] = 1	s = 44 + 1 = 45
0	成立	a[0] = 0	s = 45 + 0 = 45
-1	不成立		離開迴圈

7. 執行過程如下表，a[0]元素值為8。

i值	i >= 0	a[i] = a[i + 1] + i
3	成立	a[3] = a[4] + 3 = 5
2	成立	a[2] = a[3] + 2 = 7
1	成立	a[1] = a[2] + 1 = 8
0	成立	a[0] = a[1] + 0 = 8
-1	不成立	離開迴圈

8. 執行過程如下表，A[3]元素值為10。

K值	K < 6	K % 2 == 1	A[K] = A[K - 1] + 2	A[K] = A[K - 1] + 3
1	成立	成立	A[1] = A[0] + 2 = 5	
2	成立	不成立		A[2] = A[1] + 3 = 8
3	成立	成立	A[3] = A[2] + 2 = 10	
⋮	⋮	⋮	⋮	⋮
6	不成立		離開迴圈	

9. A[I] = I + 1由此可知A[0] = 1、A[1] = 2、A[2] = 3、⋯，依此類推。
　　A[A[A[2] - 1] + 4] - 3 % 4 = A[A[2] + 4] - 3 % 4 = A[3 + 4] - 3 % 4
　　　　　　　　　　　　　　　 = A[7] - 3 % 4 = 8 - 3 % 4 = 5

7-6

10. A[1] = 2 + (1 - 3) = 0
    A[2] = 2 + (2 - 3) = 1
    A[3] = 2 + (3 - 3) = 2
    A[1] + A[2] + A[3]值為3。

11. A[3] = (3 + 2 + 1) % 7 = 6
    A[6] = (6 + 2 + 1) % 7 = 2
    (A[3] + A[6]) % 4 = 8 % 4 = 0
    輸出結果為0。

12. 執行過程如下表，因此空格處應填入A[3]。

K值	K <= 5	A[K] = 1 + 1	A[K] = (K + 2 + 1)
1	成立	A[1] = 2	
2	成立	A[2] = 2	
3	成立		A[3] = 3 + 2 + 1 = 6
4	成立		A[4] = 4 + 2 + 1 = 7
5	成立		A[5] = 5 + 2 + 1 = 8
6	不成立	離開迴圈	

13. 執行過程如下表，A[5]元素值為15。

I值	I < 6	SUM = SUM + I	A[I] = SUM
1	成立	SUM = 0 + 1 = 1	A[1] = 1
2	成立	SUM = 1 + 2 = 3	A[2] = 3
3	成立	SUM = 3 + 3 = 6	A[3] = 6
4	成立	SUM = 6 + 4 = 10	A[4] = 10
5	成立	SUM = 10 + 5 = 15	A[5] = 15
6	不成立	離開迴圈	

14. 執行過程如下表，輸出A[3]、A[4]結果為6、24。

i值	i < 6	Sum = Sum * i	A[i] = Sum
1	成立	Sum = 1 * 1 = 1	A[1] = 1
2	成立	Sum = 1 * 2 = 2	A[2] = 2
3	成立	Sum = 2 * 3 = 6	A[3] = 6
4	成立	Sum = 6 * 4 = 24	A[4] = 24
5	成立	Sum = 24 * 5 = 120	A[5] = 120
6	不成立	離開迴圈	

15. for迴圈從A[0]開始判斷至A[7]，當元素值大於90時，Count_1每次累加1，元素值小於等於60時，Count_2每次累加2。A陣列中，有2個元素值大於90，2個元素值小於等於60，因此：
    Count_1 = 2、Count_2 = 4。Count_1 + Count_2值為6。

二、二維陣列與多維陣列

1. **語法**：

> **二維陣列**：（列數、行數）
> 資料型態 陣列名稱[n][m];
> 資料型態 陣列名稱[n][m] = {初始值0, 初始值1, …初始值N};
> 資料型態 陣列名稱[n][m] = {{第0列初始值}, {第1列初始值}, …{第N列初始值}};
>
> **多維陣列**：
> 資料型態 陣列名稱[n][m]…[x];

說明

- **陣列的註標個數代表陣列的維數**，如2個註標為二維陣列、3個註標為三維陣列，以此類推。
- 當註標有兩個維度，註標n為列數、註標m為行數，而多維陣列是由多個二維陣列所組成，如二維陣列A[2][3]表示有2 × 3 = 6個元素；多維陣列B[8][7][6]表示有8 × 7 × 6 = 336個元素。
- 在宣告一維陣列時，可省略[]中的值，不指定陣列中的元素個數，而依據{}中的元素數量來決定有幾個元素，但在宣告二維陣列時，為了避免編譯器無法判斷各維度的大小，所以**只能省略左邊[]**中的值：

  int a[][3] = {1, 2, 3, 4, 5, 6};   //可省略**最左邊**[]中的值
  int b[][] = {1, 2, 3, 4, 5, 6};   //**無法**判斷陣列有幾列幾行
  int c[3][] = {1, 2, 3, 4, 5, 6};   //**無法**判斷陣列每列有幾行

2. **範例**：宣告二維陣列

```
1    #include <stdio.h>
2    int main(){
3        int X[2][3] = {{17, 24, 18}, {28, 68, 12}};
4        for(int i = 0; i < 2; i++){
5            for(int j = 0; j < 3; j++)
6                printf("X[%d][%d] = %d\t", i, j, X[i][j]);
7
8            printf("\n");
9        }
10   }
```

執行結果

```
X[0][0] = 17    X[0][1] = 24    X[0][2] = 18
X[1][0] = 28    X[1][1] = 68    X[1][2] = 12
```

說明

- 宣告1個X[2][3]陣列，用來存放6個元素，並依序設定6個初始值。
- 使用for迴圈輸出陣列X中各元素的值。

3. 練習：

例1　宣告二維陣列初始值

```c
1    #include <stdio.h>
2    int main(){
3        int B[2][4] = {1, 2, 3, 4, 5, 6};
4        for(int i = 0; i < 2; i++){
5            for(int j = 0; j < 4; j++)
6                printf("B[%d][%d] = %d\t", i, j, B[i][j]);
7            printf("\n");
8        }
9    }
```

執行結果

```
B[0][0] = 1    B[0][1] = 2    B[0][2] = 3    B[0][3] = 4
B[1][0] = 5    B[1][1] = 6    B[1][2] = 0    B[1][3] = 0
```

例2　宣告二維陣列並設定元素值

```c
1    #include <stdio.h>
2    int main(){
3        int A[4][4], B = 0;
4        for(int i = 0; i < 4; i++){
5            for(int j = 0; j < 4; j++){
6                B += 5;
7                A[i][j] = B;
8            }
9        }
10       printf("A[3][1] = %d", A[3][1]);
11   }
```

執行結果

```
A[3][1] = 70
```

得分加+

(　　)1. 陣列A宣告為A[3][4]，內容如下圖，輸出A[A[1][2] - 1][A[2][3] + 1]指令後，答案為何？　(A)0　(B)1　(C)2　(D)3。

陣列A

	[0]	[1]	[2]	[3]
[0]	2	3	0	1
[1]	1	3	2	0
[2]	3	0	2	1

(　　)2. 若有20個資料（值依序為1到20）以一個二維陣列[5][4]儲存，請問[4][2]位置的值為何？　(A)13　(B)19　(C)20　(D)15。

(　　)3. 在C語言中宣告陣列為A[5][6]，試問陣列A中有多少個元素？
(A)42個　(B)36個　(C)35個　(D)30個。

(　　)4. 在C語言中宣告一個陣列 "X[3][3][2]"，表示陣列X是一個？
(A)一維陣列　(B)二維陣列　(C)三維陣列　(D)四維陣列。

(　　)5. 下列C語言程式碼片段執行後，輸出為何？　(A)16　(B)24　(C)30　(D)36。
```
1   int A[4][4];
2   for(int I = 0; I < 4; I++){
3       for(int J = 0; J < 4; J++)
4           A[I][J] = (I + J) * 4;
5   }
6   printf ("%d", A[3][3]);
```

(　　)6. 下列C語言程式碼片段執行後，輸出為何？　(A)4　(B)-1　(C)-2　(D)0。
```
1   int A[5][5];
2   for(int I = 0; I < 5; I++){
3       for(int J = 0; J < 5; J++){
4           if(I > J)
5               A[I][J] = I + J;
6           else
7               A[I][J] = I - J;
8       }
9   }
10  printf("%d", A[2][4]);
```

(　　)7. 下列C語言程式碼片段執行後，下列何者與B[3][1]值相同？
(A)B[0][2]　(B)B[1][1]　(C)B[1][3]　(D)B[2][1]。
```
1   int B[4][4];
2   for(int I = 0; I < 4; I++){
3       for(int J = 0; J < 4; J++)
4           B[I][J] = 2 * J * (I + J);
5   }
```

(　　)8. 下列C語言程式碼片段執行後，輸出為何？　(A)1　(B)5　(C)6　(D)7。
```
1   int S[4][5];
2   for(int I = 0; I < 4; I++){
3       for(int J = 0; J < 5; J++){
4           if (I >= 2 && J >= 2)
5               S[I][J] = J + 1 * 3;
6           else
7               S[I][J] = I + 2 * 2;
8       }
9   }
10  printf("%d", S[3][2]);
```

(　)9. 下列C語言程式碼片段執行後，C[2][1]值為何？
(A)1027　(B)2053　(C)513　(D)4103。
```
1   int A[3][4], B[3][4], C[3][4], numCount;
2   for(int i = 0; i < 3; i++){
3       for(int j = 0; j < 4; j++){
4           A[i][j] = 2 * (i + j) - 1;
5           B[i][j] = numCount;
6           numCount = (numCount + 1) * 2;
7           C[i][j] = A[i][j] + B[i][j];
8       }
9   }
10  printf("%d", C[2][1]);
```

(　)10. 下列C語言程式碼片段執行後，C[2][0]值為何？
(A)12　(B)3　(C)2　(D)4。
```
1   int A[3][4] = {{1, 2, 3, 4}, {1, 0, 1, 0},
2                   {1, 2, 3, 4}};
3   int B[4][5] = {{1, 2, 3, 4, 5}, {1, 0, 1, 0, 1},
4                   {0, 1, 0, 1, 0}, {1, 2, 3, 4, 5}};
5   int C[3][4];
6   for(int i = 0; i < 3; i++){
7       for(int j = 0; j < 4; j++)
8           C[i][j] = A[i][j] * B[j][i];
9   }
10  printf("%d", C[2][0]);
```

(　)11. 下列C語言程式碼片段執行後，S[1][3]值為何？
(A)12　(B)13　(C)15　(D)11。
```
1   int S[4][4] = {{1, 2, 3, 4}, {5, 6, 7, 8},
2                   {9, 10, 11, 12}, {13, 14, 15, 16}};
3   for(int i = 0; i < 4; i++){
4       for(int j = 0; j < 4; j++){
5           if(i == j)
6               S[i][j] = S[i][j] + i + j;
7           else
8               S[i][j] = S[i][j] + i * j;
9       }
10  }
11  printf("%d", S[1][3]);
```

(　)12. 宣告陣列時，下列哪一個程式碼會產生錯誤？
(A)int data[3][3] = {{11, 12, 13}, {21, 22, 23}, {31, 32, 33}};
(B)int data[3][3] = {11, 12, 13, 21, 22, 23, 31, 32, 33};
(C)int data[ ][3] = {{11, 12, 13}, {21, 22, 23}, {31, 32, 33}};
(D)int data[3][ ] = {{11, 12, 13}, {21, 22, 23}, {31, 32, 33}};。

( )13. 下列C語言程式碼片段執行後，S[1][2] + S[2][2]值為何？
(A)20 (B)12 (C)13 (D)23。

```
1    int S[5][4];
2    for(int i = 0; i < 5; i++){
3        for(int j = 0; j < 4; j++){
4            if(i != j)
5                S[i][j] = i + 2 + j + 2;
6            else
7                S[j][i] = i * 2 * 2 * j;
8        }
9    }
```

( )14. 有一C語言程式片段如下，執行結果為下列何者？ (A)4 (B)5 (C)8 (D)9。

```
1    int dataA[3][3] = {{5, 12, 23}, {8, 6, 9}, {9, 4, 5}};
2    int j, k, value = 0;
3    for(j = 0; j < 3; j++){
4        for(k = 0; k < 3; k++)
5            value = value + (dataA[j][k] % (k + 1));
6    }
7    printf("%d ", value);
```

答 1. C 2. B 3. D 4. C 5. B 6. C 7. A 8. B 9. A 10. B
11. D 12. D 13. D 14. A

解 1. A[A[1][2] - 1][A[2][3] + 1] = A[2 - 1][1 + 1] = A[1][2] = 2，輸出結果為2。

5. 執行程式後，所產生的陣列元素如下，輸出A[3][3]結果為24。

陣列A

	[0]	[1]	[2]	[3]
[0]	0	4	8	12
[1]	4	8	12	16
[2]	8	12	16	20
[3]	12	16	20	24

6. 執行程式後，所產生的陣列元素如下，輸出A[2][4]結果為-2。

陣列A

	[0]	[1]	[2]	[3]	[4]
[0]	0	-1	-2	-3	-4
[1]	1	0	-1	-2	-3
[2]	2	3	0	-1	-2
[3]	3	4	5	0	-1
[4]	4	5	6	7	0

7. 執行程式後，所產生的陣列元素如下，B[3][1]值為8與B[0][2]相同。

陣列B

	[0]	[1]	[2]	[3]
[0]	0	2	8	18
[1]	0	4	12	24
[2]	0	6	16	30
[3]	0	8	20	36

8. 執行程式後，所產生的陣列元素如下，輸出S[3][2]結果為5。

陣列S

	[0]	[1]	[2]	[3]	[4]
[0]	4	4	4	4	4
[1]	5	5	5	5	5
[2]	6	6	5	6	7
[3]	7	7	5	6	7

9. 執行程式後，所產生的陣列元素如下，輸出C[2][1]結果為1027。

陣列A

	[0]	[1]	[2]	[3]
[0]	-1	1	3	5
[1]	1	3	5	7
[2]	3	5	7	9

陣列B

	[0]	[1]	[2]	[3]
[0]	0	2	6	14
[1]	30	62	126	254
[2]	510	1022	2046	4094

陣列C

	[0]	[1]	[2]	[3]
[0]	-1	3	9	19
[1]	31	65	131	261
[2]	513	1027	2053	4103

10. C[2][0] = A[2][0] * B[0][2] = 1 * 3 = 3。

11. S[1][3]時，因為1不等於3，所以執行S[i][j] = S[i][j] + i * j程式敘述，
    S[1][3] = S[1][3] + 1 * 3 = 8 + 1 * 3 = 11。

13. S[1][2]時，因為1不等於2，所以執行S[i][j] = i + 2 + j + 2程式敘述，
    S[1][2] = 1 + 2 + 2 + 2 = 7。
    S[2][2]時，因為2等於2，所以執行S[j][i] = i * 2 * 2 * j程式敘述，
    S[2][2] = 2 * 2 * 2 * 2 = 16。
    因此S[1][2] + S[2][2]的值為23。

7-13

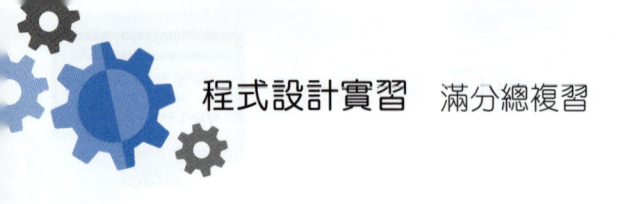

三、字元陣列 112 113 114

1. 語法：

```
char 陣列名稱[字元個數] = {'字元1', '字元2', …'字元n'};
char 陣列名稱[字串長度] = {"字串內容"};
char 陣列名稱[字串長度] = "字串內容";
char 陣列名稱[字串個數][字串長度] = {"字串1", "字串2", … "字串n"};
```

說明

- 在宣告字元陣列時，可直接將字串內容設定成陣列的初始值，不必再用{}將字串括起來。
- 在宣告字元陣列時，可不指定元素個數。
- 在宣告字元陣列時，可指定每個字串內容的長度（須包含結束字元\0）。
  例如char X[3][6] = {"SDGs", "永續", "目標"}，表示X陣列最多可宣告3個字串，每個字串長度不可超過6個字元。
- 字元陣列常用的函式如下：

函式	說明
sizeof()	可查詢字元陣列所佔用的記憶體空間
strlen()	可查詢字元陣列在結束字元\0之前所含的字元數
strcpy()	可**複製整個**字元陣列
strncpy()	可**複製局部**的字元陣列
strcmp()	• 用來比對兩個字元陣列的內容是否相同 • 比對方式：從頭開始**逐個字元**比較，直到遇到不同的字元或其中一個字元陣列的結束字元\0即結束比對 • 傳回值： 　■ 若2個字元陣列的內容**相同**，傳回0 　■ 若2個字元陣列的內容不相同，會計算比對到的第1個不同字元之ASCII碼相差值，相差值為**負整數**即表示第1個字元陣列**小於**第2個，反之為**正整數**即表示第1個字元陣列**大於**第2個
strncmp()	• 用來比對兩個字元陣列的內容是否相同，且**可限制比對的字元數量** • 比對方式：從頭開始**逐個字元**比較，直到比對完所指定的字元數量、遇到不同的字元或其中一個字元陣列的結束字元\0即結束比對 • **傳回值**同strcmp()

> 注意！目的字串必須具有足夠的空間來容納所複製的字串內容

TIP

strcmp()、strncmp()函式是比較字元的ASCII碼值，而不是字元的語義、字典順序或字數多寡。

2. **範例1**：使用sizeof()函式來查詢字元陣列所佔用的記憶體空間

```
1    #include <stdio.h>
2    int main(){
3        char S1[] = "hello";
4        char S2[] = {'h', 'e', 'l', 'l', 'o'};
5        printf("S1佔%dBytes", sizeof(S1));
6        printf("\n");
7        printf("S2佔%dBytes", sizeof(S2));
8    }
```

執行結果

S1佔6Bytes
S2佔5Bytes

說明

- 使用sizeof()函式可確認字元陣列S1與S2所佔用的記憶體空間。
- 使用不同的宣告方式，計算字元陣列所佔用的記憶體空間會不同，如：
  字元陣列S1的最後會有1個\0作為結束字元，故佔用記憶體6Bytes；
  字元陣列S2的最後不會有結束字元\0，故佔用記憶體5Bytes。

範例2：使用sizeof()、strlen()函式來查詢字元陣列所佔用的記憶體空間與字元數

```
1    #include <stdio.h>
2    #include <string.h>
3    int main(){
4        char n[100];
5        printf("請輸入字串:");
6        scanf("%s", &n);
7        printf("佔%dBytes\n", sizeof(n));
8        printf("有%d個字元", strlen(n));
9    }
```

執行結果

請輸入字串:**SPYFAMILY**
佔100Bytes
有9個字元

說明

- 使用strlen()函式前，須先含括string.h檔案。
- 宣告字元陣列n的字串長度為100，所以sizeof()傳回值為100（Bytes）。
- 輸入字串 "SPYFAMILY" 存入字元陣列n，因為 "SPYFAMILY" 只有9個字元，因此strlen()的傳回值為9。

7-15

範例3：使用strcpy()、strncpy()函式來複製字元陣列

```
1    #include <stdio.h>
2    #include <string.h>
3    int main(){
4        char str1[10] = "BLACKPINK";
5        char str2[10] = "NewJeans";
6        char str3[10] = "BIGBANG";
7        strcpy(str2, str1);
8        strncpy(str3, str1, 5);
9        printf("str1:%s\n", str1);
10       printf("str2:%s\n", str2);
11       printf("str3:%s\n", str3);
12   }
```

執行結果
str1:BLACKPINK
str2:BLACKPINK
str3:BLACKNG

陣列str3

~~B~~ 'B'	~~I~~ 'L'	~~G~~ 'A'	~~B~~ 'C'	~~A~~ 'K'	'N'	'G'
[0]	[1]	[2]	[3]	[4]	[5]	[6]

說明

- 使用strcpy() / strncpy()函式前，須先含括string.h檔案。
- 使用函式strcpy(目的陣列, 來源陣列)，將str1的字串內容整個複製到str2。
- 使用函式strncpy(目的陣列, 來源陣列, 要複製的字元數)，將str1的前5個字元複製到str3（會覆蓋str3的前5個字元）。

範例4：使用strcmp()函式來比對兩個字串的內容

```
1    #include <stdio.h>
2    #include <string.h>
3    int main(){
4        char str1[] = "ABCDEF";
5        char str2[] = "ABDC";
6        if(strcmp(str1, str2) == 0)
7            printf("str1等於str2");
8        else if(strcmp(str1, str2) > 0)
9            printf("str1大於str2");
10       else
11           printf("str1小於str2");
12   }
```

執行結果
str1小於str2

說明

- 使用strcmp() / strncmp()函式前，須先含括string.h檔案。
- 使用strcmp()比對兩個字元陣列，從第1個字元開始逐字比對ASCII碼，直到比對到不同，如str1的 "C" 小於str2的 "D"，即停止比對並傳回相差值為-1（負整數），其符合else的條件敘述並輸出 "str1小於str2"。

3. 練習：

| 例 | 使用strcmp()函式來比對兩個字串的內容是否相同 |

```
1   #include <stdio.h>
2   #include <string.h>
3   int main(){
4       char str1[] = "聖誕節快樂";
5       char str2[60];
6       printf("請輸入禮包碼:");
7       scanf("%s", &str2);
8       if(strcmp(str1, str2) == 0)
9           printf("兌換成功");
10      else
11          printf("該禮包碼無效");
12  }
```

執行結果

請輸入禮包碼：**愚人節快樂**
該禮包碼無效

得分加+

( )1. 若要比對2個字元陣列內容是否相同，可使用下列哪一個函式？
(A)strcpy()　(B)strcmp()　(C)strncpy()　(D)sizeof()。

( )2. 下列哪一個函式可以將A字元陣列複製到B字元陣列？
(A)strcpy()　(B)strlen()　(C)strcmp()　(D)strncmp()。

( )3. 下列C語言程式碼執行後，Y字元陣列為何？
(A)believnt　(B)belphant　(C)elepeve　(D)elephae。
```
1   #include <stdio.h>
2   #include <string.h>
3   int main(){
4       char X[] = "believe";
5       char Y[] = "elephant";
6       strncpy(Y, X, 6);
7   }
```

( )4. 下列C語言程式碼片段執行後，輸出為何？
(A)10　(B)11　(C)Be fearless　(D)20。
```
1   char A[20] = "Be fearless";
2   printf("%d", sizeof(A));
```

( )5. 下列C語言程式碼片段執行後，輸出為何？
(A)basketball　(B)basKetball　(C)內容相同　(D)內容不相同。

```
1    char A[] = "basketball";
2    char B[] = "basKetball";
3    if(strncmp(A, B, 3) == 0)
4        printf("內容相同");
5    else
6        printf("內容不相同");
```

答　1. B　2. A　3. A　4. D　5. C

解　3. 函式strncpy將X複製6個字元放入Y，輸出Y為believnt。

4. 由於A陣列宣告可存放20個字元，因此sizeof()傳回20。

5. strncmp(A, B, 3) == 0只比對兩陣列的前3個字元，因此輸出結果為 "內容相同"。

四、陣列的應用　113

範例1：利用迴圈找出陣列中的最大值

```
1    #include <stdio.h>
2    int main(){
3        int num[5] = {15, 42, 22, 34, 31};
4        int MAX = num[0];
5        for(int i = 1; i < 5; i++){
6            if(num[i] > MAX)
7                MAX = num[i];
8        }
9        printf("最大值是%d", MAX);
10   }
```

執行結果

最大值是42

說明

- 用變數MAX來儲存最大值，並先將其值設為num[0]的值。
- 使用for迴圈及if判斷敘述，依序將MAX與陣列中num[0]以外的所有元素一一做比較，若其值比MAX大，就將該值指定給MAX，全部比較完，最後輸出MAX即為陣列中的最大值。

7-18

範例2：利用「氣泡排序法」將資料由小到大（升冪）排序

排序前
Y	J	B	R	k
[0]	[1]	[2]	[3]	[4]

➡

排序後
B	J	R	Y	k
[0]	[1]	[2]	[3]	[4]

舉例
```c
1   #include <stdio.h>
2   int main(){
3       char a[5] = {'Y', 'J', 'B', 'R', 'k'};
4       for(int i = 1; i < 5; i++){
5           for(int j = 0; j < 5 - i; j++){
6               if(a[j] > a[j + 1]){
7                   char temp = a[j];
8                   a[j] = a[j + 1];
9                   a[j + 1] = temp;
10              }
11          }
12      }
13  }
```

氣泡排序法（N為資料筆數）
最多循環次數：N - 1次
比較次數：N × (N - 1) / 2次

說明

- 氣泡排序法的原理是**逐次比較相鄰**的兩個資料，並依照排序條件（升冪或降冪）交換資料的位置，直到所有的資料排序完成。
- 使用巢狀for迴圈及if判斷敘述逐項比較相鄰的資料，並使用變數temp將兩個元素對調，將較大的值往右移動。Y、J、B、R、k的ASCII碼分別為89、74、66、82、107，程式執行過程如下表所示。

i值	i < 5	j值	j < 5	a[j] > a[j + 1]	a[5]
1	成立	0	成立	成立	{J, Y, B, R, k}
		1		成立	{J, B, Y, R, k}
		2		成立	{J, B, R, Y, k}
		3		不成立	{J, B, R, Y, k}
		4		不成立	{J, B, R, Y, k}
		5	不成立		
2	成立	0	成立	成立	{B, J, R, Y, k}
		1		不成立	{B, J, R, Y, k}
		⋮	⋮	⋮	⋮
⋮	⋮	⋮	⋮	⋮	{B, J, R, Y, k}
5	不成立	⋮	離開迴圈		

範例3：利用「選擇排序法」將資料由大到小（降冪）排序

排序前

34	96	48	19	35
[0]	[1]	[2]	[3]	[4]

→

排序後

96	48	35	34	19
[0]	[1]	[2]	[3]	[4]

```
1   #include <stdio.h>
2   int main(){
3       int a[5] = {34, 96, 48, 19, 35};
4       int s, temp;
5       for(int i = 0; i < 5 - 1; i++){
6           s = i;
7           for(int j = s + 1; j <= 5 - 1; j++){
8               if(a[s] < a[j])
9                   s = j;
10          }
11          temp = a[i];
12          a[i] = a[s];
13          a[s] = temp;
14      }
15  }
```

選擇排序法（N為資料筆數）
最多循環次數：N - 1次
比較次數：N × (N - 1) / 2次

說明

- 選擇排序法是從第1個數值開始往後找尋最大或最小值並與第1個數值交換，接著從第2個數值往後找尋最大或最小值並與第2個數值交換…依此類推，直到所有資料排序完成。

- 用巢狀for迴圈及if判斷敘述從第1個數值開始往後搜尋最大值並交換，執行過程如下表。

i值	i < 5 - 1	s值	j值	j <= 5 - 1	a[s] < a[j]	s = j	a[5]
0	成立	0	1	成立	成立	s = 1	{96, 34, 48, 19, 35}
			2		不成立		
			3				
			4				
1	成立	1	2	成立	成立	s = 2	{96, 48, 34, 19, 35}
			3		不成立		
			4		不成立		
2	成立	2	3	成立	不成立		{96, 48, 35, 19, 34}
			4		成立	s = 4	
3	成立	3	4	成立	成立	s = 4	{96, 48, 35, 34, 19}
4	不成立			離開迴圈			

範例4：利用「循序搜尋法」找出特定資料

```c
1   #include <stdio.h>
2   int main(){
3       int n, data[6] = {24, 36, 1, 26, 39, 9};
4       printf("請輸入要搜尋的值:");
5       scanf("%d", &n);
6       for(int i = 0; i < 6; i++){
7           if(data[i] == n){
8               printf("在註標[%d]找到%d", i, n);
9               return 0;
10          }
11      }
12      printf("%d不在陣列中", n);
13  }
```

> **循序搜尋法**（N為資料筆數）
> 最少搜尋次數：1次
> 最多搜尋次數：N次
> 平均搜尋次數：(N + 1) / 2次

執行結果

請輸入要搜尋的值：**9**
在註標[5]找到9

說明

- 循序搜尋法在搜尋資料前，資料**不須事先排列**，並從第1筆資料開始依序比對每筆資料，直到找到目標值，或確定目標值不存在於資料中為止。
- data陣列中存放一組未經排序過的資料，利用for迴圈及if條件式，判斷陣列中的值是否與欲搜尋的目標值相同，並輸出結果，執行過程如下圖所示。

由data[0]開始逐一搜尋數字9

24	36	1	26	39	9
[0]	[1]	[2]	[3]	[4]	[5]
↑					

⋮

在data[5]找到數字9，搜尋結束

24	36	1	26	39	9
[0]	[1]	[2]	[3]	[4]	[5]
					↑

範例5：利用「二元搜尋法」找出特定資料

```c
1    #include <stdio.h>
2    int main(){
3        int a[7] = {8, 9, 18, 20, 25, 31, 34};
4        int T, M, L = 0, R = 6;
5        printf("請輸入要搜尋的值:");
6        scanf("%d", &T);
7        while(L <= R){
8            M = (L + R) / 2;
9            if(a[M] == T){
10               printf("在註標[%d]找到%d", M, T);
11               return 0;
12           }
13           else if(a[M] > T)
14               R = M - 1;
15           else if(a[M] < T)
16               L = M + 1;
17       }
18       printf("%d不在陣列中", T);
19   }
```

二元搜尋法（N為資料筆數）
最少搜尋次數：1次
最多搜尋次數：$(\log_2 N) + 1$

執行結果

請輸入要搜尋的值：**25**
在註標[4]找到25

說明

- 二元搜尋法在搜尋資料前，資料**須事先排列**，在已排序的資料中找出中間位置，再判定要找的目標值在前半段或後半段，然後每次皆捨棄一半的資料，逐漸將搜尋範圍縮小，直到找到目標值或確定目標值不在資料中為止。

- 陣列a中存放一組已經排序過的資料，利用while迴圈及if判斷敘述，判斷目標值與中間值，若兩值相等表示找到目標值的位置，若中間值大於目標值則捨棄後半段的資料，若中間值小於目標值則捨棄前半段的資料，執行過程如下圖所示。

① 找出中間值M為3（(0 + 6) ÷ 2），目標值25 > M值20，因此捨棄前半段。

~~8~~	~~9~~	~~18~~	~~20~~	25	31	34
[0]	[1]	[2]	[3]	[4]	[5]	[6]
L			M			R

② 找出中間值M為5（(4 + 6) ÷ 2），目標值25 < M值31，因此捨棄後半段。

~~8~~	~~9~~	~~18~~	~~20~~	25	~~31~~	~~34~~
[0]	[1]	[2]	[3]	[4]	[5]	[6]
				L	M	R

③ 找出中間值M為4（(4 + 4) ÷ 2），目標值25 = M值25，找到目標，結束搜尋。

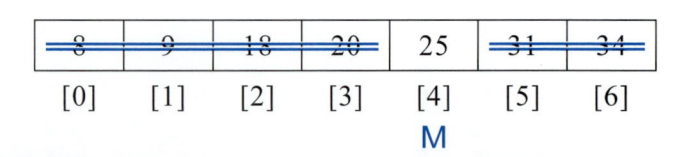

~~8~~	~~9~~	~~18~~	~~20~~	25	~~31~~	~~34~~
[0]	[1]	[2]	[3]	[4]	[5]	[6]
				M		

7-2　指標

一、指標的宣告與存取　112

1. **指標**（pointer）是一種儲存記憶體位址的變數，通常佔用8Bytes空間。

2. 指標在儲存1個位址時，會依據指標變數的內容指向對應的記憶體位址。下圖為整數變數a的記憶體位址[註]為0x0a00227f，指標變數p指向變數a的記憶體位址。

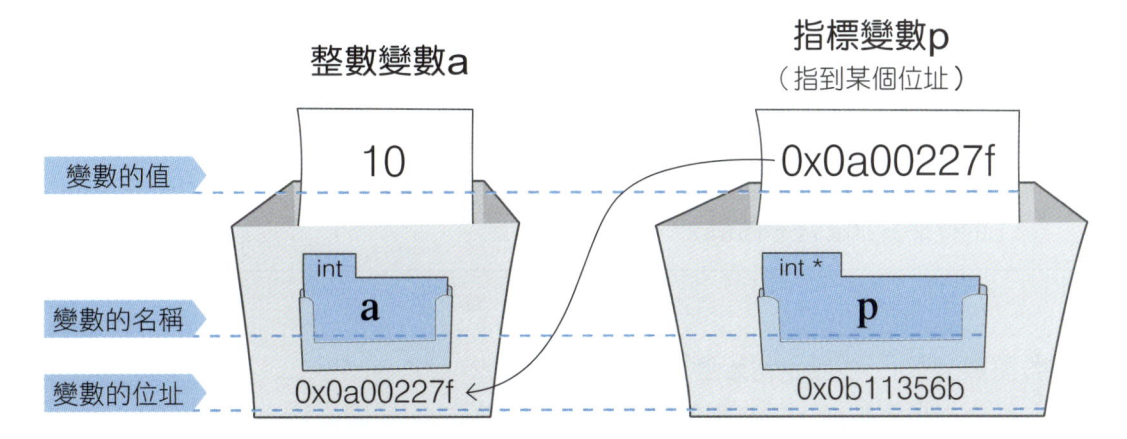

整數變數a
- 變數的值：10
- 變數的名稱：int a
- 變數的位址：0x0a00227f

指標變數p（指到某個位址）
- 變數的值：0x0a00227f
- 變數的名稱：int * p
- 變數的位址：0x0b11356b

3. **語法**：

> 資料型態 ***指標變數名稱;**
> 資料型態 ***指標變數名稱 = &變數名稱;**

說明

- 宣告指標變數時，會在變數名稱前加上**取位運算子**（dereference operator）「*」，又稱間接運算子（indirection）。
- 指標的資料型態，必須與所指變數的資料型態相同，否則會出現錯誤訊息。
- 變數名稱前加上**取址運算子**「&」，指標變數便會指向該變數的位址。如int *p = &a，指標變數p會指向整數變數a的位址。
- 輸出指標變數時，記憶體位址預設會用16進制的方式顯示。
- 指標變數所佔用的記憶體空間為8 Bytes。

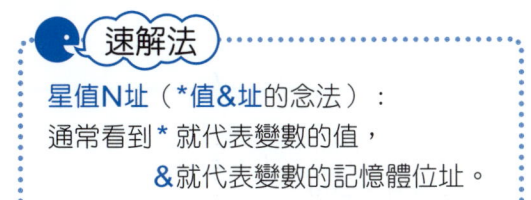

> **速解法**
> 星值N址（*值&址的念法）：
> 通常看到*就代表變數的值，
> 　　　　&就代表變數的記憶體位址。

註：每台電腦執行環境不同，產生的記憶體位址表示方法會有差異，但大多為16進位格式，本書以0x00000000共8位元來表示。

4. **範例1**：宣告指標變數

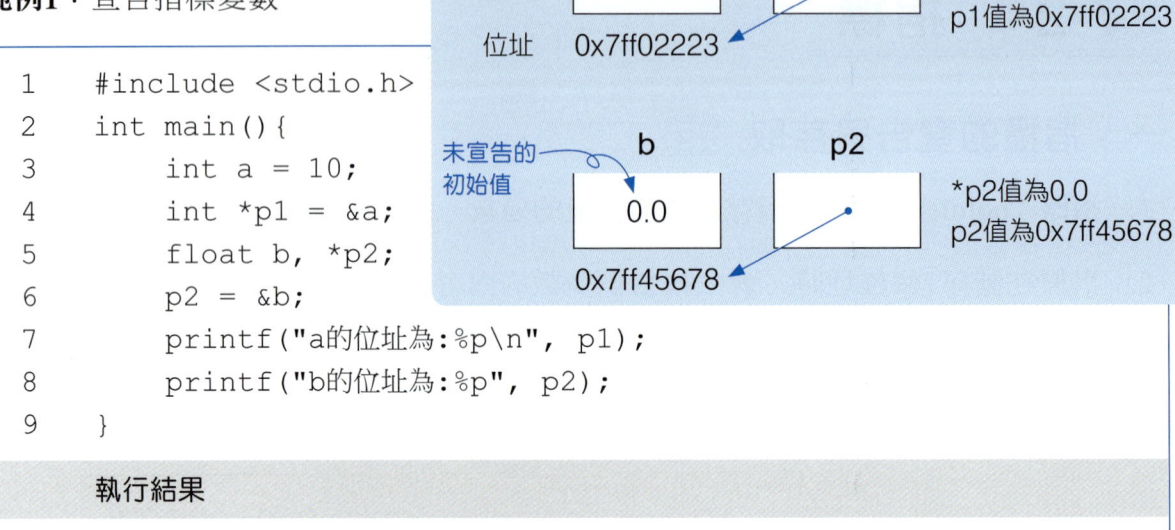

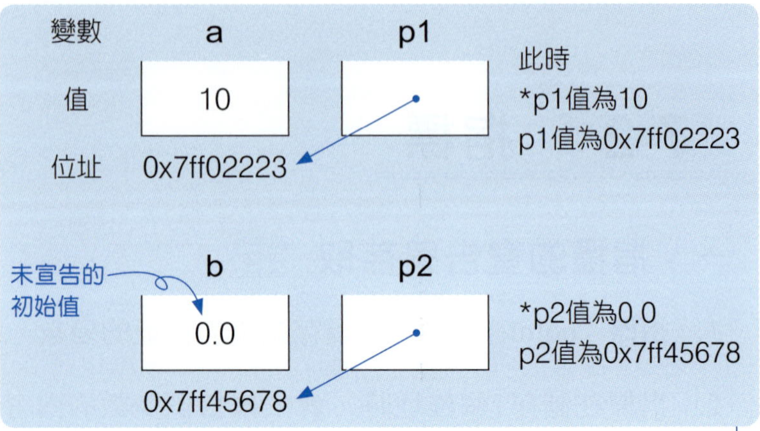

```
1   #include <stdio.h>
2   int main(){
3       int a = 10;
4       int *p1 = &a;
5       float b, *p2;
6       p2 = &b;
7       printf("a的位址為:%p\n", p1);
8       printf("b的位址為:%p", p2);
9   }
```

執行結果

```
a的位址為:0x7ff02223
b的位址為:0x7ff45678
```

說明

- 宣告整數變數a，並設定初始值為10。
- 宣告整數指標變數p1，並將指標變數p1指向變數a的記憶體位址。
- 宣告浮點數變數b與指標變數p2。
- 將指標變數p2指向變數b的記憶體位址（變數b未宣告其初始值為0.0）。
- 輸出指標變數p1與p2所指的記憶體位址（每台電腦所得的記憶體位址不一定相同）。

範例2：指標變數存取變數的值

```
1   #include <stdio.h>
2   int main(){
3       int *iptr, x = 200;
4       float *fptr, s = 19.19;
5       iptr = &x;
6       fptr = &s;
7       *fptr = 18.26;
8       printf("田徑%d公尺\n", *iptr);
9       printf("秒數%.2f秒", s);
10  }
```

執行結果

田徑200公尺
秒數18.26秒

說明

- 宣告整數指標變數iptr及變數x，並設定變數x的初始值為200。
- 宣告浮點數指標變數fptr及變數s，並設定變數s的初始值為19.19。
- 分別將iptr指向變數x的記憶體位址，fptr指向變數s的記憶體位址。
- 將*fptr的值改為18.26，同時也改變s的值，因此輸出s值為18.26。
- 輸出時在指標變數iptr前加上*，可得**指標所指位址中的資料**。

得分加+

1. 依據以下C語言程式片段，請於空白處填入答案：

```
1   int a = 3;   //變數a的值為3
2   int b = 5;   //變數b的值為5
3   //指標變數p的值未指定
4   int *p;
5   p = &a;      //p指向變數a的位址
```

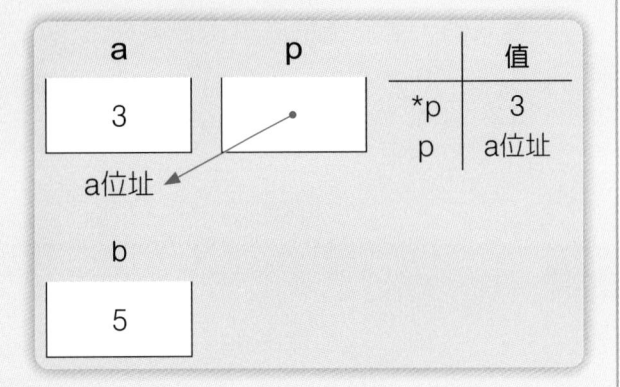

a	p		值
3	→ a位址	*p	3
		p	a位址

b: 5

題目	答案	說明
(1) printf("a的值 = %d", a);	a的值 = _____	變數a的值
(2) printf("a的位址 = %p", &a);	a的位址 = 0x7ffc7678	變數a的位址
(3) printf("p的值 = %p", p);	p的值 = _____	即變數a的位址
(4) printf("p指的值 = %d", *p);	p指的值 = _____	即變數a的值

延續上述C語言程式片段，加入下列程式碼，並於空白處填入答案：

```
6   a = 6;       //更改變數a的值為6
7   //更改p指向變數b的位址
8   p = &b;
9   //q指向變數a的位址
10  int *q = &a;
```

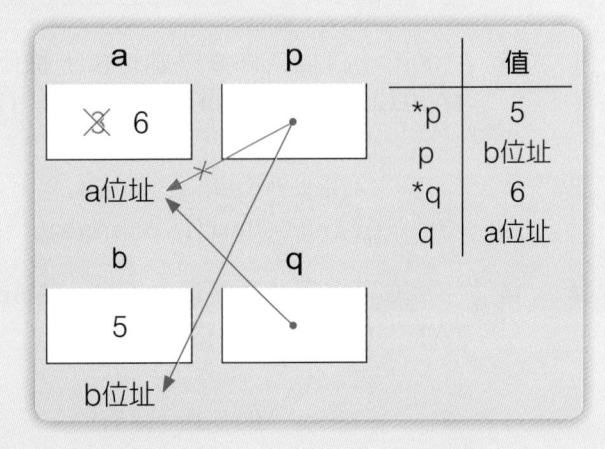

a	p		值
~~6~~		*p	5
a位址		p	b位址
		*q	6
b	q	q	a位址
5	→ b位址		

題目	答案	說明
(5) printf("q的值 = %p", q);	q的值 = _____	即變數a的位址
(6) printf("q指的值 = %d", *q);	q指的值 = _____	即變數a的值
(7) printf("p的值 = %p", p);	p的值 = 0x7fee9d4	即變數b的位址
(8) printf("p指的值 = %d", *p);	p指的值 = _____	即變數b的值

延續上述C語言程式片段，加入下列程式碼，並於空白處填入答案：

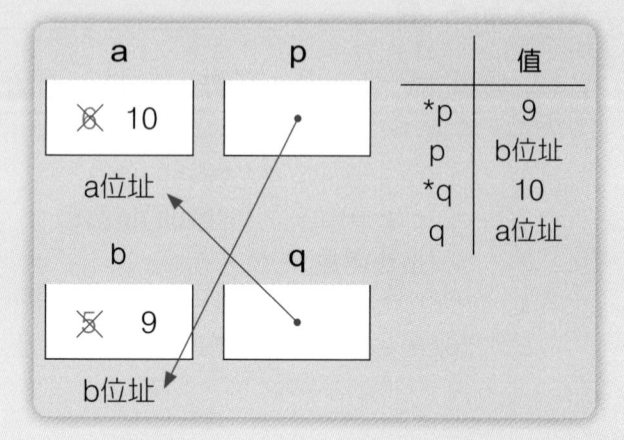

```
11   *p = 9;
12   *q = 10;
```

```
 a         p           |    值
[✗ 10]    [ • ]        | *p   9
 a位址                   | p    b位址
                       | *q   10
 b         q           | q    a位址
[✗ 9]     [ • ]
 b位址
```

題目	答案	說明
(9) printf("q指的值 = %d", *q);	q指的值 = ＿＿＿	變數a更改後的值
(10) printf("p指的值 = %d", *p);	p指的值 = ＿＿＿	變數b更改後的值

( )2. 下列C語言程式碼片段執行後，輸出為何？　(A)yellow　(B)x　(C)8　(D)16。
```
1    int x;
2    int *yellow = &x;
3    printf("%d", sizeof(yellow));
```

( )3. 下列C語言程式碼片段執行後，輸出結果較有可能是下列何者？
(A)0x22fe44　(B)orange　(C)a　(D)8。
```
1    float a;
2    float *orange = &a;
3    printf("%p", orange);
```

( )4. 下列C語言程式碼片段執行後，*bird的值為何？
(A)a　(B)bird　(C)8　(D)0.65。
```
1    float a = 0.65;
2    float *bird = &a;
3    printf("%.2f", *bird);
```

( )5. 下列C語言程式碼片段執行後，變數a的值為何？　(A)0　(B)100　(C)500　(D)600。
```
1    int a = 100;
2    int *car = &a;
3    *car = 500;
4    printf("%d", a);
```

答　1. (1) 3　(3) 0x7ffc7678　(4) 3　(5) 0x7ffc7678　(6) 6　(8) 5　(9) 10　(10) 9
　　 2. C　　3. A　　4. D　　5. C

解　2. 指標變數通常佔用8Bytes，因此sizeof()的值為8。
　　 4. 指標變數bird指向變數a，*bird等於a的值0.65。
　　 5. 指標變數car指向變數a，*car的值改為500，因此變數a的值也變成500。

二、用指標存取一維陣列 111 112 113 114

1. **語法**：

> *指標變數名稱 = 陣列名稱；

說明

- 指標變數指向陣列名稱，表示指向陣列中註標[0]的元素位址。

2. **範例**：用指標變數存取一維陣列

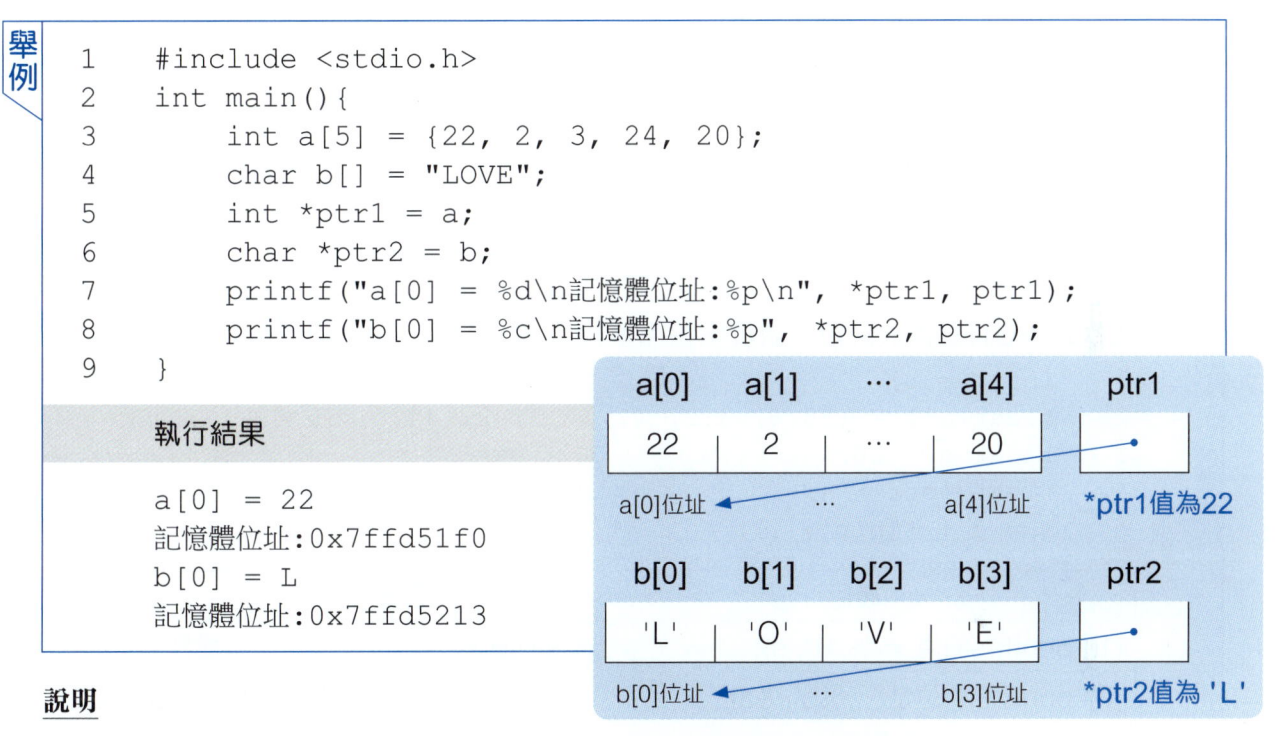

```
1    #include <stdio.h>
2    int main(){
3        int a[5] = {22, 2, 3, 24, 20};
4        char b[] = "LOVE";
5        int *ptr1 = a;
6        char *ptr2 = b;
7        printf("a[0] = %d\n記憶體位址:%p\n", *ptr1, ptr1);
8        printf("b[0] = %c\n記憶體位址:%p", *ptr2, ptr2);
9    }
```

執行結果

```
a[0] = 22
記憶體位址:0x7ffd51f0
b[0] = L
記憶體位址:0x7ffd5213
```

a[0]	a[1]	…	a[4]	ptr1
22	2	…	20	→ a[0]
a[0]位址	…		a[4]位址	*ptr1值為22

b[0]	b[1]	b[2]	b[3]	ptr2
'L'	'O'	'V'	'E'	→ b[0]
b[0]位址	…		b[3]位址	*ptr2值為 'L'

說明

- 宣告整數陣列a並設定5個初始值，宣告字元陣列b並設定初始值為LOVE。
- 宣告指標變數ptr1的初始值為陣列a，表示指向陣列a[0]的元素位址。
- 宣告指標變數ptr2的初始值為陣列b，表示指向陣列b[0]的元素位址。

三、指標的加減 112 113

1. **語法**：

> **加減指標存取陣列中元素的值：**
> *(指標變數名稱 + 陣列註標值)；
>
> **加減指標存取陣列中元素的位址：**
> (指標變數名稱 + 陣列註標值)；

說明

- 指標變數名稱加上陣列的註標值，就可以存取陣列中其他元素的值或位址。
  例如指標＋1，表示所指向的陣列註標值＋1。

2. **範例**：加減指標存取陣列中的元素值與位址

```
1    #include <stdio.h>
2    int main(){
3        int a[5] = {22, 2, 3, 24, 20};
4        int *ptr = a;
5        printf("a[4] = %d\n", *(ptr + 4));
6        printf("位址:%p", (ptr + 4));
7    }
```

執行結果

a[4] = 20
位址:0x7ffe68f7

說明

- 宣告整數陣列a並設定5個初始值。
- *(ptr + 4)可輸出a[4]的值為20，(ptr + 4)可輸出a[4]的記憶體位址。

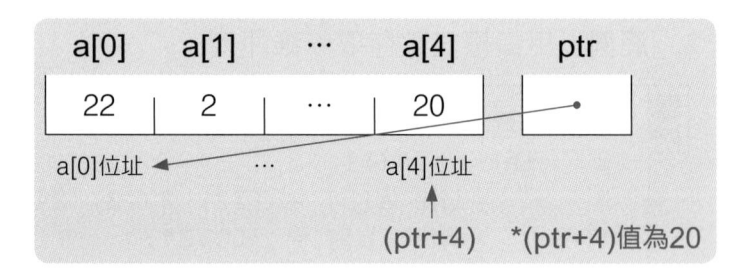

得分加+

1. 依據以下C語言程式片段，請於空白處填入答案：

```
1    int i = 5;
2    float a[] = {33.6, 8.2, 4, 36.5, 2, 44.6, 9, 49.1};
3    float s = 20;
4    float *ptr = a;
5    s = s + *(ptr + i);
```

題目	答案	說明
(1) printf("s的值 = %.1f", s);	s的值 = _____	變數s的值
(2) printf("a的位址 = %p", &a);	a的位址 = 0x0022fe20	陣列a的位址
(3) printf("(ptr+3)的值 = %.1f", *(ptr+3));	(ptr+3)的值 = _____	即陣列a[3]的值

延續上述C語言程式片段，加入下列程式碼，並於空白處填入答案：

```
6    int x = 7;
7    *(ptr + 2) = *(ptr + 1) + x;
8    *(ptr + 5) = *(ptr + 6) + x;
9    *(ptr + 4) = *(ptr + 5) + 3.5;
```

題目	答案	說明
(4) printf("(ptr+2)的值 = %.0f", *(ptr+2));	(ptr+2)的值 = _____	即陣列a[2]更改後的值
(5) printf("a[5]的值 = %.0f", a[5]);	a[5]的值 = _____	陣列a[5]更改後的值
(6) printf("a[4]的值 = %.1f", a[4]);	a[4]的值 = _____	陣列a[4]更改後的值

答 1. (1) 64.6　(3) 36.5　(4) 15　(5) 16　(6) 19.5

得分加倍

情境素養題

▲ 閱讀下文，回答第1至5題：

IU來台舉辦演唱會，安妮亞是IU臺灣小小後援會的會長，她在購買門票前，預先規劃後援會會員的座位，安妮亞把會員們在演唱會中的座位表想像成二維陣列，使用二維陣列來存放會員編號，並運用自己所學撰寫C語言程式，部分程式敘述如下：

```
1   #include <stdio.h>
2   int main(){
3       int seat[][3] = {9, 4, 10, 2, 11, 8, 3, 1, 12, 5, 7, 6};
⋮   ⋮
9   }
```

(　)1. 此二維陣列中共有12個會員座位，請問seat[][3]左邊[]中的值，最適合填入下列何者？　(A)4　(B)3　(C)2　(D)0。　[7-1]

(　)2. 若將二維陣列的註標想像成演唱會座位的第n列、第m行的話，那麼編號8號的會員是坐在哪一個位置呢？
(A)seat[0][6]　(B)seat[1][2]　(C)seat[2][1]　(D)seat[1][0]。　[7-1]

(　)3. 請問坐在seat[2][2]位置是幾號會員？
(A)7號會員　(B)11號會員　(C)3號會員　(D)12號會員。　[7-1]

(　)4. 在IU演唱會場地外圍販售週邊商品的攤位，出現大排長龍的人潮，安妮亞想在一長串的隊伍中，由第1位依序往後找，直到找到某位會員為止，請問她所採用的搜尋方法最可能為下列何者？
(A)二元搜尋法　　　　　　　(B)費氏搜尋法
(C)插補搜尋法　　　　　　　(D)循序搜尋法。　[7-1]

(　)5. 安妮亞在等待演唱會進場時，跟其他會員玩撲克牌，遊戲開始前她將手中的撲克牌依照大小排列，若她先挑選出最小的牌，放在第一個位置，再從剩餘的撲克牌中，挑選出第二小的牌，放在第二個位置⋯，依此類推，直到撲克牌由小到大排序完成，請問她使用的是下列哪一種排序法來排列撲克牌？
(A)選擇排序法　　　　　　　(B)氣泡排序法
(C)快速排序法　　　　　　　(D)合併排序法。　[7-1]

擬真試題

7-1

( )6. 下列C語言程式碼片段執行後，輸出為何？
(A)2　(B)10　(C)1　(D)4。
```
1    int a[5] = {6, 10, 1, 2, 4};
2    printf("%d", a[3]);
```

( )7. 下列C語言程式碼片段執行後，輸出為何？
(A)6　(B)7　(C)8　(D)10。
```
1    int a[5] = {0, 2, 4, 6, 8};
2    printf("%d", a[a[1] + 1] + 1);
```

( )8. 下列C語言程式碼片段執行後，輸出為何？
(A)6　(B)13　(C)16　(D)21。
```
1    int a[10];
2    a[0] = 0;
3    a[1] = 1;
4    for(int i = 2; i <= 8; i++)
5        a[i] = a[i - 1] + a[i - 2];
6    printf("%d", a[7]);
```

( )9. 下列C語言程式碼片段執行後，輸出為何？
(A)3　(B)4　(C)5　(D)0。
```
1    int y[5] = {2, 4};
2    printf("%d", y[3]);
```

( )10. 在C語言中，執行陣列宣告敘述 "int x[4][4][4]"，則陣列x可儲存幾個陣列元素？
(A)24　(B)120　(C)64　(D)12。

( )11. 在C語言中，下列哪幾項陣列的宣告方式是正確的？
(A)abcd　(B)ab　(C)a　(D)ad。
a. int a[6]
b. int d[][3] = {1, 2, 3, 4, 5, 6}
c. int c[3][] = {1, 2, 3, 4, 5, 6}
d. int b[][] = {1, 2, 3, 4, 5, 6}

( )12. 在C語言中，下列敘述何者為非？
(A)陣列可宣告為多維陣列
(B)陣列可以被設定容量
(C)陣列可以被指定初始值
(D)一個陣列只能儲存一個變數。

( )13. 已知有1個二維陣列A[2][3] = {17, 9, 2, 19, 5, 4}，試問要輸出陣列中的19，則須如何撰寫程式碼？
(A)printf("%d", A[1][1]);　　(B)printf("%d", A[2][1]);
(C)printf("%d", A[0][1]);　　(D)printf("%d", A[1][0]);。

(　)14. 下列C語言程式碼片段執行後，輸出為何？
(A)9　(B)22　(C)18　(D)21。
```
1    int a[6] = {14, 16, 20, 2, 7, 1};
2    printf("%d", a[3 - 2] + a[4 - 1]);
```

(　)15. 下列C語言程式碼片段執行後，輸出為何？
(A)3　(B)5　(C)6　(D)9。
```
1    int a[7] = {4, 10, 3, 12, 6, 9, 19};
2    printf("%d", a[4 - 1] + a[0 + 2] - a[0 + 3]);
```

(　)16. 下列C語言程式碼片段執行後，輸出為何？
(A)-28　(B)-32　(C)-25　(D)-40。
```
1    int b[5] = {21, 23, 34, 47, 43};
2    printf("%d", b[2 - 1] - b[3 - 3] - b[5 - 3]);
```

(　)17. 下列C語言程式碼片段執行後，輸出為何？
(A)36　(B)24　(C)28　(D)21。
```
1    int Sum = 0, Array[5] = {2, 8, 16, 20};
2    for(int i = 1; i < 5; i += 2)
3        Sum += Array[i];
4    printf("%d", Sum);
```

(　)18. 下列C語言程式碼片段執行後，輸出為何？
(A)20　(B)13　(C)24　(D)16。
```
1    int a[4] = {44, 32, 13, 2}, b[3] = {34, 27, 14}, c;
2    c = a[4 - 2] ^ b[3 - 1] & a[2 - 1];
3    printf("%d", c);
```

(　)19. 下列C語言程式碼片段執行後，變數X的值為何？
(A)12　(B)16　(C)17　(D)20。
```
1    int A[10] = {45, 19, 33, 17, 24, 38, 32, 13, 5, 22};
2    int Y_1 = 0, Y_2 = 0, X;
3    for(int i = 0; i < 7; i++){
4        if (A[i] > 30)
5            Y_1 = Y_1 + 2;
6        if (A[i] < 30)
7            Y_2 = Y_2 + 3;
8    }
9    X = Y_1 + Y_2;
```

(　)20. 下列C語言程式碼片段執行後，輸出為何？
(A)28　(B)31　(C)33　(D)26。
```
1    int a[5] = {3, 40, 32, 36, 23}, b[4] = {6, 13, 42, 25}, c;
2    c = a[10 - 6] | a[8 - 4] | b[9 - 6];
3    printf("%d", c);
```

(　　)21. 下列C語言程式碼片段執行後，輸出為何？　(A)4　(B)2　(C)-2　(D)3。
```
1    int A[10];
2    for(int I = 0; I < 10; I += 2)
3        A[I] = I + 1;
4    printf("%d", A[A[A[2] + 1] + 1] - 2 * 2);
```

(　　)22. 下列C語言程式碼片段執行後，變數Y的值為何？
(A)36　(B)15　(C)20　(D)18。
```
1    int A[10] = {12, 20, 28, 39, 6, 40, 29, 5, 27, 15};
2    int K = 1, Y;
3    while (K <= 5){
4        if(K < 3)
5            Y = A[K] + 2 ;
6        else
7            Y = A[K] - 4;
8    K = K + 1;
9    }
```

(　　)23. 下列C語言程式碼片段執行後，變數X的值為何？
(A)87　(B)55　(C)106　(D)100。
```
1    int A[7] = {24, 11, 14, 18, 34, 26, 16}, X;
2    for(int K = 0; K < 6; K++){
3        if (A[K] > 15)
4            X = A[K] + X;
5        else
6            X = A[K] * 2;
7    }
```

(　　)24. 下列C語言程式碼片段執行後，變數c的值為何？　(A)0　(B)1　(C)2　(D)5。
```
1    int a[6] = {56, 49, 82, 29, 40, 44};
2    int b[5] = {62, 5, 81, 28, 71};
3    int c;
4    c = b[9 - 7] & a[4 - 1] & b[10 - 6];
```

(　　)25. 下列C語言程式碼片段執行後，變數c的值為何？　(A)63　(B)55　(C)68　(D)53。
```
1    int a[5] = {24, 43, 2, 31, 40}, b[5] = {8, 18, 25, 10, 9}, c;
2    for(int K = 0; K < 5; K++){
3        if (a[K] < 20)
4            c = b[K] + c;
5        else
6            c = a[K] - c;
7    }
```

(　　)26. 下列C語言程式碼片段執行後，變數b的值為何？　(A)22　(B)24　(C)29　(D)25。
```
1    int a[][3] = {36, 3, 50, 23, 9, 5, 7, 19}, b;
2    b = a[3 - 2][2] ^ a[6 - 4][5 - 4];
```

( )27. 下列C語言程式碼片段執行後,變數b的值為何?
(A)8 (B)6 (C)10 (D)12。
```
1    int a[][2] = {40, 18, 9, 46, 33, 44, 2, 25, 1, 12}, b;
2    b = a[4][2 - 1] & a[7 - 4][0] << 2;
```

( )28. 下列C語言程式碼片段執行後,X值為何?
(A)-58 (B)-50 (C)50 (D)58。
```
1    int S[][3] = {31, 6, 38, 28, 45, 29, 32, 9, 11, 5}, X;
2    int A[][4] = {42, 7, 26, 21, 43, 8, 23, 17, 32, 26, 45, 23};
3    X = S[10 - 8][3 - 1] - A[8 - 6][6 - 3] * 3;
```

( )29. 下列C語言程式碼片段執行後,A[1][2]的元素值為何?
(A)4 (B)9 (C)10 (D)12。
```
1    int A[3][6];
2    for(int I = 0; I < 3; I++){
3        for(int J = 0; J < 6; J++){
4            if(I < J)
5                A[I][J] = 7 + J;
6            else
7                A[I][J] = 5 - I;
8        }
9    }
```

( )30. 下列C語言程式碼片段執行後,若輸出元素值為51,需要輸出下列哪一個註標?
(A)C[2][0] (B)C[0][1] (C)C[1][3] (D)C[1][2]。
```
1    int A[3][5] = {{4, 10, 30, 19, 44}, {8, 45, 27, 39, 10},
2                   {49, 27, 24, 18, 48}};
3    int B[4][5] = {{6, 50, 46, 10, 18}, {34, 14, 24, 43, 48},
4                   {39, 38, 14, 47, 7}, {45, 2, 29, 13, 25}};
5    int C[3][4];
6    for(int i = 0; i < 3; i++){
7        for(int j = 0; j < 4; j++)
8            C[i][j] = A[i][j] + B[i][j];
9    }
```

( )31. 下列C語言程式碼片段執行後,變數X的值為何?
(A)210 (B)220 (C)224 (D)209。
```
1    int S[][3] = {48, 31, 10, 37, 40, 30, 32, 9, 11, 5}, X = 0;
2    for(int i = 0; i < 3; i++){
3        for(int j = 0; j < 3; j++){
4            if(i == j)
5                X = X + S[i][j] - 2;
6            else
7                X = X + S[i][j] - 3;
8        }
9    }
```

(　　)32. 下列C語言程式碼片段執行後，變數X的值為何？
(A)666　(B)650　(C)300　(D)333。
```
1   int A[][4] = {59, 14, 39, 2, 27, 20, 43, 37, 3, 1, 56, 25};
2   int X = 0;
3   for(int I = 0; I < 2; I++){
4       for(int J = 0; J < 3; J++){
5           if(A[I][J] > A[I][J + 1])
6               X = (X + 5) * 2;
7           else
8               X = X * 3 - 10;
9       }
10  }
```

(　　)33. 下列C語言程式碼片段執行後，變數X的值為何？
(A)244　(B)236　(C)227　(D)211。
```
1   int A[][3] = {58, 36, 47, 42, 44, 19, 32, 21, 54, 4, 40, 47, 15};
2   int X = 0;
3   for(int I = 0; I < 4; I++){
4       for(int J = 0; J < 2; J++){
5           if(A[I + 1][J + 1] > A[I][J])
6               X = X + A[I][J + 1];
7           else
8               X = X + A[I + 1][J];
9       }
10  }
```

(　　)34. 下列C語言程式碼片段執行後，變數X的值為何？
(A)287　(B)245　(C)264　(D)290。
```
1   int A[][5] = {4, 17, 16, 8, 24, 11, 27, 23, 39, 19, 42, 18,
2                 32, 29, 12};
3   int B[][5] = {50, 36, 41, 1, 49, 21, 20, 17, 6, 8, 17, 40,
4                 25, 41, 15}, X = 0;
5   for(int I = 0; I < 3; I++){
6       for(int J = 0; J < 4; J++){
7           if(A[I][J] > B[I][J + 1])
8               X = X + B[I][J];
9           else
10              X = X + A[I][J + 1];
11      }
12  }
```

(　　)35. 下列C語言程式碼片段執行後，變數X的值為何？
(A)-30　(B)-26　(C)-15　(D)-20。
```
1   int A[4][4] = {33, 25, 30, 49, 8, 1, 6, 41, 14, 17, 45, 24,
2                  31, 2, 5, 10}, X;
3   X = A[4 - 2][10 - 7] | A[7 - 4][8 - 6] & A[9 - 9][6 - 3];
4   X = ~X;
```

(　)36. 有一段C語言程式碼如下，填空處將宣告二維陣列m。請問下列哪一個宣告敘述可以讓程式碼最後列印max時的值為2？

```
1          填空處
2   int max = 0;
3   for(int i = 0; i < 3; i += 1){
4       int deg = 0;
5       for(int j = 0; j < 3; j += 1)
6           deg += m[i][j];
7       if(deg > max)
8           max = deg;
9   }
10  printf("%d\n", max);
```

(A)int m[3][3] = {{1, 1, 1}, {0, 1, 1}, {0, 0, 1}};
(B)int m[3][3] = {{1, 0, 0}, {0, 1, 0}, {0, 0, 1}};
(C)int m[3][3] = {{0, 0, 1}, {1, 1, 1}, {1, 0, 1}};
(D)int m[3][3] = {{0, 1, 0}, {1, 0, 1}, {1, 1, 0}};。

(　)37. 在C語言，如果要宣告一個字元陣列來儲存身份證字號，最少要宣告多大的陣列？
(A)8　(B)9　(C)10　(D)11。　　　　　　　　　　　　　　　　　[107技競]

(　)38. 下側程式片段執行後，count的值為何？
(A)36　(B)20　(C)12　(D)3。　　　　　　　　　　　　　　　　　[APCS]

```
1   int maze[5][5] = {{1, 1, 1, 1, 1},
2                     {1, 0, 1, 0, 1},
3                     {1, 1, 0, 0, 1},
4                     {1, 0, 0, 1, 1},
5                     {1, 1, 1, 1, 1}};
6   int count = 0;
7   for(int i = 1; i <= 3; i = i + 1){
8       for(int j = 1; j <= 3; j = j + 1){
9           int dir[4][2] = {{-1, 0}, {0, 1}, {1, 0}, {0, -1}};
10          for(int d = 0; d < 4; d = d + 1){
11              if(maze[i + dir[d][0]][j + dir[d][1]] == 1){
12                  count = count + 1;
13              }
14          }
15      }
16  }
```

(　)39. 若A[1]、A[2]，和A[3]分別為陣列A[]的三個元素（element），下列哪個程式片段可以將A[1]和A[2]的內容交換？
(A)A[1] = A[2];　　A[2] = A[1];
(B)A[3] = A[1];　　A[1] = A[2];　　A[2] = A[3];
(C)A[2] = A[1];　　A[3] = A[2];　　A[1] = A[3];
(D)A[1] = A[1];　　A[1] = A[2];　　A[3] = A[2];。
　　　　　　　　　　　　　　　　　　　　　　　　　　　　　　　　　[APCS]

(　　)40. 下方程式碼執行後輸出結果為何？
(A)2 4 6 8 9 7 5 3 1 9　　　　(B)1 3 5 7 9 2 4 6 8 9
(C)1 2 3 4 5 6 7 8 9 9　　　　(D)2 4 6 8 5 1 3 7 9 9。　　　　[APCS]

```
1    int a[9] = {1, 3, 5, 7, 9, 8, 6, 4, 2};
2    int n = 9, tmp;
3    for(int i = 0; i < n; i = i + 1){
4        tmp = a[i];
5        a[i] = a[n - i - 1];
6        a[n - i - 1] = tmp;
7    }
8    for(int i = 0; i <= n / 2; i = i + 1)
9        printf("%d %d ", a[i], a[n - i - 1]);
```

(　　)41. 請問下側程式輸出為何？
(A)1　(B)4　(C)3　(D)33。　　　　[APCS]

```
1    int A[5], B[5], i, c;
         ⋮
6    for(i = 1; i <= 4; i = i + 1){
7        A[i] = 2 + i * 4;
8        B[i] = i * 5;
9    }
10   c = 0;
11   for(i = 1; i <= 4; i = i + 1){
12       if(B[i] > A[i]){
13           c = c + (B[i] % A[i]);
14       }
15       else{
16           c = 1;
17       }
18   }
19   printf("%d\n", c);
```

(　　)42. 下列C語言程式碼片段執行後，輸出為何？
(A)-11　(B)-12　(C)-18　(D)-17。

```
1    int T = 0, A[8][4];
2    for(int X = 0; X < 8; X++){
3        for(int Y = 0; Y < 4; Y++){
4            if(X > Y)
5                T = T + 1;
6            else
7                T = T - 1;
8            A[X][Y] = T;
9        }
10   }
11   printf("%d\n", A[1][1] + A[3][1] + A[5][1] - T);
```

( )43. 請問下列C語言程式片段執行後，輸出的第12個數值是？
(A)88　(B)143　(C)232　(D)376。
```
1   const int n = 15;
2   int s[15];
3   s[0] = 0; s[1] = 1;
4   for(int i = 2; i < n; i++)
5       s[i] = s[i - 2] + s[i - 1] + 1;
6   for(int i = 0; i < n; i++)
7       printf("%d\n", s[i]);
```

( )44. 下側程式片段執行過程的輸出為何？　(A)44　(B)52　(C)54　(D)63。　[APCS]
```
1   int i, sum, arr[10];
2   for(int i = 0; i < 10; i = i + 1)
3       arr[i] = i;
4   sum = 0;
5   for(int i = 1; i < 9; i = i + 1)
6       sum = sum - arr[i - 1] + arr[i] + arr[i + 1];
7   printf("%d", sum);
```

( )45. 下列C語言程式碼片段執行後，變數str1的值為何？
(A)Never say die　　　　　　　(B)Never say die Just do it
(C)Just do it　　　　　　　　　(D)Just do it Never say die。
```
1   char str1[] = "Never say die";
2   char str2[] = "Just do it";
3   strcpy(str1, str2);
```

( )46. 在C語言中，輸出敘述 "sizeof("Xcellerate your efforts")"，則會得到下列哪一個結果？　(A)3　(B)15　(C)24　(D)18。

( )47. 下列C語言程式碼片段執行後，若輸入字串Learn，輸出為何？
(A)sizeof(name) = 60，strlen(name) = 5
(B)sizeof(name) = 5，strlen(name) = 60
(C)sizeof(name) = 0，strlen(name) = 0
(D)sizeof(name) = 5，strlen(name) = 5。
```
1   char name[60];
2   printf("請輸入一字串:");
3   scanf("%s", name);
4   printf("sizeof(name) = %d\n", sizeof(name));
5   printf("strlen(name) = %d\n", strlen(name));
```

( )48. 若宣告一個字元陣列char str[20] = "Hello world!"; 該陣列str[12]值為何？
(A)未宣告　(B)\0　(C)!　(D)\n。　[APCS]

( )49. 若要依照銷售總額的高低，以選擇排序法來排列美食街中40個攤位的銷售名次，請問最多需要進行幾次的排序循環？
(A)40　(B)38　(C)41　(D)39。

(　　)50. 如果要以氣泡排序法，將35個原先由重到輕依序排列的包裹（每個包裹的重量皆不相同），改為由輕到重的順序重新排列，共需進行幾次比較？
(A)595　(B)500　(C)495　(D)400。

(　　)51. 利用氣泡排序法排列N筆資料的順序，最多做幾次的排序循環？
(A)N - 1次　(B)N次　(C)N / 2次　(D)N + 1次。

(　　)52. 下列哪一種情形，較不適合使用循序搜尋法來搜尋資料？
(A)在數萬筆的公車駕駛名單中，找出名為 "陳映良" 的駕駛員
(B)在蛋糕店的產品展示櫥窗中找出提拉米蘇
(C)在家裡衣櫃中找出自己的防風大衣
(D)在收到的20封電子郵件中，找出上司回覆問題的郵件。

(　　)53. 使用循序搜尋法，在2000筆學生資料中，搜尋「邰于志」的資料，請問最多需要進行幾次的搜尋比較？　(A)2000　(B)1　(C)1999　(D)2001。

(　　)54. 下列哪一組資料，不能使用二元搜尋法（Binary Search）？
(A)103, 104, 127, 142, 156, 162, 197　　(B)74, 68, 76, 126, 26, 31, 89
(C)6, 29, 52, 69, 74, 91, 95　　(D)49, 46, 39, 37, 17, 10。

(　　)55. 一組32個已排序的數值資料，若用二元搜尋法找其中某一個特定值，至多需要比對幾次即可找到？　(A)3　(B)4　(C)6　(D)9。

(　　)56. 在N筆資料中使用二元搜尋法，下列敘述何者是錯誤的？
(A)資料須經過排序
(B)最少需要比較1次
(C)最多需要比對$(\log_2 N) + 1$次
(D)當資料量相當龐大時，使用循序搜尋法會比二元搜尋法的效率佳。

(　　)57. 下列程式擬找出陣列A[]中的最大值和最小值。不過，這段程式碼有誤，請問A[]初始值如何設定就可以測出程式有誤？
(A){90, 80, 100}　(B){80, 90, 100}　(C){100, 90, 80}　(D){90, 100, 80}。 [APCS]

```
1   int main(){
2       int M = -1, N = 101, s = 3;
3       int A[] = _____?_____;
4
5       for(int i = 0; i < s; i = i + 1){
6           if(A[i] > M){
7               M = A[i];
8           }
9           else if(A[i] < N){
10              N = A[i];
11          }
12      }
13      printf("M = %d, N = %d \n", M, N);
14      return 0;
15  }
```

( )58. 下面哪組資料若依序存入陣列中,將無法直接使用二分搜尋法搜尋資料?
(A)a, e, i, o, u　　　　　　　　(B)3, 1, 4, 5, 9
(C)10000, 0, -10000　　　　　　(D)1, 10, 10, 10, 100。　　　[APCS]

( )59. 一組128個已排序的數值資料,若用二元搜尋法找其中某一個特定值,至多需要比對幾次才可找到?　(A)7　(B)8　(C)9　(D)10。　　　[111技競]

( )60. 在511筆資料當中,以循序搜尋法(Sequential Search)尋找某一筆資料時,最多要搜尋幾次才可以找到資料?　(A)1　(B)9　(C)256　(D)511。　　　[111技競]

( )61. 在511筆資料當中,以二元搜尋法(Binary Search)尋找某一筆資料時,最多要搜尋幾次才可以找到資料?　(A)1　(B)9　(C)256　(D)511。　　　[111技競]

( )62. 已知一系列數值31、25、97、88、64、46及19等儲存於一維陣列,使用選擇排序法(Selection sort)執行從小而大的排序,則需要幾次的資料互換?
(A)4次　(B)5次　(C)6次　(D)7次。　　　[111技競]

( )63. 有10個已排序的數值資料,採二元搜尋法找其中某一個特定值,至多需要比對幾次才可找到?　(A)3　(B)4　(C)5　(D)9。　　　[110技競]

( )64. 有一資料庫高達四百萬筆資料,且依由小到大完成排序,請問以二元搜尋(Binary search)方法查詢其中一筆資料,最多需要多少次?
(A)21次　(B)22次　(C)23次　(D)24次。　　　[110技競]

( )65. 使用選擇排序法(Selection sort)對儲存於一維陣列系列數值48、92、36、85、24、67做從小而大的排序,則其資料互換總計多少次?
(A)4次　(B)5次　(C)6次　(D)7次。　　　[109技競]

( )66. 已知600萬筆資料且已排序好,以二元搜尋法(Binary search)來搜尋其中任一筆資料,最多需要多少次?　(A)21次　(B)22次　(C)23次　(D)24次。　　　[108技競]

( )67. 下列C語言程式碼片段執行後,可能輸出為何(假設變數i的記憶體位址為0x22fe44)?
(A)20, 0x22fe44　　　　　　　　(B)0x22fe44, 10
(C)20, 20　　　　　　　　　　　(D)0x22fe44, 0x22fe44。

```
1    int i = 20;
2    int *iptr = &i;
3    printf("%d, %p", *iptr, &i);
```

( )68. 下列C語言程式碼片段執行後,輸出為何?　(A)3　(B)4　(C)6　(D)5。
```
1    int x[] = {1, 2, 3, 4, 5, 6, 7};
2    int *ptr = x;
3    printf("%d", *(ptr + (x[1] + 1) + 1));
```

( )69. 在C語言中,下列敘述何者正確?
(A)指標是用來儲存變數值
(B)指標可以用來儲存變數值與記憶體位址
(C)指標變數是用來儲存記憶體位址
(D)宣告指標變數值,只需在變數名稱前面加上#字號。

(　)70. 在C語言中，下列敘述何者正確？
(A)取址運算子&是用來取指標的值
(B)取址運算子&是用來取變數的值
(C)間接運算子*是用來取指標所指的變數值
(D)間接運算子*是用來取指標所指的位址。

(　)71. 宣告指標變數時，需在變數名稱前面加上哪一個符號？
(A)*　(B)&　(C)%　(D)$。

(　)72. 下列C語言程式碼片段執行後，若要讓輸出結果為100，則空格處須填入下列何者？
(A)&ptr　(B)&i　(C)*ptr　(D)*i。
```
1    int i = 100;
2    int *ptr = &i;
3    printf("%d", _____);
```

(　)73. 下列C語言程式碼片段執行後，輸出為何？
(A)C+　(B)+C　(C)++　(D)C++。
```
1    char a[] = "C++";
2    char *p = a;
3    printf("%c", *(p + 2));
4    printf("%c", *p);
```

(　)74. 下列C語言程式片段執行的結果為「fine.」，程式空白處應填入哪一個程式碼才正確？
```
1    char data[3][20] = {"How are you?", "I am fine.",
2                       "See you later."};
3    char *i;
4    _____
5    printf("%s", i);
```
(A)i = &data[1][5];　　　　　　(B)i = &data[2][6];
(C)i = *data[1][5];　　　　　　(D)i = data[2][6];。

(　)75. 下列C程式片段執行的結果為何？　(A)c　(B)f　(C)g　(D)i。
```
1    char data[3][3] = {{'a', 'b', 'c'}, {'d', 'e', 'f'},
2                      {'g', 'h', 'i'}};
3    char *i;
4    i = &data[1][1];
5    i = i + 2;
6    printf("%c\n", *i);
```

(　)76. 下列C程式片段執行的結果為何？　(A)2　(B)4　(C)7　(D)9。
```
1    int data[10] = {8, 3, 5, 2, 4, 7, 6, 1, 9, 10};
2    int i, *j, *k;
3    j = &data[1];
4    j = j + 3;
5    k = j + data[*j] % 3;
6    printf("%d\n", *k);
```

( )77. 下列C語言程式碼片段執行後，變數n的值為何？
(A)100 (B)60 (C)0x64FE44 (D)99。
```
1    int n = 100, *p1, **p2;
2    p1 = &n;
3    p2 = &p1;
4    n = 60;
5    *p1 = 10;
6    **p2 = 99;
```

統測試題

( )78. 下列C語言程式碼執行後，變數Sum的值為何？
(A)3 (B)4 (C)5 (D)6。 [111資電類]
```
1    #include <stdio.h>
2    int main()
3    {
4        int Sum = 0, Array[4] = {1, 2, 3}, i;
5        for(i = 1; i < 4; i++)
6            Sum += Array[i];
7        printf("%d", Sum);
8        return 0;
9    }
```

( )79. 下列C語言程式碼執行後，輸出為何？
(A)a (B)b (C)abcde (D)bcde。 [111資電類]
```
1    #include <stdio.h>
2    int main()
3    {
4        char Str[] = "abcde";
5        char *ptr = Str;
6        printf("%s", ++ptr);
7        return 0;
8    }
```

( )80. 有關指標的程式設計，如下片段程式可以在【1】的位置加入哪一行程式碼，編譯時不會產生任何錯誤或警告訊息？
```
     ...
1    int *p;
2    char MyName[] = {'A'};
3    int MyAge;
4    double MyWeight;
5    ___【1】___
     ...
```
(A)p = MyName; (B)p = &MyName[0];
(C)p = MyWeight; (D)p = &MyAge;。 [112資電類]

( )81. 阿華想要了解C語言程式中不同資料型態佔據記憶體空間的大小，於是使用C語言中的sizeof()函式並撰寫如下程式來測試，所使用的電腦為64位元的個人電腦，下列何者為該程式的執行結果？
```
1    #include <stdio.h>
2
3    int main(){
4        char *s = "ABC";
5        int i = 10, CharPtrSize, CharSize;
6        CharPtrSize = (int)sizeof(s);
7        CharSize = (int)sizeof(*s);
8        printf("%d, %c", CharSize, *(s + 2));
9
10       return 0;
11   }
```
(A)8, B　(B)B, 1　(C)1, C　(D)C, 8。　　　　　　　　　　　　　　　[112資電類]

( )82. 在跑馬燈的設計上，可以由陣列中取出文字，並且顯示於螢幕上。如下片段程式執行完後ShowMessage字串為 "ILoveTaiwan"，則Count的初始值應為下列哪一個？
```
1    const int Count = ? ;
2    char Dictionary[50] = "IWhLoaorevYTeouTW5aM7iynwyuaTYn?";
3    char ShowMessage[12] = {0};
4    char *P = &Dictionary[0];
5    int Index = 0, Search = 0;
6    for(Index = 0; Index < 11; Index++)
7    {
8        ShowMessage[Index] = P[Search];
9        Search += Count;
10   }
```
(A)0　(B)1　(C)2　(D)3。　　　　　　　　　　　　　　　　　　　　[112資電類]

( )83. C++程式語言片段如下，小燕想要將StepName[9][4]內的文字，依燒燙傷急救步驟順序輸出到螢幕，Select[5]內的 ? 值為下列何者？
```
1    int TotalSteps = 5;
2    int Count = 0;
3    char StepName[9][4] = {"拖","脫","送","沖","蓋","泡","送"};
4    int Select[5] = {?};
5    for(Count = 0; Count < TotalSteps; Count += 1)
6    {
7        std::cout << StepName[Select[Count]];
8    }
```
(A)4, 2, 5, 6, 3　(B)4, 1, 6, 5, 7　(C)3, 1, 5, 4, 6　(D)3, 1, 4, 5, 2。　　　[113資電類]

(　　)84. 有一個非負整數的集合,每個整數都小於10,曉華想利用如下的C語言程式來計算該集合的平均值且取整數為average,依據average = $(\sum_{i=0}^{9} score[i])/10 = \sum_{i=0}^{9} (score[i]/10)$ 等式來寫出這個程式,並且使用一個陣列score來儲存這個整數的集合,可是發現不論score陣列裡面的數字增加或減少,平均值average都為0,下列何者可以解決此問題?

```
1   #include <stdio.h>
2   int main(){
3       int score[10] = {1, 2, 3, 4, 5, 6, 7, 0, 0, 0};
4       int i;
5       double sum = 0;
6       int average;
7       for(i = 0; i < 10; i++){
8           sum = sum + score[i]/10;
9       }
10      average = sum;
11      printf("average = %d", average);
12      return 0;
13  }
```

(A)sum和average均改宣告為double,且行號11的%d改為%f
(B)行號5的sum改宣告為int整數型態且行號10改為average = (int)sum;
(C)行號8改為sum = sum + score[i];且行號10改為average = (int)(sum / 10);
(D)average改宣告為double,且行號11的%d改為%f。　　　　　　　　[113資電類]

(　　)85. 有關宣告陣列與指標的片段程式,下列敘述何者正確?

```
1   int Data[10] = {1, 2, 3, 4, 11, 12, 13, 15};
2   int *pData = &Data[2];
```

(A)if(pData[1] == 1)判斷式結果為真
(B)if(*(pData + 3) == Data[5])判斷式結果為真
(C)if(Data[9] == 0)判斷式結果為假
(D)if(Data[3] == (pData[5] - *(pData+2)))判斷式結果為假。　　　　[113資電類]

▲ 閱讀下文，回答第86-87題

小明根據老師提供的流程圖（如圖十所示），利用C++語言程式完成在main函式中的程式碼片段。

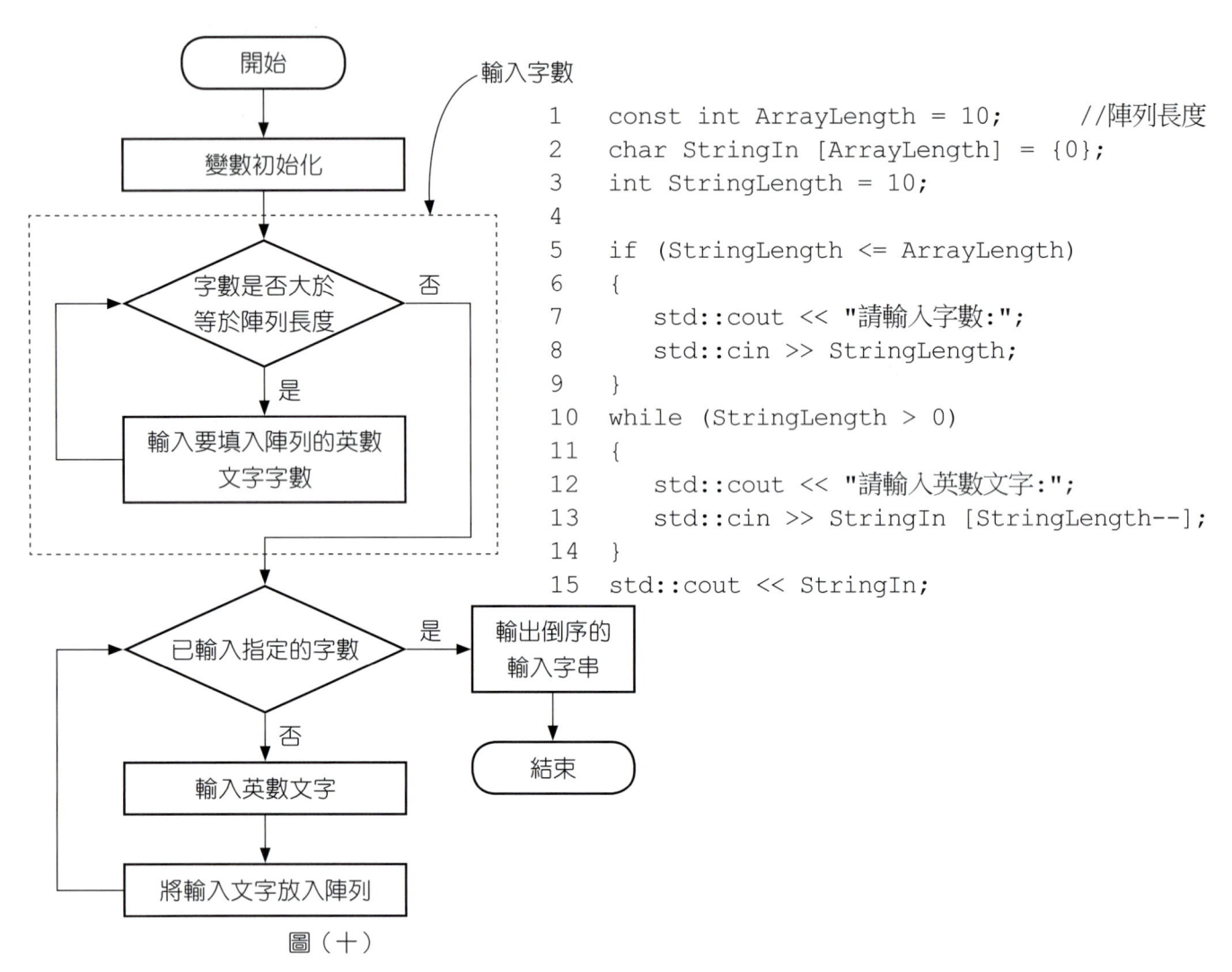

```
1   const int ArrayLength = 10;      //陣列長度
2   char StringIn [ArrayLength] = {0};
3   int StringLength = 10;
4
5   if (StringLength <= ArrayLength)
6   {
7       std::cout << "請輸入字數:";
8       std::cin >> StringLength;
9   }
10  while (StringLength > 0)
11  {
12      std::cout << "請輸入英數文字:";
13      std::cin >> StringIn [StringLength--];
14  }
15  std::cout << StringIn;
```

圖（十）

( )86. 小明應如何修改行號5，可以實現輸入字數部分的流程圖？
(A)if(StringLength < ArrayLength)
(B)if(StringLength != ArrayLength)
(C)while(StringLength >= ArrayLength)
(D)while(StringLength != ArrayLength)。 [113資電類]

( )87. 小明輸入6個英數文字，希望程式執行後可以印出倒序的字串，下列敘述何者正確？
(A)行號10改為while(StringLength != 0)
(B)行號10改為while(StringLength < 0)
(C)行號13改為std::cin >> StringIn[--StringLength];
(D)行號13改為std::cin >> StringIn[StringLength++];。 [113資電類]

( )88. 曉華寫了一個C語言程式碼如下，想要了解字元、字串和指標的關係，則程式輸出結果為何？
```
1    #include <stdio.h>
2    char *ptr = "Outside";
3    int main()
4    {
5        char str[20] = "This is a book\0";
6        char ptr[20] = "Main\0";
7        *ptr = *str;
8        printf("%s", ptr);
9        return 0;
10   }
```
(A)Outside　(B)Mhis　(C)This is a book　(D)Tain。　　　　　　　　　　　　[114資電類]

( )89. 曉明寫了下列C語言程式，用來逐字比對字串str中是否有字串query指定的字串，則程式執行後變數len、ans和match_count的值分別為何？
```
1    #include <stdio.h>
2    int main(){
3        char str[100] = "This is a book and that is a dog.\0";
4        char ans = 0, match_count = 0;
5        char query[] = "is";           //{'i', 's', '\0'};
6        int len = sizeof(query), i , j;
7        printf("len = %d\n", len);
8        //開始逐字比對
9        for(i = 0; (i < 100 - len) && (str[i]! = '\0'); i++){
10           for(j = 0; j < len - 1; j++)
11               if(query[j] == str[i + j])
12                   ans++;
13               else
14                   break;
15           if(ans == len - 1)          //比對到一次就累計match_count
16               printf("%d-th match str[%d] !\n", ++match_count, i);
17           ans = 0;
18       }
19       printf("%d, %d, %d", len, ans, match_count);
20       return 0;
21   }
```
(A)3, 0, 0　(B)3, 0, 3　(C)0, 3, 0　(D)2, 0, 3。　　　　　　　　　　　　　[114資電類]

(　　)90. 下列C語言程式碼，其執行後輸出結果為何？

```
1   #include <stdio.h>
2   int main(){
3       int n[5] = {1, 2, 3, 4, 5}, i;
4       n[1] = 100;
5       *n = 1;
6       for(i = 0; i < 5; i++)
7           printf("%d", *(n + i));
8       return 0;
9   }
```

(A)12345　(B)1100345　(C)1210045　(D)1234100。　　[114資電類]

答案 & 詳解

答案

1. A	2. B	3. D	4. D	5. A	6. A	7. B	8. B	9. D	10. C
11. B	12. D	13. D	14. C	15. A	16. B	17. C	18. B	19. C	20. B
21. D	22. A	23. C	24. B	25. D	26. A	27. A	28. A	29. B	30. D
31. C	32. B	33. C	34. A	35. B	36. D	37. D	38. B	39. B	40. C
41. B	42. C	43. C	44. B	45. C	46. C	47. A	48. B	49. D	50. A
51. A	52. A	53. A	54. B	55. C	56. D	57. B	58. B	59. B	60. D
61. B	62. A	63. B	64. B	65. B	66. C	67. A	68. D	69. C	70. C
71. A	72. C	73. B	74. A	75. C	76. C	77. D	78. C	79. D	80. D
81. C	82. D	83. C	84. C	85. B	86. C	87. C	88. D	89. B	90. B

詳解

7. a[a[1] + 1] + 1 = a[3] + 1 = 6 + 1 = 7。

8. 執行過程如下表，輸出a[7]結果為13。

i值	i <= 8	a[i] = a[i - 1] + a[i - 2]
2	成立	a[2] = a[1] + a[0] = 1
3	成立	a[3] = a[2] + a[1] = 2
⋮	⋮	⋮
7	成立	a[7] = a[6] + a[5] = 13
8	成立	a[8] = a[7] + a[6] = 21
9	不成立	離開迴圈

13. 陣列A[2][3] = {17, 9, 2, 19, 5, 4}，可以寫成：
    A[2][3] = {{17, 9, 2},
    　　　　　　{19, 5, 4}};
    元素19就是註標A[1][0]。

14. a[3 - 2] + a[4 - 1] = a[1] + a[3] = 16 + 2 = 18。

15. a[4 - 1] + a[0 + 2] - a[0 + 3] = a[3] + a[2] - a[3] = 12 + 3 - 12 = 3。

16. b[2 - 1] - b[3 - 3] - b[5 - 3] = b[1] - b[0] - b[2] = 23 - 21 - 34 = -32。

17. 執行過程如下表，輸出Sum結果為28。

i值	i < 5	Sum += Array[i]
1	成立	Sum = 0 + 8 = 8
3	成立	Sum = 8 + 20 = 28
5	不成立	離開迴圈

答案 & 詳解

18. c = a[4 - 2] ^ b[3 - 1] & a[2 - 1] = a[2] ^ b[2] & a[1] = 13 ^ 14 & 32 = 13 ^ 0 = 13，輸出c結果為13。計算過程如下：

    先計算14 & 32 = 0

    ```
        0  0  0  0  1  1  1  0  (14)
      & 0  0  1  0  0  0  0  0  (32)
      ─────────────────────────
        0  0  0  0  0  0  0  0  (0)
    ```

    再計算13 ^ 0 = 13

    ```
        0  0  0  0  1  1  0  1  (13)
      ^ 0  0  0  0  0  0  0  0  (0)
      ─────────────────────────
        0  0  0  0  1  1  0  1  (13)
    ```

19. 執行過程如下表，輸出X = Y_1 + Y_2結果為17。

i值	i < 7	成立的條件式	Y_1 = Y_1 + 2	Y_2 = Y_2 + 3
0	成立	A[0] > 30	Y_1 = 0 + 2 = 2	
1	成立	A[1] < 30		Y_2 = 0 + 3 = 3
2	成立	A[2] > 30	Y_1 = 2 + 2 = 4	
3	成立	A[3] < 30		Y_2 = 3 + 3 = 6
4	成立	A[4] < 30		Y_2 = 6 + 3 = 9
5	成立	A[5] > 30	Y_1 = 4 + 2 = 6	
6	成立	A[6] > 30	Y_1 = 6 + 2 = 8	
7	不成立		離開迴圈	

20. c = a[10 - 6] | a[8 - 4] | b[9 - 6] = a[4] | a[4] | b[3] = 23 | 23 | 25 = 23 | 25 = 31，輸出c結果為31。計算過程如下：

    先計算23 | 23 = 23

    ```
        0  0  0  1  0  1  1  1  (23)
      | 0  0  0  1  0  1  1  1  (23)
      ─────────────────────────
        0  0  0  1  0  1  1  1  (23)
    ```

    再計算23 | 25 = 31

    ```
        0  0  0  1  0  1  1  1  (23)
      | 0  0  0  1  1  0  0  1  (25)
      ─────────────────────────
        0  0  0  1  1  1  1  1  (31)
    ```

21. 執行過程如下表，輸出A[A[A[2] + 1] + 1] - 2 * 2 = A[6] - 2 * 2 = 7 - 4 = 3，輸出結果為3。

I值	I < 10	A[I] = I + 1
0	成立	A[0] = 0 + 1 = 1
2	成立	A[2] = 2 + 1 = 3
4	成立	A[4] = 4 + 1 = 5
6	成立	A[6] = 6 + 1 = 7
8	成立	A[8] = 8 + 1 = 9
10	不成立	離開迴圈

答案 & 詳解

22. 此題程式執行過程沒有累加Y值，因此可用速解法，直接計算最後一次迴圈K = 5時，Y = A[5] - 4 = 40 - 4，即可獲得Y值為36。

23. 執行過程如下表，X值為106。

K值	K < 6	A[K] > 15	X = A[K] + X	X = A[K] * 2
0	成立	成立	X = 24 + 0 = 24	
1	成立	不成立		X = 11 * 2 = 22
2	成立	不成立		X = 14 * 2 = 28
3	成立	成立	X = 18 + 28 = 46	
4	成立	成立	X = 34 + 46 = 80	
5	成立	成立	X = 26 + 80 = 106	
6	不成立		離開迴圈	

24. c = b[9 - 7] & a[4 - 1] & b[10 - 6] = b[2] & a[3] & b[4] = 81 & 29 & 71 = 17 & 71 = 1，輸出c結果為1。計算過程如下：

先計算81 & 29 = 17

```
     0  1  0  1  0  0  0  1   (81)
  &  0  0  0  1  1  1  0  1   (29)
     0  0  0  1  0  0  0  1   (17)
```

再計算17 & 71 = 1

```
     0  0  0  1  0  0  0  1   (17)
  &  0  1  0  0  0  1  1  1   (71)
     0  0  0  0  0  0  0  1   (1)
```

25. 執行過程如下表，c值為53。

K值	K < 5	a[K] < 20	c = b[K] + c	c = a[K] - c
0	成立	不成立		c = 24 - 0 = 24
1	成立	不成立		c = 43 - 24 = 19
2	成立	成立	c = 25 + 19 = 44	
3	成立	不成立		c = 31 - 44 = -13
4	成立	不成立		c = 40 - (-13) = 53
5	不成立		離開迴圈	

26. b = a[3 - 2][2] ^ a[6 - 4][5 - 4] = 5 ^ 19 = 22，b值為22。計算過程如下：

```
     0  0  0  0  0  1  0  1   (5)
  ^  0  0  0  1  0  0  1  1   (19)
     0  0  0  1  0  1  1  0   (22)
```

答案&詳解

27. b = a[4][2 - 1] & a[7 - 4][0] << 2 = 12 & 2 << 2 = 12 & 8 = 8，b值為8。計算過程如下：

先計算2 << 2 = 8

			0	0	0	0	1	0	(2)
<< 2	~~0~~	~~0~~	0	0	1	0			
			0	0	1	0	0	0	(8)

再計算12 & 8 = 8

	0	0	0	0	1	1	0	0	(12)
&	0	0	0	0	1	0	0	0	(8)
	0	0	0	0	1	0	0	0	(8)

28. X = S[10 - 8][3 - 1] - A[8 - 6][6 - 3] * 3 = S[2][2] - A[2][3] * 3 = 11 - 23 * 3 = -58。

29. 執行程式後，所產生的陣列元素如下，A[1][2]元素值為9。

陣列A

	[0]	[1]	[2]	[3]	[4]	[5]
[0]	5	8	9	10	11	12
[1]	4	4	9	10	11	12
[2]	3	3	3	10	11	12

30. 執行程式後，所產生的陣列元素如下，輸出C[1][2]元素值為51。

陣列C

	[0]	[1]	[2]	[3]
[0]	10	60	76	29
[1]	42	59	51	82
[2]	88	65	38	65

31. 執行過程如下表，X值為224。

i值	i < 3	j值	j < 3	i == j	執行敘述
0	成立	0	成立	成立	X = 0 + 48 - 2 = 46
		1	成立	不成立	X = 46 + 31 - 3 = 74
		2	成立	不成立	X = 74 + 10 - 3 = 81
		3	不成立		
⋮	⋮	⋮	⋮	⋮	⋮
2	成立	0	成立	不成立	X = 180 + 32 - 3 = 209
		1	成立	不成立	X = 209 + 9 - 3 = 215
		2	成立	成立	X = 215 + 11 - 2 = 224
		3	不成立		
3	不成立	離開迴圈			

答案 & 詳解

32. 執行過程如下表，X值為650。

I值	I < 2	J值	J < 3	A[I][J] > A[I][J+1]	執行敘述
0	成立	0	成立	成立	X = (0 + 5) * 2 = 10
		1	成立	不成立	X = 10 * 3 - 10 = 20
		2	成立	成立	X = (20 + 5) * 2 = 50
		3	不成立		
1	成立	0	成立	成立	X = (50 + 5) * 2 = 110
		1	成立	不成立	X = 110 * 3 - 10 = 320
		2	成立	成立	X = (320 + 5) * 2 = 650
		3	不成立		
2	不成立				離開迴圈

33. 執行過程如下表，X值為227。

I值	I < 4	J值	J < 2	A[I + 1][J + 1] > A[I][J]	執行敘述
0	成立	0	成立	不成立	X = 0 + 42 = 42
		1	成立	不成立	X = 42 + 44 = 86
		2	不成立		
⋮	⋮	⋮	⋮	⋮	⋮
3	成立	0	成立	不成立	X = 212 + 15 = 227
		1	成立	不成立	X = 227 + 0 = 227
		2	不成立		
4	不成立				離開迴圈

34. 執行過程如下表，X值為287。

I值	I < 3	J值	J < 4	A[I][J] > B[I][J + 1]	執行敘述
0	成立	0	成立	不成立	X = 0 + 17 = 17
		1	成立	不成立	X = 17 + 16 = 33
		2	成立	成立	X = 33 + 41 = 74
		3	成立	不成立	X = 74 + 24 = 98
		4	不成立		
⋮	⋮	⋮	⋮	⋮	⋮
2	成立	0	成立	成立	X = 168 + 17 = 185
		1	成立	不成立	X = 185 + 32 = 217
		2	成立	不成立	X = 217 + 29 = 246
		3	成立	成立	X = 246 + 41 = 287
		4	不成立		
3	不成立				離開迴圈

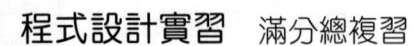

答案&詳解

35. X = A[2][3] | A[3][2] & A[0][3] = 24 | 5 & 49 = 24 | 1 = 25，X = ~X = ~25 = -26。

計算過程如下：

先計算5 & 49 = 1

<table>
<tr><td></td><td>0</td><td>0</td><td>0</td><td>0</td><td>0</td><td>1</td><td>0</td><td>1</td><td>(5)</td></tr>
<tr><td>&</td><td>0</td><td>0</td><td>1</td><td>1</td><td>0</td><td>0</td><td>0</td><td>1</td><td>(49)</td></tr>
<tr><td></td><td>0</td><td>0</td><td>0</td><td>0</td><td>0</td><td>0</td><td>0</td><td>1</td><td>(1)</td></tr>
</table>

再計算24 | 1 = 25

<table>
<tr><td></td><td>0</td><td>0</td><td>0</td><td>1</td><td>1</td><td>0</td><td>0</td><td>0</td><td>(24)</td></tr>
<tr><td>|</td><td>0</td><td>0</td><td>0</td><td>0</td><td>0</td><td>0</td><td>0</td><td>1</td><td>(1)</td></tr>
<tr><td></td><td>0</td><td>0</td><td>0</td><td>1</td><td>1</td><td>0</td><td>0</td><td>1</td><td>(25)</td></tr>
</table>

最後計算X = ~25

<table>
<tr><td>~</td><td>0</td><td>0</td><td>0</td><td>1</td><td>1</td><td>0</td><td>0</td><td>1</td><td>(25)</td></tr>
<tr><td></td><td>1</td><td>1</td><td>1</td><td>0</td><td>0</td><td>1</td><td>1</td><td>0</td><td>(-26)</td></tr>
</table>

38. 執行過程如下表，count值為20。

i值	j值	d值	maze[i + dir[d][0]][j + dir[d][1]] == 1	count = count + 1
1	1	0	maze[1 + (-1)][1 + 0] = 1（成立）	count = 0 + 1 = 1
		1	maze[1 + 0][1 + 1] = 1（成立）	count = 1 + 1 = 2
		2	maze[1 + 1][1 + 0] = 1（成立）	count = 2 + 1 = 3
		3	maze[1 + 0][1 + (-1)] = 1（成立）	count = 3 + 1 = 4
		4		
	2	0	maze[1 + (-1)][2 + 0] = 1（成立）	count = 4 + 1 = 5
		1	maze[1 + 0][2 + 1] = 0（不成立）	
		2	maze[1 + 1][2 + 0] = 0（不成立）	
		⋮	⋮	⋮
	3	⋮	⋮	⋮
2	⋮	⋮	⋮	⋮
3	1	⋮	⋮	⋮
	2	⋮	⋮	⋮
	3	0	maze[3 + (-1)][3 + 0] = 0（不成立）	
		1	maze[3 + 0][3 + 1] = 1（成立）	count = 18 + 1 = 19
		2	maze[3 + 1][3 + 0] = 1（成立）	count = 19 + 1 = 20
		3	maze[3 + 0][3 + (-1)] = 0（不成立）	
		4		
4	離開迴圈			

答案 & 詳解

40. 執行過程如下表，輸出結果為1 2 3 4 5 6 7 8 9 9。

- 第1個for迴圈

i值	i < n	tmp = a[i]	a[i] = a[n - i - 1]	a[n - i - 1] = tmp	陣列元素
0	成立	tmp = 1	a[0] = 2	a[8] = 1	{2, 3, 5, 7, 9, 8, 6, 4, 1}
1	成立	tmp = 3	a[1] = 4	a[7] = 3	{2, 4, 5, 7, 9, 8, 6, 3, 1}
2	成立	tmp = 5	a[2] = 6	a[6] = 5	{2, 4, 6, 7, 9, 8, 5, 3, 1}
⋮	⋮	⋮	⋮	⋮	⋮
8	成立	tmp = 1	a[8] = 2	a[0] = 1	{1, 3, 5, 7, 9, 8, 6, 4, 2}
9	不成立		離開迴圈		

- 第2個for迴圈

i值	i <= n / 2	輸出結果
0	成立	1 2
1	成立	1 2 3 4
2	成立	1 2 3 4 5 6
3	成立	1 2 3 4 5 6 7 8
4	成立	1 2 3 4 5 6 7 8 9 9
5	不成立	離開迴圈

41. 第1個for迴圈可取得陣列A的元素為0、6、10、14、18，陣列B的元素為0、5、10、15、20。

第2個for迴圈執行過程如下表，最後輸出c結果為4。

i值	i <= 4	B[i] > A[i]	c = c + (B[i] % A[i])	c = 1
1	成立	不成立		c = 1
2	成立	不成立		c = 1
3	成立	成立	c = 1 + (B[3] % A[3]) = 2	
4	成立	成立	c = 2 + (B[4] % A[4]) = 4	
5	不成立		離開迴圈	

答案 & 詳解

42. for迴圈執行過程如下表，可得出陣列A[8][4]中之所有元素。

X值	X < 8	Y值	Y < 4	X > Y	T = T + 1	T = T - 1
0	成立	0	成立	不成立		T = 0 - 1 = -1
		1	成立	不成立		T = -1 - 1 = -2
		2	成立	不成立		T = -2 - 1 = -3
		3	成立	不成立		T = -3 - 1 = -4
		4	不成立			
⋮	⋮	⋮	⋮	⋮	⋮	⋮
7	成立	0	成立	成立	T = 8 + 1 = 9	
		1	成立	成立	T = 9 + 1 = 10	
		2	成立	成立	T = 10 + 1 = 11	
		3	成立	成立	T = 11 + 1 = 12	
		4	不成立			
8	不成立	離開迴圈				

陣列A[8][4]元素如下表，輸出A[1][1] + A[3][1] + A[5][1] - T = (-4) + (-4) + 2 - 12，結果為-18。

	[0]	[1]	[2]	[3]
[0]	-1	-2	-3	-4
[1]	-3	-4	-5	-6
[2]	-5	-4	-5	-6
[3]	-5	-4	-3	-4
[4]	-3	-2	-1	0
[5]	1	2	3	4
[6]	5	6	7	8
[7]	9	10	11	12

43. 執行第1個for迴圈可得陣列s的元素值如下表。輸出第12個數值，即為s[11] = 232。

i值	i < n	s[i] = s[i - 2] + s[i - 1] + 1
2	成立	s[2] = s[0] + s[1] + 1 = 2
3	成立	s[3] = s[1] + s[2] + 1 = 4
⋮	⋮	⋮
11	成立	s[11] = s[9] + s[10] + 1 = 88 + 143 = 232
12	成立	s[12] = s[10] + s[11] + 1 = 143 + 232 = 376
⋮	⋮	⋮
15	不成立	離開迴圈

答案 & 詳解

44. 執行過程如下表，輸出sum值為52。

i值	i < 9	sum = sum - arr[i - 1] + arr[i] + arr[i + 1]
1	成立	sum = 0 - 0 + 1 + 2 = 3
2	成立	sum = 3 - 1 + 2 + 3 = 7
3	成立	sum = 7 - 2 + 3 + 4 = 12
4	成立	sum = 12 - 3 + 4 + 5 = 18
5	成立	sum = 18 - 4 + 5 + 6 = 25
6	成立	sum = 25 - 5 + 6 + 7 = 33
7	成立	sum = 33 - 6 + 7 + 8 = 42
8	成立	sum = 42 - 7 + 8 + 9 = 52
9	不成立	離開迴圈

50. 氣泡排序法完成排序所需的比較次數為35 × (35 - 1) / 2 = 595次。

53. 循序搜尋法在2,000筆資料中的比對次數最少需要1次；最多需要2000次。

55. 二元搜尋法最多需要比對$(\log_2 32) + 1 = 6$次。

57. 當A[] = {80、90、100}，如果從A[0]開始每次都大於M的話，只會執行到M = A[i]，N值永遠不會改變，所以初始值設{80, 90, 100}有誤。

62. 已知一系列數值31、25、97、88、64、46及19使用選擇排序法執行從小而大的排序時，在第4次循環即可完成所有資料互換。

68. 輸出*(ptr + (x[1] + 1) + 1) = *(ptr + 4)，*(ptr + 4)相當於x[4]，結果為5。

73. 宣告a陣列存放字串 "C++"，將指標*p指向a陣列，輸出*(p + 2)相當於a[2]的元素值 "+"，輸出*p相當於a[0]的元素值C，因此輸出結果為+C。

76. j = &data[1]表示j指向data[1]的記憶體位址。
    j = j + 3表示j往後移動3個位址，j指向data[4]的記憶體位址。
    k = j + data[*j] % 3先計算data[*j] % 3 = 4 % 3 = 1，k = j + 1表示j再往後移動1個位址，k指向data[5]的記憶體位址。輸出*k為data[5]的值為7。

77. 將指標變數p1設定為指向變數n的位址，將指標變數p2設定為指向p1的位址。接著，透過*p1將變數n的值設定為10，再透過**p2將p1所指向的值設定為99，也就是將變數n的值更改為99。

79. 宣告陣列Str[] = "abcde"，*ptr = Str 讓*ptr指向陣列Str，輸出++ptr，由於會先加1再輸出，所以執行結果為bcde。

81. *s為存放 "ABC" 的字元陣列，sizeof可查看佔用記憶體的大小，行號7：sizeof(*s)用來查看第1個字元的大小，字元大小為1byte，CharSize = 1，*(s + 2)等同於s[2]，也就是C，輸出CharSize與*(s + 2)，執行結果為1, C。

答案&詳解

83. 行號3的字元陣列表示宣告9個字串，每個字串最多4個字元。因此當行號4陣列中的元素設為3, 1, 5, 4, 6，行號7使用陣列Select的元素從陣列StepName中取得字串後輸出。

StepName

拖	脫	送	沖	蓋	泡	送
[0]	[1]	[2]	[3]	[4]	[5]	[6]

Select

3	1	5	4	6
[0]	[1]	[2]	[3]	[4]
取得 "沖" 輸出	取得 "脫" 輸出	取得 "泡" 輸出	取得 "蓋" 輸出	取得 "送" 輸出

85. 指標變數*pData指向陣列&Data[2]，表示指向陣列中註標[2]的元素位址，此時*pData = Data[2] = 3，*(pData + 3)表示pData往後移動3個位址，即是Data[5]的記憶體位址，因此*(pData + 3) == Data[5] 判斷式結果為真。

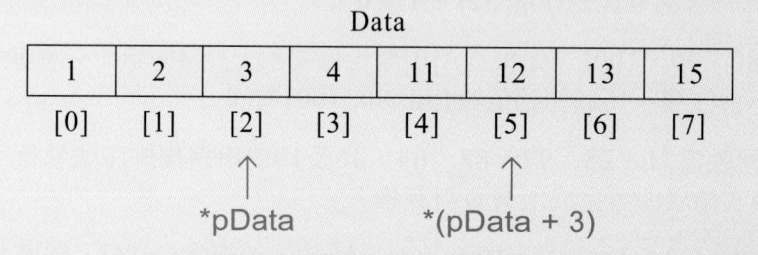

Data

1	2	3	4	11	12	13	15
[0]	[1]	[2]	[3]	[4]	[5]	[6]	[7]
		↑ *pData			↑ *(pData + 3)		

87. 假設StringLength = 6，小明第1個文字輸入 "A"，執行行號13時因為StringIn的標註為[--StringLength]，所以StringLength會先遞減再放入，因此 "A" 會放入到StringIn[5]的位置，第2個文字輸入 "B" 會放入到StringIn[4]的位置，以此類推，小明依序輸入 "ABCDEF" 後，StringIn的元素值為FEDCBA。

88. *ptr = *str;表示將str[0]的字元 'T' 指派給ptr[0]，再從陣列ptr中取得字串後輸出 "Tain"。

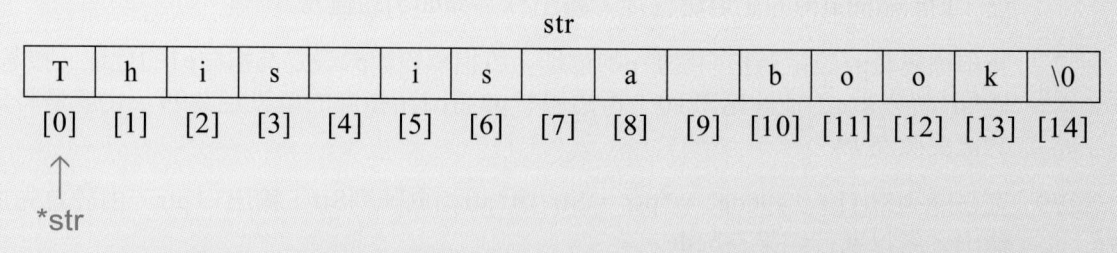

str

T	h	i	s		i	s		a		b	o	o	k	\0
[0]	[1]	[2]	[3]	[4]	[5]	[6]	[7]	[8]	[9]	[10]	[11]	[12]	[13]	[14]
↑ *str														

ptr

TM	a	i	n	\0
[0]	[1]	[2]	[3]	[4]
↑ *ptr				

答案&詳解

89.
- 行號6：len取query的長度('i', 's', '\0')，len = 3。
- 行號9～14：逐字比對query中的字串（is）是否出現在str中。
- 行號15～17：若比對成功（is出現），match_count累加1，並將ans歸零，is出現在str[2]、str[5]、str[24]，共3次。
- 每次比對後ans都會歸零

因此輸出結果為len = 3、ans = 0、match_count = 3。

90.
- 行號4：改變n[1]的值。
- *(n + i)等同n[i]。
- 行號7：逐一輸出n的值，輸出結果為1100345。

NOTE

NOTE

NOTE

統測考試範圍

CH 8

函式

學習重點

章節架構	常考重點	
8-1　公用函式	• 數值類函式 • 時間、日期類函式 • 亂數函式	★½☆☆☆
8-2　自訂函式	• 自訂函式的架構 • 變數的儲存等級 • 傳值與傳址呼叫	★★★★★

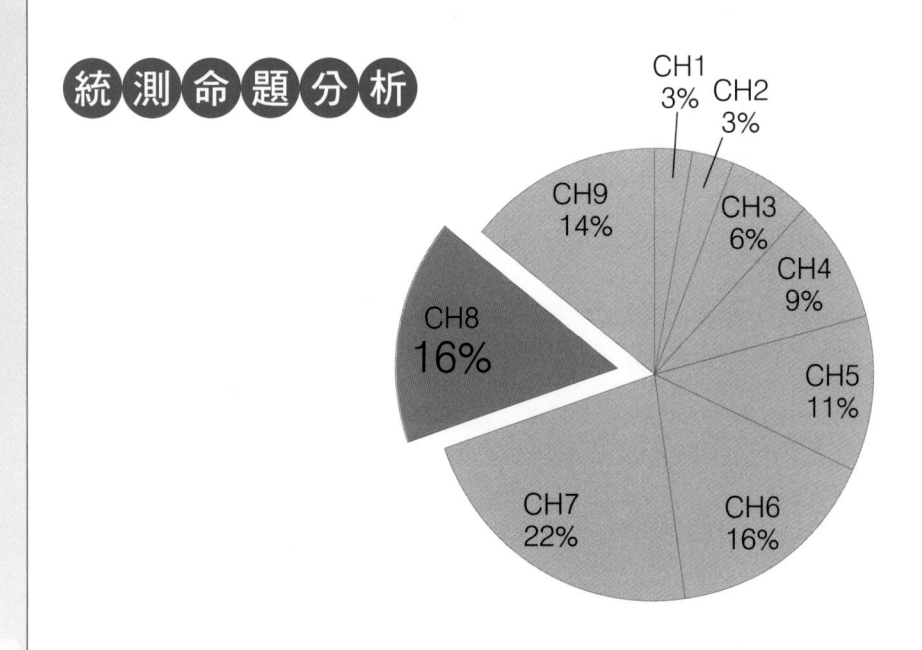

統測命題分析

CH1
3%
CH2
3%
CH3
6%
CH4
9%
CH5
11%
CH6
16%
CH7
22%
CH8
16%
CH9
14%

8-1 公用函式

一、認識函式

1. 將特定功能或常用的程式碼獨立成一個程式模組,稱為**函式**。

2. 函式的優點:

   a. 函式可重複使用,節省程式開發時間。

   b. 可簡化程式複雜度,提升可讀性。

   c. 易於除錯與維護。

3. 函式的種類:

   a. **公用函式**:內建函式,可分為數值、時間、日期、亂數等。

   b. **自訂函式**:是使用者自行撰寫的函式。

4. **標準函式庫**:使用公用函式時,只要在程式開頭含括該函式宣告所在的**標頭檔**(又稱**含括檔**),就可在程式中呼叫公用函式。

   a. **語法**:

   > 語法： `#include <標頭檔>`

   b. 常見的標頭檔如下:

函式庫種類	標頭檔
數值類	\<math.h\>
時間、日期類	\<time.h\>
亂數	\<stdlib.h\>

CH8 函式

二、數值類函式 [114]

1. 常見的數值類公用函式如下表。

用途	函式	說明	舉例
取整數	ceil(double a)	傳回大於或等於a的最小整數	ceil(12.34)傳回13 ceil(-6.66)傳回-6
	floor(double a)	傳回小於或等於a的最大整數	floor(12.34)傳回12 floor(-6.66)傳回-7
取絕對值	abs(int a)	傳回a為int型態的絕對值	abs(-82)傳回82
	fabs(double a)	傳回a為double型態的絕對值	fabs(-38.2)傳回38.2
取次方	pow(double a, double b)	傳回a^b	計算3^2：pow(3, 2)傳回9
取平方根[註1]	sqrt(double a)	傳回$\sqrt{a}$	計算$\sqrt{9}$：sqrt(9)傳回3
取指數、對數	exp(double a)	傳回指數e^a	計算e^0：exp(0)傳回1
	log(double a)	傳回$\log_e a$之對數值（以自然對數e為基底）	計算$\log_e 1$：log(1)傳回0
	log10(double a)	傳回$\log_{10} a$的對數值（以10為基底）	計算$\log_{10} 10$：log10(10)傳回1
計算三角函數[註2]	sin(double A)	傳回sinA之正弦值	計算sin30°： 弳度 = 30 * 3.14 / 180 ≒ 0.524 sin(0.524)傳回0.500347
	cos(double A)	傳回cosA之餘弦值	計算cos60°： 弳度 = 60 * 3.14 / 180 ≒ 1.047 cos(1.047)傳回0.500171
	tan(double A)	傳回tanA之正切值	計算tan0°： 弳度 = 0 * 3.14 / 180 = 0 tan(0)傳回0
	asin(double A)	傳回$\sin^{-1} A$之反正弦值	asin(0.5)傳回0.524
	acos(double A)	傳回$\cos^{-1} A$之反餘弦值	acos(0.5)傳回1.047
	atan(double A)	傳回$\tan^{-1} A$之反正切值	atan(0)傳回0

註1：sqrt(double a)函數中的a數值若為負數，會在「執行時」發生錯誤。

註2：使用三角函數sin、cos、tan時，輸入的參數（A值）為弳度（又稱弧度），弳度的計算公式為：角度 * π / 180。

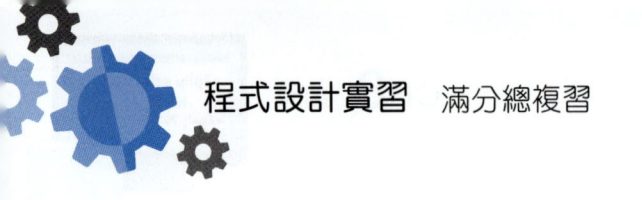

2. **範例**：利用畢氏定理計算直角三角形的斜邊長度

舉例
```c
1    #include <stdio.h>
2    #include <math.h>
3    int main(){
4        double a, b, c;
5        printf("請輸入短邊長度a:");
6        scanf("%lf", &a);
7        printf("請輸入短邊長度b:");
8        scanf("%lf", &b);
9        c = sqrt(pow(a, 2) + pow(b, 2));
10       printf("斜邊長度c為%.0lf", c);
11   }
```

執行結果

請輸入短邊長度a：**3**
請輸入短邊長度b：**4**
斜邊長度c為5

說明

- 使用數值類函式須含括math.h標頭檔。
- 畢氏定理公式為$a^2 + b^2 = c^2$，直角三角形兩短邊的平方和等於斜邊之平方。
  因此可用此公式來計算斜邊長度：c = sqrt(pow(a, 2) + pow(b, 2))。

得分加+

( ) 1. 下列哪一個函式可以傳回a^b值？　(A)ceil()　(B)floor()　(C)pow()　(D)sqrt()。

( ) 2. 下列C語言程式碼片段執行後，輸出的結果為何？
  (A)-9.87　(B)9.87　(C)9　(D)10。
```c
1    double x = -9.87;
2    printf("%lf", ceil(fabs(x)));
```

( ) 3. 下列C語言程式碼片段執行後，輸出的結果為何？
  (A)265　(B)200　(C)300　(D)365。
```c
1    int a = 4, b = 5;
2    printf("%.0lf", pow(a, 4) + abs(a + b));
```

( ) 4. 下列哪一個函式可以傳回指數e^a值？　(A)log()　(B)log10()　(C)exp()　(D)cosh()。

( ) 5. 下列C語言程式碼片段執行後，輸出的結果為何？　(A)16　(B)0　(C)1　(D)4。
```c
1    double a = 16;
2    printf("%.0lf", sqrt(a));
```

答 1. C　2. D　3. A　4. C　5. D

解 2. ceil(fabs(x)) = ceil(fabs(-9.87)) = ceil(9.87) = 10。

3. pow(a, 4) + abs(a + b) = pow(4, 4) + abs(4 + 5) = 256 + 9 = 265。

5. sqrt(16) = 4。

三、時間、日期類函式

1. 常見的時間、日期類公用函式如下表。

函式	語法	說明
clock()	clock_t 變數名稱 = clock();	取得程式開始執行後，使用的CPU時間（單位為時脈）
time()	time_t 變數名稱 = time(0);	取得目前的日期、時間

2. **範例**：計算程式執行所需的時間及顯示目前系統時間

```
1    #include <stdio.h>
2    #include <time.h>
3    int main(){
4        int j;
5        printf("執行加法運算3億次需");
6        clock_t st = clock();
7        for(int i = 0; i < 300000000; i++){
8            j = j + 1;
9        }
10       clock_t et = clock();
11       printf("%.3lf秒\n", (double)(et - st) / CLOCKS_PER_SEC);
12       time_t now = time(0);
13       printf("現在時間:%s", ctime(&now));
14   }
```

執行結果

執行加法運算3億次需0.669秒
現在時間:Tue Apr 25 14:53:14 2025

說明

- 使用時間、日期類函式須含括time.h標頭檔。
- 使用for迴圈進行加法運算3億次。
- 在for迴圈前使用clock()函式，取得運算開始執行的時間（st）；
  在for迴圈後使用clock()函式，取得運算結束執行的時間（et）；
  將開始與結束的時間相減再除以CLOCKS_PER_SEC（代表CPU時鐘的每秒執行次數），即可得到執行迴圈所需的時間（單位：秒）。
- 由於參與計算的數值都是整數，所以輸出時須以(double)強制轉換資料型態。
- 最後使用time()函式，輸出目前的日期與時間。

四、亂數函式

1. **語法**：

   > `int 變數名稱 = rand() % (最大值 - 最小值 + 1) + 最小值;`

   說明

   - 亂數函式**rand()**可隨機產生一個介於0到32767之間的整數值。
   - 亂數的產生是有規則的，rand()函式在呼叫時，須透過**時間種子**srand(time(0))來模擬一個隨機亂數的情形。
   - 產生指定範圍的亂數說明：

語法	亂數範圍	說明
int a = rand() % 10	0～9	最小值0、最大值9 　rand() % (9 - 0 + 1) + 0 → rand() % 10 + 0（0可省略）
int a = rand() % 10 + 1	1～10	最小值1、最大值10 　rand() % (10 - 1 + 1) + 1 → rand() % 10 + 1
int a = rand() % 16 + 5	5～20	最小值5、最大值20 　rand() % (20 - 5 + 1) + 5 → rand() % 16 + 5

2. **範例**：輸出5個介於1～10的亂數

   ```
   1   #include<stdio.h>
   2   #include<stdlib.h>
   3   #include<time.h>
   4   int main(){
   5       srand(time(0));
   6       for(int i = 0; i < 5; i++){
   7           int a = rand() % 10 + 1;
   8           printf("%d\n", a);
   9       }
   10  }
   ```

   執行結果
   ```
   5
   10
   9
   1
   4
   ```

   說明

   - 使用亂數函式須含括stdlib.h標頭檔。
   - 使用時間函式須含括time.h標頭檔。
   - srand()函式搭配time(0)函式可產生不同的時間種子，使程式每次執行所產生的亂數都會不同。

8-2 自訂函式 111 112 113

一、自訂函式的架構

1. **函式**（function）是一組敘述的集合，並以一個函式名稱來代表此敘述集合，通常會被定義在主程式main()之前。當我們要使用到這組敘述時，只要在主程式寫下函式名稱，便可執行這段敘述。

2. **語法**：

   > 資料型態 函式名稱(資料型態 參數1，資料型態 參數2，…){
   >   函式程式區塊；
   >   **return** 傳回值；
   > }

   說明
   - **函式名稱**命名規則與變數相同，函式名稱與函式中的變數名稱**不可重複**。
   - **參數**是函式被呼叫時，負責接收資料的變數，參數可以是**一般變數**、**指標變數**、**陣列**，也可以省略參數。
   - 函式若**有**傳回值，可用**return**將資料傳回，傳回值可以是變數、運算式或是0；函式若**無**傳回值（沒有return敘述）時，須將函式資料型態宣告為**void**。
   - 函式可以有多個傳回敘述，但只會有一個傳回值傳回主程式。

3. 定義自訂函式，有以下2種方法：

   a. 在主程式main()之前，定義自訂函式，如下左。

   b. 在主程式main()之後（或在其他程式檔中）定義自訂函式，則須在前置處理指令（#）之後先行宣告，如下右。

```
#include <stdio.h>

自訂函式:
void fun(int i, char s){
    ⋮
}

主程式:
int main(){
    ⋮
}
```

```
#include <stdio.h>
void fun(int, char);  //宣告函式

主程式:
int main(){
    ⋮
}

自訂函式:
void fun(int i, char s){
    ⋮
}
```

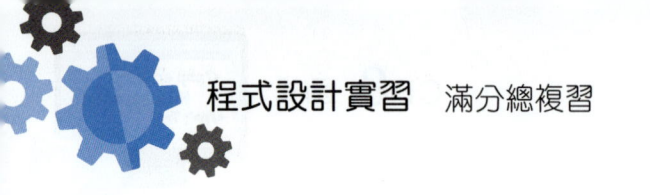

二、變數的作用範圍與生命週期

1. 函式通常不能存取主程式main()中的變數，主程式main()也不能存取在其他函式中的變數，在C / C++中，所有變數會依宣告方式的不同，而有不同的**作用範圍**與**生命週期**，這2個特性可規範出變數的**儲存等級**（storage class）。

   a. **作用範圍**：在程式執行時，可使用該變數的範圍。有些變數任何地方都能存取使用，有些變數則只能在檔案內、函式內、或由{}括起來的區塊內使用。

   b. **生命週期**：變數在程式中存在的有效時間。

三、變數的儲存等級 112 113

1. **局部變數**（local variable），又稱自動變數：

   a. 在函式內部定義的變數，只能於所在的函式{}範圍內存取。

   b. 生命週期是從函式被呼叫開始，至函式執行完即結束。

   c. 宣告時可用關鍵字auto註明，但通常未註明儲存等級關鍵字時，編譯器都會視為局部變數，因此可省略。例如auto int a;通常會宣告為int a;。

   d. 函式的參數也屬於該函式的局部變數，因此在函式內不可再宣告與參數名稱重複的變數。

2. **全域變數**（global variable）：
   宣告在主程式main()與函式{}以外的變數，生命週期從主程式開始執行到結束，作用範圍則是程式中任何位置都能存取。

3. 局部變數與全域變數的比較：

項目＼變數	局部變數	全域變數
種類	• 在if、for、while等迴圈控制結構中所宣告的變數 • 函式的參數 • 在函式內部定義的變數	在主程式main()與函式{}以外宣告的變數
作用範圍	在程式區塊／函式內部定義的變數，只能於所在的{}範圍內存取	程式中任何位置都能存取
生命週期	程式區塊／函式執行完即結束	主程式結束才結束

四、形式參數與實際參數

1. **形式參數**是指函式定義中用來接收資料的參數；
   實際參數是指主程式呼叫函式時，實際傳給函式的參數。

2. **實際參數**的資料型態須與**形式參數**的資料型態相同。

3. 形式參數可定義預設值，當呼叫函式未傳遞實際參數時，則會以函式中定義的預設值來進行運算。

4. **範例1**：將輾轉相除法寫成函式求最大公因數

```c
1    #include <stdio.h>
2    int GCD(int a, int b){
3        while(b != 0){
4            int temp = a % b;
5            a = b;
6            b = temp;
7        }
8        return a;
9    }
10
11   int main(){
12       int x, y;
13       printf("請輸入第1個數字:");
14       scanf("%d", &x);
15       printf("請輸入第2個數字:");
16       scanf("%d", &y);
17       printf("最大公因數是%d", GCD(x, y));
18   }
```

執行結果

請輸入第1個數字:**88**
請輸入第2個數字:**20**
最大公因數是4

說明

- 先定義自訂函式GCD()的內容有2個形式參數a、b，利用while迴圈執行輾轉相除法，直到b為0時，傳回a值，a值即為最大公因數。
- 主程式透過GCD(x, y)呼叫函式，將實際參數x、y的值傳給函式並執行。說明如下圖：

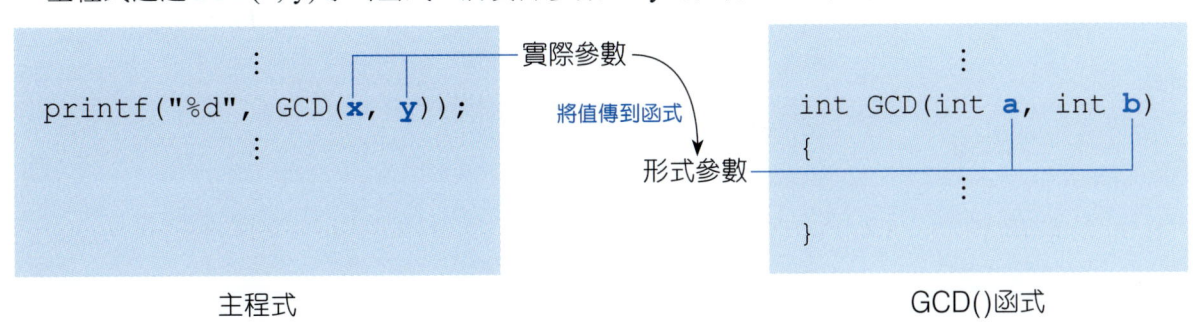

```
printf("%d", GCD(x, y));         int GCD(int a, int b)
                                 {
                                 
                                 }
```
實際參數 → 將值傳到函式 → 形式參數

主程式　　　　　　　　　　　　GCD()函式

範例2：觀察函式參數的變化

```
1    #include <stdio.h>
2    int NUM(int, int, int);
3    int main(){
4        printf("%d\n", NUM(6, 2, 100));
5    }
6
7    int NUM(int a, int b, int c){
8        c = a * b + c;
9        return c;
10   }
```

執行結果

112

說明

- 函式NUM()被定義在主程式main()之後，因此必須在前置處理指令後，先宣告函式NUM()。
- 主程式傳遞3個參數給函式，則c = 6 * 2 + 100 = 112。

5. **練習**：

   例 設計華氏溫度轉換攝氏溫度的函式

```
1    #include <stdio.h>
2    double F2C(double F){
3        return(F - 32) * 5 / 9;
4    }
5
6    int main(){
7        double F;
8        printf("請輸入華氏溫度:");
9        scanf("%lf", &F);
10       printf("攝氏溫度為%.1f度", F2C(F));
11   }
```

執行結果

請輸入華氏溫度:**77**
攝氏溫度為25度

得分加+

(　　)1. 下列C語言程式碼片段執行後，輸出為何？
(A)10　(B)100　(C)1000　(D)5。
```
1    void a(int x, int y){
2        printf("%d", (x + x) * y);
3    }
4
5    int main()
6    {
7        int x = 5;
8        int y = 10;
9        a(x, y);
10   }
```

(　　)2. 下列C語言程式碼片段執行後，輸出為何？
(A)0　(B)3　(C)6　(D)9。
```
1    void a(int x, int y){
2        int z;
3        while(y > 0){
4            z = x % y;
5            x = y;
6            y = z;
7        }
8        printf("%d", x);
9    }
10   int main()
11   {
12       int x = 15;
13       int y = 9;
14       a(x, y);
15   }
```

(　　)3. 下列C語言程式碼片段執行後，若n = 8、j = 1，執行後j值為何？
(A)45　(B)40　(C)38　(D)32。
```
1    void a(int n, int j){
2        j = j * ((n * 3) + (n - 2 + 2));
3        printf("%d", j);
4    }
```

(　　)4. 下列C語言程式碼是在計算：
(A)$1^2 + 2^2 + 3^2 + 4^2 + 5^2$　　　(B)$1^2 + 3^2 + 5^2 + 7^2 + 9^2$
(C)$1^2 + 2^2 + 4^2 + 8^2 + 16^2$　　　(D)$1^2 + 2^2 + 4^2 + 7^2 + 11^2$。

```
1   void a(int ST, int Sum){
2       for(int k = 1; k <= 5; k++){
3           Sum = Sum + ST * ST;
4           ST = ST * 2;
5       }
6       printf("%d", Sum);
7   }
8
9   int main()
10  {
11      int ST = 1, Sum = 0;
12      a(ST, Sum);
13  }
```

(　　)5. 下列C語言程式碼片段執行後，輸出為何？
(A)9　(B)3　(C)11　(D)6。

```
1   int mess(int A, int B){
2       A = A + 1;
3       B = B + 3;
4       return A + B;
5   }
6
7   int main()
8   {
9       int A = 3, B = 2;
10      printf("%d", mess(A, B));
11  }
```

答　1. B　　2. B　　3. D　　4. C　　5. A

解　1. 呼叫a(5, 10)，x = 5、y = 10，(x + x) * y = (5 + 5) * 10 = 10 * 10 = 100。

2. 呼叫a(15, 9)，x = 15、y = 9，執行while迴圈過程如下表，x值為3。

y > 0	z = x % y	x = y	y = z
成立	z = 15 % 9 = 6	x = 9	y = 6
成立	z = 9 % 6 = 3	x = 6	y = 3
成立	z = 6 % 3 = 0	x = 3	y = 0
不成立	離開迴圈		

五、傳值與傳址呼叫 112 113 114

1. **傳值呼叫**（call by value）：將實際參數的**值**複製到形式參數中，形式參數為**一般變數**，接著自訂函式再使用形式參數的值來運算。

2. **傳址呼叫**（call by address）：將實際參數的**位址**傳遞給形式參數，形式參數為**指標變數**，接著自訂函式再使用該位址的值來運算。

3. 傳值呼叫與傳址呼叫的比較：

項目＼傳遞方式	傳值呼叫	傳址呼叫
實際參數	一般變數（預設）	指標變數 在參數前加上&
形式參數	一般變數（預設）	指標變數 在參數前加上*
實際參數與形式參數是否共用同一記憶體位址	不共用	共用
形式參數的值改變，實際參數的值是否跟著改變	否	是

4. **語法**：

語法

傳值呼叫

函式宣告時：

```
資料型態 函式名稱(資料型態 形式參數1, 資料型態 形式參數2, …)
```

主程式呼叫時：

```
函式名稱(實際參數1, 實際參數2, …);
```

傳址呼叫

函式宣告時：

```
資料型態 函式名稱(資料型態 *形式參數1, 資料型態 *形式參數2, …)
```

主程式呼叫時：

```
函式名稱(&實際參數1, &實際參數2, …);
```

5. **範例**：傳值呼叫與傳址呼叫

傳值呼叫	傳址呼叫
| ```
1  #include <stdio.h>
2  void val(int a){
3      a = a * 2;
4      printf("a = %d\n", a);
5  }
6
7  int main(){
8      int x = 2;
9      val(x);
10     printf("x = %d", x);
11 }
``` | ```
#include <stdio.h>
void val(int *a){
    *a = *a * 2;
    printf("a = %d\n", *a);
}


int main(){
    int x = 2;
    val(&x);
    printf("x = %d", x);
}
``` |
| 執行結果 | 執行結果 |
| a = 4
x = 2 | a = 4
x = 4 |

說明

- 傳**值**呼叫時，形式參數與實際參數**不共用**記憶體位址，因此即使函式a值運算後為4，也不影響主程式x的值，x值仍為**2**。

變數	內容
x	2
a	4

- 傳**址**呼叫時，形式參數與實際參數**共用**記憶體位址，因此當函式a值運算後變成4時，主程式的x值也會跟著變成**4**。

變數	內容
x、a	2̶ 4

共用記憶體位址

六、自訂函式的應用－遞迴函式

1. 當函式自己呼叫自己時，稱為**遞迴**（recursive）函式。

2. 遞迴函式中，必須設定一個條件式來結束遞迴，否則會形成**無窮遞迴**。若發生無窮遞迴，可按Ctrl + C鍵來強制停止程式執行。

3. **範例**：計算費氏數列的遞迴函式

```c
1    #include <stdio.h>
2    int FIB(int n){
3        if(n == 0)
4            return 0;
5        else if(n == 1)
6            return 1;
7        else
8            return FIB(n - 1) + FIB(n - 2);
9    }
10
11   int main(){
12       int n;
13       printf("請輸入要顯示第幾項費氏數列:");
14       scanf("%d", &n);
15       printf("f(%d) = %d", n, FIB(n));
16   }
```

執行結果

請輸入要顯示第幾項費氏數列:**10**
f(10) = 55

說明

- 函式FIB()中定義形式參數n來接收資料。
- 在主程式中輸入10，則會將10傳遞給函式中的形式參數n，並進行費氏數列的運算，過程中函式會不斷呼叫自己，直到計算出第n項的值後，將值傳回給主程式，最後主程式將運算結果輸出。

4. 練習：

> **例** 計算階乘的遞迴函式

```
1    #include <stdio.h>
2    int FACT(int n){
3        if(n == 1)
4            return 1;
5        else
6            return(n * FACT(n - 1));
7    }
8
9    int main(){
10       int x;
11       printf("請輸入1個正整數:");
12       scanf("%d", &x);
13       printf("%d! = %d", x, FACT(x));
14   }
```

執行結果

請輸入1個正整數：5
5! = 120

得分加+

(　)1. 下列C語言程式碼片段執行後，輸出為何？　(A)10　(B)8　(C)5　(D)3。
```
1    int F(int X, int Y){
2        int Z;
3        Z = X ^ 2 + Y ^ 2;
4        return Z;
5    }
6
7    int main()
8    {
9        int a = 2, b = 1;
10       printf("%d", F(a, F(a, b)));
11   }
```

(　)2. 若以F1(4)呼叫自訂函式，執行下列C語言程式後，則會傳回？
(A)20　(B)17　(C)16　(D)10。
```
1    int F1(int n){
2        if(n <= 1)
3            return 1;
4        else
5            return F1(n - 1) + F1(n - 2) + n;
6    }
```

8-16

( )3. 下列C語言程式碼片段執行後，輸出為何？
(A)22　(B)18　(C)20　(D)16。
```
1    int GAME(int X){
2        if(X > 2)
3            return X + GAME(X - 1) + GAME(X - 2);
4        else
5            return 1;
6    }
7
8    int main()
9    {
10       int X = 5;
11       printf("%d", GAME(X));
12   }
```

( )4. 下列C語言程式碼片段執行後，輸出為何？
(A)0　(B)1　(C)5　(D)8。
```
1    int Fun(int X){
2        return X | 2 + 2 * (X & 1) + 1;
3    }
4
5    int main()
6    {
7        int Sum;
8        for(int i = 1; i <= 2; i++){
9            Sum = Fun(i) + Sum;
10       }
11       printf("%d", Sum);
12   }
```

( )5. 下列C語言程式碼片段執行後，輸出為何？
(A)18　(B)15　(C)12　(D)8。
```
1    int F(int A, int B){
2        return A ^ 2 + B | 2;
3    }
4
5    int main()
6    {
7        int A = 2, B = 3, C;
8        C = F(A, F(A, F(A, B)));
9        printf("%d", C);
10   }
```

答 1. C 2. C 3. C 4. D 5. B

解 1. 主程式輸出F(a, F(a, b))結果為5，呼叫函式執行過程如下。
先計算F(2, 1)
Z = 2 ^ 2 + 1 ^ 2 = 2 ^ 3 ^ 2 = 1 ^ 2 = 3。
再計算F(2, 3)
Z = 2 ^ 2 + 3 ^ 2 = 2 ^ 5 ^ 2 = 7 ^ 2 = **5**。

2. F1(4) = F1(3) + F1(2) + 4 = 8 + 4 + 4 = **16**。
   　　　　　↓　　　　↓
   　　　　　　　F1(2) = F1(1) + F1(0) + 2
   　　　　　　　　　 = 1 + 1 + 2 = 4
   　　　F1(3) = F1(2) + F1(1) + 3
   　　　　　 = 4 + 1 + 3 = 8

3. 主程式輸出GAME(X)結果為20，呼叫函式執行過程如下。
   X = 5
   GAME(5) = 5 + GAME(4) + GAME(3) = 5 + 10 + 5 = **20**。
   　　　　　　　　↓　　　　　↓
   　　　　　　　　　　GAME(3) = 3 + GAME(2) + GAME(1)
   　　　　　　　　　　　　　 = 3 + 1 + 1 = 5
   　　　　　GAME(4) = 4 + GAME(3) + GAME(2)
   　　　　　　　　 = 4 + 5 + 1 = 10

4. i = 1
   Sum = Fun(1) + Sum = 5 + 0 = 5
   　　　　↓
   　Fun(1) = 1 | 2 + 2 * (1 & 1) + 1
   　　　　 = 1 | 2 + 2 * 1 + 1 = 1 | 5 = 5
   i = 2
   Sum = Fun(2) + Sum = 3 + 5 = **8**
   　　　　↓
   　Fun(2) = 2 | 2 + 2 * (2 & 1) + 1
   　　　　 = 2 | 2 + 2 * 0 + 1 = 2 | 3 = 3

5. C = F(A, F(A, F(A, B))) = F(A, F(A, 7)) = F(A, 11) = **15**
   　　　　　　　↓　　　　　　　↓
   　F(2, 3) = 2 ^ 2 + 3 | 2　　　F(2, 11) = 2 ^ 2 + 11 | 2
   　　　　 = 2 ^ 5 | 2　　　　　　　　　 = 2 ^ 13 | 2
   　　　　 = 7 | 2 = 7　　　　　　　　　 = 15 | 2 = 15
   　　　　　　　　　　F(2, 7) = 2 ^ 2 + 7 | 2
   　　　　　　　　　　　　　 = 2 ^ 9 | 2 = 11 | 2 = 11

CH8 函式

得分加倍

情境素養題

▲閱讀下文,回答第1至3題:

文凱是C語言的初學者,他想多瞭解一些C語言的函式應用,於是他開啟ChatGPT網頁,詢問ChatGPT有關C語言中函式的問題,文凱將ChatGPT的回答整理成自己的筆記,並上機練習撰寫一支有函式的程式,程式碼片段如下:

```
1   int test(int m){
2       if(m == 1 || m == 0)
3           return 1;
4       else
5           return(m - 1) * (m - 2);
6   }
```

(　)1. 文凱在筆記中寫道:傳入函式中讓函式運算處理的資料稱為 ___①___ ,函式處理完結果所傳回的資料稱為 ___②___ 。請問上述空格中,①、②分別指的是什麼?
(A)參數、傳回值　　　　　　　　(B)變數、參數
(C)參數、變數　　　　　　　　　(D)傳回值、參數。　　　　　　[8-2]

(　)2. 文凱覺得ChatGPT非常好用,於是介紹給其他同學使用,其他4位同學也分別向ChatGPT提出問題後,各自將ChatGPT的回答寫在自己的筆記本上,請問哪位同學所寫的筆記不正確?
(A)家瑋:函式可便於程式閱讀
(B)冠昀:函式能夠使程式的結構清楚
(C)欣潔:函式使程式易於維護
(D)玉宇:主程式中不能沒有函式。　[8-1]

(　)3. 文凱所撰寫的程式若以test(3)呼叫,請問此函式傳回結果為何?
(A)1　(B)2　(C)3　(D)4。　[8-2]

8-19

擬真試題

8-1

( )4. 下列C語言程式碼片段執行後，輸出為何？
(A)a = 4, b = 4　　　(B)a = 64, b = 64
(C)a = 64, b = 4　　　(D)a = 4, b = 64。
```
1    double x = 8, y = 2;
2    printf("a = %.0lf, b = %.0lf", pow(x, y), sqrt(x * y));
```

( )5. 下列C語言程式碼片段執行後，輸出為何？
(A)3.00　(B)4.00　(C)3.14　(D)-3.14。
```
1    double x = -3.14;
2    printf("%.2lf", ceil(fabs(x)));
```

( )6. 下列哪一個函式可以傳回大於或等於A值之最小整數？
(A)floor(A)　(B)ceil(A)　(C)abs(A)　(D)time(A)。

( )7. 下列哪一個函式可以傳回X值之平方根？
(A)ceil(X)　(B)floor(X)　(C)pow(X)　(D)sqrt(X)。

( )8. 下列哪一個函式可以傳回int整數型態之絕對值？
(A)abs()　(B)fabs()　(C)pow()　(D)sqrt()。

( )9. 下列哪一個函式可以傳回程式開始執行後使用的CPU時間，並以時脈為單位表示？
(A)time()　(B)cpu()　(C)clock()　(D)now()。

( )10. 下列函式運算後，何者數值與其他三者不同？
(A)floor(10.9)　(B)ceil(9.1)　(C)fabs(10.5)　(D)sqrt(100)。

( )11. 下列C++程式碼片段執行後，輸出為何？
(A)7　(B)8　(C)9　(D)10。
```
1    int a = 2, b = 3;
2    cout << pow(2, 3) + abs(a - b);
```

( )12. 若想取得介於49～100之間的亂數，該如何設定rand()函式？
(A)rand() % 100 + 50
(B)rand() % 50 + 10
(C)rand() % 51 + 100
(D)rand() % 52 + 49。

( )13. 若想透過時間種子，讓函式每次執行時會產生不同的亂數，請問下列哪一個用法正確？
(A)rand(time(0));　　　(B)srand(ctime(0));
(C)rand(ctime(0));　　　(D)srand(time(0));。

( )14. 下列函式的值，何者與其他三個不同？
(A)ceil(6.3)　(B)floor(6.3)　(C)sqrt(36)　(D)fabs(6)。

( )15. 若A = int(rand() % 10) + 1，則A的數值範圍是下列何者？
(A)0到9　(B)1到9　(C)0到10　(D)1到10。

(　)16. 下列函式的值，何者的執行結果為1？
(A)3 * 1 - floor(2.52)　　　　　　(B)sqrt(ceil(9.5) - 8)
(C)abs(10) + 1　　　　　　　　　(D)exp(2)。

(　)17. 當X = 1.6754時，執行下列函式後，何者值為最大？
(A)floor(X * 10 + 0.5) / 10　　　　(B)ceil(X + 0.5)
(C)ceil(X * 100 + 0.5) / 100　　　 (D)floor(X * 1000 + 0.5) / 1000。

(　)18. 下列C語言程式碼片段執行後，不可能出現的數值是？
(A)101　(B)75　(C)86　(D)32。
```
1   for(int i = 0; i < 10; i++)
2       printf("%d\n", (rand() % 100) + 1);
```

(　)19. 下列C語言程式碼片段執行後，變數A的值為何？
(A)-3　(B)-4　(C)-3.01　(D)3
```
1   int A = (abs(-3));
2   printf("%d", A);
```

(　)20. 執行下列函式後，何者正確？
(A)floor(5.8) = 6　(B)pow(2, 1) = 1　(C)ceil(5.8) = 6　(D)sqrt(6) = 1.5。

(　)21. 下列C語言程式碼片段執行後，變數A的值為何？
(A)0　(B)1　(C)15　(D)-1。
```
1   int A = log10(10);
2   printf("%d", A);
```

(　)22. 下列C語言程式碼片段執行後，變數B的值為何？
(A)7　(B)11　(C)12　(D)9。
```
1   A = pow(2, 7);
2   B = A % 13 % 14;
```

(　)23. 下列C語言程式碼片段執行後，變數B的值為何？
(A)3　(B)2　(C)1　(D)0。
```
1   A = pow(-3, 4);
2   B = A % 4;
```

(　)24. 下列C語言程式碼片段執行後，變數C的值為何？
(A)5　(B)8　(C)3　(D)10。
```
1   int A = 7, B = 4, C;
2   C = A - B * floor(A / B);
```

(　)25. 下列C語言程式碼片段執行後，變數S的值為何？
(A)1　(B)2　(C)3　(D)4。
```
1   int S = 0, A = 15;
2   while(A > 0){
3       S = S + (A % 2);
4       A = floor(A / 2);
5   }
```

( )26. 下列C語言程式碼片段執行後，變數S的值為何？
(A)8　(B)7　(C)5　(D)3。
```
1    int S = 5, A = 23;
2    while(A > 0){
3        S = S + (A % 2);
4        A = floor(A / 3);
5    }
```

( )27. 下列C語言程式碼片段執行後，變數B的值為何？
(A)125　(B)123　(C)115　(D)111。
```
1    int S = 25, A, B;
2    A = sqrt(S);
3    B = pow(A, 3);
```

( )28. 執行下列函式後，哪一個執行結果為11？
(A)sqrt(121) - ceil(2.3)　　　　　(B)abs(-3) * 3 + 2
(C)ceil(7.8) - 15　　　　　　　　(D)floor(-12.4)。

( )29. 下列C語言程式碼片段執行後，變數C的值為何？
(A)-5　(B)5　(C)10　(D)-10。
```
1    int A = -5, B = -10.5, C;
2    C = abs(A) - fabs(B);
```

( )30. 下列C語言程式碼片段執行後，變數A的值為何？
(A)5.7　(B)4　(C)4.7　(D)3。
```
1    int A = floor(-0.7) + 5;
2    printf("%d", A);
```

( )31. 下列C語言程式碼片段執行後，變數A的值為何？
(A)53　(B)52.1　(C)50.2　(D)52。
```
1    int A = floor(0.1 * 26 + 50);
2    printf("%d", A);
```

( )32. 下列C語言程式碼片段執行後，變數X的值為何？
(A)0　(B)1　(C)2　(D)4。
```
1    int X = 4, Y;
2    Y = sqrt(X);
3    switch(Y){
4        case 1:
5        case 3:
6            X = floor(Y / 5);
7            break;
8        case 2:
9        case 4:
10           X = sqrt(Y);
11           break;
12   }
```

(　　)33. 下列C語言程式碼片段執行後，變數X的值為何？　(A)1　(B)729　(C)29　(D)81。
```
1    int X = 2, Y;
2    Y = pow(3, X);
3    switch(Y){
4        case 9:
5        case 10:
6            X = pow(Y, 3);
7            break;
8        case 8:
9        case 7:
10           X = ceil(Y / 5);
11           break;
12   }
13   printf("%d", X);
```

(　　)34. 下列C語言程式碼片段執行後，變數A的值為何？　(A)12　(B)10　(C)1　(D)0。
```
1    int A = 20 / 3 + 2 * ceil(2.8);
2    printf("%d", A);
```

(　　)35. 若函式rand()的回傳值為一介於0和10000之間的亂數，下列哪個運算式可產生介於100和1000之間的任意數（包含100和1000）？
(A)rand() % 900 + 100　　　　　　(B)rand() % 1000 + 1
(C)rand() % 899 + 101　　　　　　(D)rand() % 901 + 100。　　　[APCS]

(　　)36. 若想取得介於10～50之間的亂數，該如何設定rand()函式？
(A)rand() % 10 + 1　　　　　　　(B)rand() % 40 + 10
(C)rand() % 41 + 1　　　　　　　(D)rand() % 41 + 10。

(　　)37. 若想讓亂數函式每次執行時都會產生不同的亂數，應使用下列哪2個函式產生不同的時間種子？
(A)rand()和time()　(B)srand()和ctime()　(C)rand()和ctime()　(D)srand()和time()。

8-2
(　　)38. 下列C語言程式碼片段執行後，若輸入x = 5，y = 10，輸出結果為何？
(A)75　(B)150　(C)50　(D)5。
```
1    void fact(int x, int y){
2        printf("%d", (x + y) * x);
3    }
4    
5    int main()
6    {
7        int x, y;
8        printf("請輸入第一個整數:");
9        scanf("%d", &x);
10       printf("請輸入第二個整數:");
11       scanf("%d", &y);
12       fact(x, y);
13   }
```

( )39. 若以f(3)呼叫自訂函式，執行下列C語言程式碼片段後，輸出為何？
(A)243　(B)729　(C)2187　(D)1024。
```
1   void f(int a){
2       while(a < 1000){
3           a = a * 3;
4       }
5       printf("%d", a);
6   }
```

( )40. 下列自訂函式的作用為何？
(A)傳回x的y次方之值　　　　　　(B)傳回y的x次方之值
(C)傳回x + y之值　　　　　　　　(D)傳回x * y之值。
```
1   int p(int x, int y){
2       int a = 1;
3       for(int i = 1; i <= y; i++)
4           a = a * x;
5       return a;
6   }
```

( )41. 下列自訂函式的作用與哪個函式相同？
(A)ceil()　(B)pow()　(C)sqrt()　(D)abs()。
```
1   int a(int x){
2       if(x >= 0)
3           return x;
4       else
5           return x * (-1);
6   }
```

( )42. 若以a(4)呼叫自訂函式，執行下列C語言程式後，結果會是下列何者？
(A)10　(B)24　(C)120　(D)a(4)。
```
1   int a(int x){
2       int num = 1;
3       for(int i = 1; i <= x; i++)
4           num = num * i;
5       return num;
6   }
```

( )43. 下列有關函式宣告的敘述，何者錯誤？
(A)函式宣告最後須加上分號（;）
(B)若函式定義在其他的程式檔中，則需先宣告函式，才能使用函式
(C)函式的定義若寫在main()之後，則不須宣告函式
(D)宣告函式時只需列出函式的傳回值型態、函式名稱、及各參數型態。

(　)44. 若呼叫f1(5, 3)自訂函式，執行下列C語言程式後，則會傳回？
(A)3　(B)4　(C)9　(D)10。
```
1    int f1(int a, int b){
2        if(a < 1)
3            return 1;
4        else
5            return f1(a - b, b) + f1(a - 3 * b, b);
6    }
```

(　)45. 若呼叫f2(5)自訂函式，執行下列C++程式後，則會輸出幾個 "*"？
(A)2　(B)3　(C)4　(D)5。
```
1    int f2(int n){
2        if(n < 1)
3            return 0;
4        cout << "*";
5        f2(n - 1);
6        return n;
7    }
```

(　)46. 若呼叫a(7, 6)自訂函式，執行下列C語言程式後，則會傳回？
(A)25　(B)30　(C)32　(D)37。
```
1    int a(int x, int y){
2        if(x < 5){
3            if(y < 5)
4                return x + y;
5            else
6                return a(x, y - 2) + y;
7        }
8        else
9            return a(x - 1, y) + x;
10   }
```

(　)47. 下列C語言程式碼片段執行後，輸出為何？
(A)10　(B)13　(C)20　(D)29。
```
1    int f(int a, int b){
2        return a * a + b * b;
3    }
4
5    int main()
6    {
7        int a = 2, b = 1;
8        printf("%d", f(a, f(a, b)));
9    }
```

(　)48. 下列C語言程式碼片段執行後，輸出為何？
    (A)12　(B)15　(C)7　(D)9。
```
1   int FS(int X){
2       int A;
3       for(int i = X; i > 1; i--){
4           A = X * i;
5       }
6       return A;
7   }
8   int main()
9   {
10      int X = 5;
11      int B = FS(X) + X;
12      printf("%d", B);
13  }
```

(　)49. 若呼叫FAB(4)自訂函式，執行下列C語言程式後，則會傳回？
    (A)2　(B)3　(C)5　(D)8。
```
1   int FAB(int A){
2       if(A <= 1)
3           return 1;
4       else
5           return FAB(A - 1) + FAB(A - 2);
6   }
```

(　)50. 若呼叫Test(1, -4, 3)自訂函式，執行下列C語言程式後，則會傳回？
    (A)0　(B)1　(C)2　(D)3。
```
1   int Test(int a, int b, int c){
2       int T;
3       T = (b + (b ^ 2 - 4 * a * c) | 3) / (2 * a);
4       return T;
5   }
```

(　)51. 下列C語言程式碼片段執行後，輸出為何？
    (A)13　(B)11　(C)18　(D)9。
```
1   int P(int X, int Y, int Z){
2       return (X + Y) | Z;
3   }
4
5   int main()
6   {
7       int X = 5, Y = 6, Z = 2;
8       printf("%d", P(X, Y, Z));
9   }
```

(　)52. 若呼叫FNA(4, 18)自訂函式，執行下列C語言程式後，輸出結果為何？
(A)9　(B)6　(C)8　(D)5。
```
1    int FNA(int X, int Y){
2        int ANS;
3        ANS = (X * 2 + Y % 7) / 2;
4        printf("%d", ANS);
5    }
```

(　)53. 下列C語言程式碼片段執行後，輸出為何？
(A)42　(B)35　(C)30　(D)32。
```
1    int GAME(int X){
2        if(X > 2)
3            return X * GAME(X - 4);
4        else
5            return 1;
6    }
7
8    int main()
9    {
10       int K = 8;
11       printf("%d", GAME(K));
12   }
```

(　)54. 若呼叫X(6)自訂函式，執行下列C語言程式後，則會傳回？
(A)21　(B)23　(C)19　(D)15。
```
1    int X(int N){
2        if(N == 0)
3            return 0;
4        else
5            return X(N - 1) + N;
6    }
```

(　)55. 下列C語言程式碼片段執行後，輸出為何？
(A)4 3 10　(B)4 3 9　(C)3 4 10　(D)3 4 5。
```
1    int x(int i, int j){
2        printf("%d %d ", i, j);
3        int a;
4        a = i + j * 2;
5        return a;
6    }
7    int main()
8    {
9        int i = 4, j = 3;
10       printf("%d", x(i, j));
11   }
```

(　)56. 下列C語言程式碼片段執行後，輸出為何？
(A)13　(B)16　(C)18　(D)20。
```
1   int x(int i, int j){
2       int a;
3       a = (i * j - 1) % 10 + 7;
4       return a;
5   }
6
7   int main()
8   {
9       int i = 7, j = 10;
10      printf("%d", x(i, j));
11  }
```

(　)57. 下列C語言程式碼片段執行後，輸出為何？
(A)ababb0　(B)abbba0　(C)abbab0　(D)ababb0。
```
1   int S(int j){
2       if(j == 0){
3           printf("a");
4           return 0;
5       }
6       else if(j == 1){
7           printf("b");
8           return 1;
9       }
10      else{
11          return S(j - 2) & S(j - 1);
12      }
13  }
14
15  int main()
16  {
17      int j = 4;
18      printf("%d", S(j));
19  }
```

(　)58. 若呼叫A(15)自訂函式，執行下列C語言程式後，則會傳回？
(A)5　(B)1　(C)3　(D)11。
```
1   int A(int K){
2       if(K > 0)
3           return A(K - 1) - A(K - 2) + A(K - 3);
4       else
5           return 1;
6   }
```

( )59. 若呼叫G(2, 3)自訂函式,執行下列C語言程式後,則會傳回?
(A)5　(B)3　(C)6　(D)10。
```
1    int G(int X, int Y){
2        return sqrt((X * 20 - Y) | 2);
3    }
```

( )60. 若呼叫F(8)自訂函式,執行下列C語言程式後,則會傳回?
(A)21　(B)29　(C)33　(D)36。
```
1    int F(int n)
2    {
3        if((n <= 0) || (n <= 1))
4            return 1;
5        else
6            return F(n - 2) + F(n - 3) + F(n - 3);
7    }
```

( )61. 若呼叫F(F(4))自訂函式,執行下列C語言程式後,則會傳回?
(A)2　(B)4　(C)6　(D)8。
```
1    int F(int n)
2    {
3        if(n == 1)
4            return 1;
5        else if(n % 2 == 1)
6            return F(n * 3 + 1) + 1;
7        else
8            return F(n / 2) + 1;
10   }
```

( )62. 下列C語言程式碼片段執行後,變數result的值為何?
(A)6.7　(B)6.57　(C)7.7　(D)7.57。
```
1    double Func(int w, int h){
2        double A;
3        A = w + h * 2 / 3.5;
4        return A;
5    }
6
7    int main()
8    {
9        int a = 2, b = 8;
10       double result = 0;
11       result = Func(a, b);
12       printf("%.2lf", result);
13   }
```

8-29

(　　)63. 下列函式底線處填入下列何者，才會使得F(13)的回傳值為28？
(A)F(n - 2) * n　(B)F(n - 1) + n　(C)F(n - 4) + n　(D)F(3 * n + 1)。

```
int F(int n){
    if (n < 2)
        return 1;
    else
        return ________________;
}
```

(　　)64. 若以B(7, 4)呼叫下列B()函式，總共會印出幾次 "ice bear"？
(A)2　(B)5　(C)7　(D)8。

```
int B(int n, int k){
    if(n == 0 || n == k){
        printf("ice bear \n");
        return 1;
    }
    return B(n - 1, k) + B(n - 2, k - 1);
}

int main()
{
    int n = 7, k = 4;
    B(n, k);
}
```

(　　)65. 給定下列程式，其中s被宣告為全域變數，請問程式執行後輸出為何？
(A)5,32,31,31,30,30,29,5,25　(B)5,32,31,31,31,31,29,5,25
(C)5,32,31,31,30,30,30,25,25　(D)5,32,31,31,29,31,25,5,25。

```
int s = 5;
void add(int a){
    int s = 32;
    for( ; a >= 0; a = a - 2){
        printf("%d,", s);
        s--;
        printf("%d,", s);
    }
}
int main(){
    printf("%d,", s);
    add(s);
    printf("%d,", s);
    s = 25;
    printf("%d", s);
    return 0;
}
```

(　　)66. 若以F(8, 33)呼叫下方F()函式，執行完畢後回傳值為何？
(A)7　(B)9　(C)10　(D)12。
```
1    int F(int x, int y){
2        if(y < 1)
3            return 1;
4        else
5            return F(x, y - x) + F(x, y - 3 * x);
6    }
```

(　　)67. 給定下列G()函式，執行G(1)後所輸出的值為何？
(A)1 4 7 10 9 4 1　(B)1 4 7 8 7 4 1　(C)1 4 7 10 7 4 1　(D)1 4 7 8 8 4 1。
```
1    void G(int a){
2        printf("%d ", a);
3        if(a >= 10)
4            return;
5        else
6            G(a + 3);
7        printf("%d ", a);
8    }
```

(　　)68. 若以G(1)呼叫下方G()函式，執行完畢後回傳值為何？
(A)144　(B)145　(C)132　(D)136。
```
1    int G(int a){
2        if(a >= 21)
3            return 1;
4        else
5            return G(a + 4) + G(a + 2);
6    }
```

(　　)69. 若以G(3)呼叫下方G()函式，執行完畢後回傳值為何？
(A)96　(B)81　(C)91　(D)85。
```
1    int G(int a){
2        if(a >= 19)
3            return 1;
4        else
5            return G(a + 4) * 3;
6    }
```

(　　)70. 下列F()函式回傳運算式該如何寫，才會使得F(14)的回傳值為40？
(A)n * F(n - 1)　(B)n + F(n - 3)　(C)n - F(n - 2)　(D)F(3n + 1)。　[APCS]
```
1    int F(int n){
2        if(n < 4)
3            return n;
4        else
5            return _____?_____;
6    }
```

( )71. 下方G()應為一支遞迴函式，已知當a固定為2，不同的變數x值會有不同的回傳值如下表所示。請找出G()函式中(a)處的計算式該為何？
(A)((2 * a) + 2) * G(a, x - 1)
(B)(a + 5) * G(a - 1, x - 1)
(C)((3 * a) - 1) * G(a, x - 1)
(D)(a + 6) * G(a, x - 1)。 [APCS]

a值	x值	G(a,x)回傳值
2	0	1
2	1	6
2	2	36
2	3	216
2	4	1296
2	5	7776

```
1    int G(int a, int x){
2        if(x == 0)
3            return 1;
4        else
5            return ____(a)____;
6    }
```

( )72. 下列函式兩個回傳式分別該如何撰寫，才能正確計算並回傳兩參數a, b之最大公因數（Greatest Common Divisor）？
(A)a, GCD(b, r)   (B)b, GCD(b, r)
(C)a, GCD(a, r)   (D)b, GCD(a, r)。 [APCS]

```
1    int GCD(int a, int b){
2        int r;
3        r = a % b;
4        if(r == 0)
5            return _____;
6        return _____;
7    }
```

( )73. 若以B(5, 2)呼叫下列B()函式，總共會印出幾次 "base case"？
(A)1 (B)5 (C)10 (D)19。 [APCS]

```
1    int B(int n, int k){
2        if(k == 0 || k == n){
3            printf("base case \n");
4            return 1;
5        }
6        return B(n - 1, k - 1) + B(n - 1, k);
7    }
```

( )74. 下列G()為遞迴函式，G(3, 7)執行後回傳值為何？
(A)128 (B)2187 (C)6561 (D)1024。 [APCS]

```
1    int G(int a, int x){
2        if(x == 0)
3            return 1;
4        else
5            return(a * G(a, x - 1));
6    }
```

( )75. 給定下列程式,其中s有被宣告為全域變數,請問程式執行後輸出為何?
(A)1,6,7,7,8,8,9　　　　　　　　(B)1,6,7,7,8,1,9
(C)1,6,7,8,9,9,9　　　　　　　　(D)1,6,7,7,8,9,9。　　　　　　　[APCS]

```
1   int s = 1;              //全域變數
2
3   void add(int a){
4       int s = 6;
5       for( ; a >= 0; a = a - 1){
6           printf("%d,", s);
7           s++;
8           printf("%d,", s);
9       }
10  }
11  int main(){
12      printf("%d,", s);
13      add(s);
14      printf("%d,", s);
15      s = 9;
16      printf("%d", s);
17      return 0;
18  }
```

( )76. 給定下列函式F(),已知F(7)回傳值為17,且F(8)回傳值為25,請問if的條件判斷式應為何?
(A)a % 2 != 1　(B)a * 2 > 16　(C)a + 3 < 12　(D)a * a < 50。　　　[APCS]

```
1   int F(int a){
2       if(_____?_____)
3           return a * 2 + 3;
4       else
5           return a * 3 + 1;
6   }
```

( )77. 若以F(15)呼叫下列F()函式,總共會印出幾行數字?
(A)16行　(B)22行　(C)11行　(D)15行。　　　　　　　　　　　　[APCS]

```
1   void F(int n){
2       printf("%d \n", n);
3       if((n % 2 == 1) && (n > 1)){
4           return F(5 * n + 1);
5       }
6       else{
7           if(n % 2 == 0)
8               return F(n / 2);
9       }
10  }
```

( )78. 若以F(5, 2)呼叫下方F()函式，執行完畢後回傳值為何？
(A)1　(B)3　(C)5　(D)8。　　　　　　　　　　　　　　　　　　[APCS]
```
1    int F(int x, int y){
2        if(x < 1)
3            return 1;
4        else
5            return F(x - y, y) + F(x - 2 * y, y);
6    }
```

( )79. 下列函式以F(7)呼叫後回傳值為12，則<condition>應為何？
(A)a < 3　(B)a < 2　(C)a < 1　(D)a < 0。　　　　　　　　　　　[APCS]
```
1    int F(int a){
2        if(<condition>)
3            return 1;
4        else
5            return F(a - 2) + F(a - 3);
6    }
```

( )80. 給定下列G()函式，執行G(1)後所輸出的值為何？
(A)1 2 3　(B)1 2 3 2 1　(C)1 2 3 3 2 1　(D)以上皆非。　　　　[APCS]
```
1    void G(int a){
2        printf("%d ", a);
3        if(a >= 3)
4            return;
5        else
6            G(a + 1);
7        printf("%d ", a);
8    }
```

( )81. 請問以a(13, 15)呼叫下列a()函式，函式執行完後其回傳值為何？
(A)90　(B)103　(C)93　(D)60。　　　　　　　　　　　　　　　[APCS]
```
1    int a(int n, int m){
2        if(n < 10){
3            if(m < 10){
4                return n + m;
5            }
6            else{
7                return a(n, m - 2) + m;
8            }
9        }
10       else{
11           return a(n - 1, m) + n;
12       }
13   }
```

( )82. 下列為一個計算n階層的函式,請問該如何修改才會得到正確的結果?
```
1    int fun(int n){
2        int fac = 1;
3        if(n >= 0){
4            fac = n * fun(n - 1);
5        }
6        return fac;
7    }
```
(A)第2行,改為int fac = n;
(B)第3行,改為if(n > 0){
(C)第4行,改為fac = n * fun(n + 1);
(D)第4行,改為fac = fac * fun(n - 1);。　　　　　　　　　　　　　　[APCS]

( )83. 若以f(22)呼叫下列f()函式,總共會印出多少數字?
(A)16　(B)22　(C)11　(D)15。　　　　　　　　　　　　　　　　[APCS]
```
1    void f(int n){
2        printf("%d\n", n);
3        while(n != 1){
4            if((n % 2) == 1){
5                n = 3 * n + 1;
6            }
7            else{
8                n = n / 2;
9            }
10           printf("%d\n", n);
11       }
12   }
```

( )84. 給定下列g()函式,g(13)回傳值為何?　(A)16　(B)18　(C)19　(D)22。　[APCS]
```
1    int g(int a){
2        if(a > 1){
3            return g(a - 2) + 3;
4        }
5        return a;
6    }
```

( )85. 下列f()函式執行後所回傳的值為何?
(A)1023　(B)1024　(C)2047　(D)2048。　　　　　　　　　　　　[APCS]
```
1    int f(){
2        int p = 2;
3        while(p < 2000){
4            p = 2 * p;
5        }
6        return p;
7    }
```

(　　)86. 下列f()函式(a), (b), (c)處需分別填入哪些數字，方能使得f(4)輸出2468的結果？
(A)1, 2, 1　(B)0, 1, 2　(C)0, 2, 1　(D)1, 1, 1。 [APCS]

```
int f(int n){
    int p = 0;
    int i = n;
    while(i >= ____(a)____){
        p = 10 - ____(b)____ * i;
        printf("%d", p);
        i = i - ____(c)____;
    }
}
```

(　　)87. 下列g(4)函式呼叫執行後，回傳值為何？
(A)6　(B)11　(C)13　(D)14。 [APCS]

```
int f(int n){
    if(n > 3){
        return 1;
    }
    else if(n == 2){
        return(3 + f(n + 1));
    }
    else{
        return(1 + f(n + 1));
    }
}

int g(int n){
    int j = 0;
    for(int i = 1; i <= n - 1; i = i + 1){
        j = j + f(i);
    }
    return j;
}
```

(　　)88. 下列Mystery()函式else部分運算式應為何，才能使得Mystery(9)的回傳值為34。

```
int Mystery(int x){
    if(x <= 1){
        return x;
    }
    else{
        return __________;
    }
}
```

(A)x + Mystery(x - 1)　(B)x * Mystery(x - 1)
(C)Mystery(x - 2) + Mystery(x + 2)　(D)Mystery(x - 2) + Mystery(x - 1)。 [APCS]

( )89. 下列程式執行後,輸出是?
(A)24 (B)48 (C)105 (D)384。　　　　　　　　　　　　　　　　[111技競]
```
1    #include <stdio.h>
2    int fun1(int x){
3        if(x <= 1) return 1;
4        else return(x * fun1(x - 2));
5    }
6    int main(){
7        int k = 7;
8        printf("%d", fun1(k));
9    }
```

( )90. 下列程式執行後,輸出結果為?
(A)3 (B)4 (C)6 (D)7。　　　　　　　　　　　　　　　　　　　[111技競]
```
1    #include <stdio.h>
2    int fun2(int x){
3        if(x == 0) return 0;
4        else if(x == 1) return 1;
5        else if(x == 2) return 2;
6        else return(fun2(x - 2) + fun2(x - 3));
7    }
8    int main(){
9        int k = 8;
10       printf("%d", fun2(k));
11   }
```

( )91. 下列程式執行後,輸出結果為?
(A)-9, 0, 0 (B)0, 9, 0 (C)0, 0, 9 (D)9, 0, 0。　　　　　　　　　[111技競]
```
1    #include <stdio.h>
2    int fun3(int a, int b){
3        if (b > a){
4            a = b;
5            return(0 - a);
6        }
7        else return 0;
8    }
9    int main(){
10       int x = 0, y = 9, z;
11       z = fun3(y, x);
12       printf("%d, %d, %d\n", z, x, y);
13   }
```

(　)92. 請問下列程式執行後，輸出的第12個數值是？
(A) 2 3　(B) 40 3　(C) 2 40　(D) 40 2。　　　　　　　　　[110技競]
```
1    #include <stdio.h>
2    void funC(int *o, int q){
3        int p = 5;
4        q = 3 + p;
5        *o = p * q;
6    }
7    int main(){
8        int f = 2, s = 3;
9        funC(&s, f);
10       printf("%4d%4d", f, s);
11   }
```

(　)93. 下列程式執行結果為何？
(A)10 20 10　(B)10 10 10　(C)10 10 20　(D)10 11 10。　　[110技競]
```
1    #include<stdio.h>
2    int s = 1;
3    void add(int);
4    int main()
5    {
6        int s = 10;
7        printf("%d ", s);
8        add(s);
9        printf("%d ", s);
10
11       return 0;
12   }
13   void add(int a){
14       s = s + a;
15       printf("%d ", s);
16   }
```

(　)94. 下列程式執行結果為何？　(A)10 20　(B)11 21　(C)11 11　(D)21 21。　[110技競]
```
1    #include<stdio.h>
2    void add(int);
3    int main()
4    {
5        int s = 10;
6        add(s);
7        add(s);
8        return 0;
9    }
10
11   void add (int a){
12       int s = 1;
13       s = s + a;
14       printf("%d ", s);
15   }
```

統測試題

( )95. 下列C語言程式碼片段執行後，變數result的值為何？
(A)0.0　(B)7.0　(C)7.5　(D)15.0。　　　　　　　　　　　　　　　　[111資電類]

```
int a = 5, b = 3;
double result = 0;
result = Func(a, b);
```

```
double Func(int w, int h)
{
    double A;
    A = w * h / 2.0;
    return A;
}
```

( )96. 若要利用C語言寫一個BMI函式，此一函式接收傳入兩個整數資料，經計算後回傳的數值必須有小數點後至少兩位數精確度，BMI函式的原型宣告應為下列何者？
(A)double BMI( );　　　　　　　　(B)void BMI(int, int);
(C)int BMI(int, int);　　　　　　　(D)float BMI(int, int);。　　　[111資電類]

▲ 閱讀下文，回答第97-99題

曉華想要了解C語言程式區域變數（Local variable）和全域變數（Global variable）的數值變化情形，撰寫了下列的程式。

```
1   #include <stdio.h>
2   int sum = 1, x = 10;
3   int inc(int xin){
4       int sum = 2;
5       sum = sum + xin;
6       xin++;
7       return(sum);
8   }
9   int main(){
10      int sum = 3;
11      sum = inc(x);
12      printf("%d, %d", sum, x);
13      return 0;
14  }
```

( )97. 下列何者為程式執行結果？
(A)11, 11　(B)13, 10　(C)12, 11　(D)12, 10。　　　　　　　　　　[112資電類]

( )98. 在執行到行號12的時候，想要讓x的值隨著行號6中xin的值更新，下列修改程式的方式何者正確？
(A)行號11的x改為&x，並將函式inc()中所有的xin全部改為*xin
(B)行號11的x改為*x，並將函式inc()中所有的xin全部改為&xin
(C)行號11的x改為&x，並將函式inc()中所有的xin全部改為&xin
(D)行號11的x改為*x，並將函式inc()中所有的xin全部改為*xin。　　[112資電類]

( )99. 關於行號2、行號4、以及行號10的變數sum的敘述，下列何者正確？
(A)行號2的sum是全域變數，行號4的sum是區域變數
(B)行號2的sum是區域變數，行號4的sum是全域變數
(C)行號2的sum和行號10的sum都是區域變數
(D)行號2的sum和行號10的sum都是全域變數。 [112資電類]

( )100. 曉華寫了下列一段C語言程式，想要測試程式執行時如何透過作業系統的終端機（Console）指令取得參數（Arguments），但發現無法成功進行編譯，應採取下列哪一個方案來解決這個問題？

```
1
2    #include <stdio.h>
3    //void sub(int i, char *s);
4    int main(int argc, char *argv[]){
5        sub(argc, argv[2]);
6        return 0;
7    }
8
9    void sub(int i, char *s){
10       printf("total %d arguments, and the 2nd one is %s\n", i, s);
11   }
```

(A)將行號4中main(int argc, char *argv[])改為main()
(B)去掉行號3最前面的註解標記//
(C)將行號1的空白行刪除
(D)在行號1新增#include<stdlib.h>。 [112資電類]

( )101. 曉華想要知道三角函數sin(x)在x = 0之後遞增的變化情形，寫了如下的C語言程式碼，卻發現迴圈內行號8和行號9的程式碼只執行了一次，下列哪一種修改程式的方式可以讓迴圈內的程式碼多執行幾次？（提示：sin(1) = 0.8415）

```
1    #include <stdio.h>
2    #include <math.h>
3    int x = 100;
4    int main(){
5        int x = 0;
6        double y = 0.0;
7        do{
8            y = 10 * sin(x);
9            printf("x = %d, y = %lf\n", x, y);
10       }while(++x <= y);
11       printf("end of program\n");
12       return 0;
13   }
```

(A)把行號3中的x = 100改為x = 0
(B)把行號10中的++x改為x++
(C)把行號6中y的初始值改為-1.0
(D)把行號3中x的初始值改為1。 [112資電類]

( )102. 針對任意實係數二次多項式 $f(x) = ax^2 + bx + c$，曉華想要計算並輸出 $f(x)$ 的函數值，因此寫了下列片段的C語言程式，發生程式編譯錯誤，主要原因以及可以採取更正措施為下列何者？

```
1   #include <stdio.h>
2
3   float f(float x){
4       return(a * x * x + b * x + c);
5   }
6   int main(){
7       float x, a = 1, b = 0, c = -1;
8       for(x = -10; x <= 10; x = x + 0.1)
9           printf("f(%.1f) = %.1f\n", x, f(x));
10  }
```

(A)變數x, a, b, c不可以宣告為float，若宣告為double可以解決此問題
(B)變數a, b, c的初始值是整數，若改為包含小數位數的實數可以解決此問題
(C)變數a, b, c屬於main()中的區域變數（Local Variable），將變數a, b, c移到行號2宣告可以解決此問題
(D)變數x, a, b, c屬於全域變數（Global Variable），改宣告為在函式 $f()$ 中的區域變數（Local Variable）可以解決此問題。　　[113資電類]

( )103. 針對任意實係數一次多項式 $f(x) = ax + b$，曉華想要計算當x落在[m, n]範圍內時是否存在 $f(x) = 0$，寫了如下的C語言程式，若變數found為1表示該範圍內存在 $f(x) = 0$，則行號11內的if判斷式中，<u>??</u>可以為下列何者？

```
1   #include <stdio.h>
2   float a = 1, b = 0, m = -11, n = 12;
3   float f(float x){
4       return(a * x + b);
5   }
6   int main(){
7       float x;
8       unsigned char found = 0;
9       scanf("%f", &a); scanf("%f", &b);
10      scanf("%f", &m); scanf("%f", &n);
11      if(?? <= 0)
12          found = 1;
13      printf("found = %d\n", found);
14  }
```

(A)f(m) * f(n)　(B)f(m) + f(n)　(C)f(m) - f(n)　(D)f(m) % f(n)。　[113資電類]

程式設計實習 滿分總複習

▲閱讀下文，回答第104-105題

曉華寫了如下的C語言程式實現泡沫排序演算法，目的是將N個整數進行排序，其中字元 'a' 的ASCII碼為97。

```
1    #include <stdio.h>
2    #define N 11
3    void swap(int a, int b){
4        int tmp;
5        tmp = a;
6        a = b;
7        b = tmp;
8    }
9    void main(void){
10       int numbers[N] = {1, 3, 5, 7, 9, 2, 4, 6, 8, 0, 'a'};
11       int tmp, i, min;
12       //min = 0;
13       for(min = 0; min < N; min++)
14           for(i = 0; i < N; i++){
15               if(numbers[i] < numbers[min]){
16                   //swap(numbers + i, numbers + min);
17                   tmp = numbers[min];
18                   numbers[min] = numbers[i];
19                   numbers[i] = tmp;
20               }
21           }
22       for(i = 0; i < N; i++){
23           printf("%d ", numbers[i]);
24       }
25   }
```

(　　)104. 程式輸出結果為何？
(A)a 9 8 7 6 5 4 3 2 1 0　(B)0 1 2 3 4 5 6 7 8 9 a
(C)97 9 8 7 6 5 4 3 2 1 0　(D)0 1 2 3 4 5 6 7 8 9 97。 [113資電類]

(　　)105. 曉華想要把交換整數資料的程式碼寫成副程式，因此把行號17, 18, 19的程式改為註解，並且將行號16的註解拿掉以便啟用函式呼叫swap(.)，結果發現程式無法執行並出現錯誤訊息expected 'int' but argument is of type 'int *'，錯誤原因為何？
(A)行號16呼叫swap()時，使用的引數資料型態與副程式不一致
(B)行號16的numbers是陣列指標，不能和整數i, min相加
(C)行號10的陣列宣告中，字元 'a' 和swap(.)函式中的整數變數a名稱上有衝突
(D)行號12註解，導致min沒有初始值。 [113資電類]

CH8 函式

( )106. 在C語言程式中可將中文字當成一個字串處理。有一C語言程式片段如下,在程式行號13〜15裡應置入下列哪一個選項的程式碼,可輸出正確的燒燙傷急救步驟順序?

```
1   #include <stdio.h>
2   int i, x;
3   char StepName[5][4] = {"脫", "蓋", "送", "沖", "泡"};
4   void swap(char *a, char *b){
5       char tmp;
6       for (x = 0; x < 3; x++){
7           tmp = a[x];
8           a[x] = b[x];
9           b[x] = tmp;
10      }
11  }
12  int main(void){
13
14
15
16      for (i = 0; i < 5; i++)
17          printf("%s", StepName[i]);
18  return 0;}
```

(A)13 swap(StepName[1], StepName[3]);
   14 swap(StepName[2], StepName[1]);
   15 swap(StepName[3], StepName[4]);
(B)13 swap(StepName[0], StepName[3]);
   14 swap(StepName[3], StepName[1]);
   15 swap(StepName[2], StepName[4]);
(C)13 swap(StepName[1], StepName[3]);
   14 swap(StepName[2], StepName[1]);
   15 swap(StepName[4], StepName[4]);
(D)13 swap(StepName[0], StepName[3]);
   14 swap(StepName[3], StepName[1]);
   15 swap(StepName[2], StepName[5]);

[114資電類]

( )107. 某甲寫了一個C語言程式,其中sqrt()為開根號的數學函式,sin()為正弦函式。程式執行後畫面出現錯誤訊息,其造成原因為何?

```
1   #include <stdio.h>
2   #include <math.h>
3   int main(){
4       float x = 6.28, y;
5       int i;
6       while(x > 0){
7           y = sqrt(sin(x));
8           printf("square root of sin(%f) = %f\n", x, y);
9           x -= 0.1;
10      }
11      return 0; }
```

(A)迴圈中計算sin(x)結果值為負數,再開根號所導致
(B)迴圈中計算sin(x)結果值為0,再開根號所導致
(C)迴圈中x值為單精度浮點數,sin(x)無法得到正確值
(D)迴圈中x值有負數的情況,sin(x)無法得到正確值。

[114資電類]

8-43

答案 & 詳解

答案

1. A	2. D	3. B	4. C	5. B	6. B	7. D	8. A	9. C	10. C
11. C	12. D	13. D	14. A	15. D	16. A	17. B	18. A	19. D	20. C
21. B	22. B	23. C	24. C	25. D	26. B	27. A	28. B	29. A	30. B
31. D	32. B	33. B	34. A	35. D	36. D	37. D	38. A	39. C	40. A
41. D	42. B	43. C	44. A	45. D	46. C	47. D	48. B	49. C	50. D
51. B	52. B	53. D	54. A	55. A	56. B	57. C	58. B	59. C	60. B
61. D	62. B	63. C	64. D	65. A	66. B	67. C	68. A	69. B	70. B
71. A	72. B	73. C	74. B	75. B	76. D	77. D	78. C	79. D	80. B
81. B	82. B	83. A	84. C	85. D	86. A	87. C	88. D	89. C	90. D
91. C	92. C	93. D	94. C	95. C	96. D	97. D	98. A	99. A	100. B
101. B	102. C	103. A	104. C	105. A	106. B	107. A			

詳解

4. a = pow(x, y) = pow(8, 2) = 8^2 = 64；
   b = sqrt(x * y) = sqrt(8 * 2) = sqrt(16) = $\sqrt{16}$ = 4。

10. floor(10.9) = 10、ceil(9.1) = 10、fabs(10.5) = 10.5、sqrt(100) = 10。

12. 亂數範圍49～100，最小值49、最大值100，
    rand() % (100 - 49 + 1) + 49 → rand() % 52 + 49。

14. ceil(6.3) = 7、floor(6.3) = 6、sqrt(36) = $\sqrt{36}$ = 6、fabs(6) = 6。

16. 3 * 1 - floor(2.52) = 3 - 2 = 1；
    sqrt(ceil(9.5) - 8) = sqrt(10 - 8) = 1.414214；
    abs(10) + 1 = 10 + 1 = 11；
    exp(2) = e^2 = 7.389056。

17. floor(1.6754 * 10 + 0.5) / 10 = floor(17.254) /10 = 17 / 10 = 1.7；
    ceil(1.6754 + 0.5) = ceil(2.1754) = 3；
    ceil(1.6754 * 100 + 0.5) / 100 = ceil(168.04) / 100 = 169 / 100 = 1.69；
    floor(1.6754 * 1000 + 0.5) / 1000 = floor(1675.9) / 1000 = 1.675。

20. floor(5.8) = 5、pow(2, 1) = 2、sqrt(6) = 2.44949。

22. A = pow(2, 7) = 2^7 = 128、B = 128 % 13 % 14 = 11。

23. A = pow(-3, 4) = -3^4 = 81、B = 81 % 4 = 1。

24. C = 7 - 4 * floor(7 / 4) = 7 - 4 * floor(1) = 7 - 4 * 1 = 3。

答案 & 詳解

25. 執行過程如下表，S值為4。

A值	A > 0	S = S + (A % 2)	A = floor(A / 2)
15	成立	S = 0 + (15 % 2) = 1	A = floor(15 / 2) = 7
7	成立	S = 1 + (7 % 2) = 2	A = floor(7 / 2) = 3
3	成立	S = 2 + (3 % 2) = 3	A = floor(3 / 2) = 1
1	成立	S = 3 + (1 % 2) = 4	A = floor(1 / 2) = 0
0	不成立	離開迴圈	

26. 執行過程如下表，S值為7。

A值	A > 0	S = S + (A % 2)	A = floor(A / 3)
23	成立	S = 5 + (23 % 2) = 6	A = floor(23 / 3) = 7
7	成立	S = 6 + (7 % 2) = 7	A = floor(7 / 3) = 2
2	成立	S = 7 + (2 % 2) = 7	A = floor(2 / 3) = 0
0	不成立	離開迴圈	

27. A = sqrt(25) = $\sqrt{25}$ = 5、B = pow(5, 3) = 5^3 = 125。

28. sqrt(121) - ceil(2.3) = 11 - 3 = 8；
    abs(-3) * 3 + 2 = 3 * 3 + 2 = 11；
    ceil(7.8) - 15 = 8 - 15 = -7；
    floor(-12.4) = -13。

33. Y = pow(3, 2) = 3^2 = 9；
    switch(9)執行X = pow(9, 3) = 9^3 = 729，跳出switch敘述，輸出X值為729。

36. 亂數範圍10～50，最小值10、最大值50，
    rand() % (50 - 10 + 1)) + 10 → rand() % 41 + 10。

39. 執行過程如下表，a值為2187。

a值	a < 1000	a = a * 3
3	成立	a = 3 * 3 = 9
9	成立	a = 9 * 3 = 27
27	成立	a = 27 * 3 = 81
81	成立	a = 81 * 3 = 243
243	成立	a = 243 * 3 = 729
729	成立	a = 729 * 3 = 2187
2187	不成立	離開迴圈

答案 & 詳解

42. 執行過程如下表,執行結果為24。

i值	i <= x	num = num * i
1	成立	num = 1 * 1 = 1
2	成立	num = 1 * 2 = 2
3	成立	num = 2 * 3 = 6
4	成立	num = 6 * 4 = 24
5	不成立	離開迴圈

44. 呼叫f1(5, 3)結果為3,呼叫函式執行過程如下。
    f1(2, 3) + f1(-4, 3) = 2 + 1 = 3。
       ↓   ↓
                f(-4, 3) = 1
    f(2, 3) = f(-1, 3) + f(-7, 3) = 1 + 1 = 2

46. a(7, 6) = a(6, 6) + 7 = 25 + 7 = 32
    a(6, 6) = a(5, 6) + 6 = 19 + 6 = 25
    a(5, 6) = a(4, 6) + 5 = 14 + 5 = 19
    a(4, 6) = a(4, 4) + 6 = 8 + 6 = 14
    a(4, 4) = 4 + 4 = 8

47. f(a, f(a, b)) = f(a, f(2, 1)) = f(a, 5)
    先計算f(2, 1) = 2 * 2 + 1 * 1 = 4 + 1 = 5
    再計算f(a, 5) = f(2, 5) = 2 * 2 + 5 * 5 = 4 + 25 = 29,輸出結果為29。

48. 主程式輸出B = FS(X) + X = 10 + 5 = 15。

i值	i > 1	A = X * i
5	成立	A = 5 * 5 = 25
4	成立	A = 5 * 4 = 20
3	成立	A = 5 * 3 = 15
2	成立	A = 5 * 2 = 10
1	不成立	離開迴圈

49. FAB(4) = FAB(3) + FAB(2) = 3 + 2 = 5;
    FAB(3) = FAB(2) + FAB(1) = 2 + 1 = 3;
    FAB(2) = FAB(1) + FAB(0) = 1 + 1 = 2。

50. T = (-4 + (-4 ^ 2 - 4 * 1 * 3) | 3) / (2 * 1)
      = (-4 + (-4 ^ 2 - 12) | 3) / 2 = (-4 + (-4 ^ -10) | 3) / 2
      = (-4 + 10 | 3) / 2 = (6 | 3) / 2 = 7 / 2 = 3。

52. ANS = (4 * 2 + 18 % 7) / 2 = (8 + 18 % 7) / 2 = (8 + 4) / 2 = 6。

答案 & 詳解

54. X(6) = X(5) + 6 = 15 + 6 = 21
    X(5) = X(4) + 5 = 10 + 5 = 15
    X(4) = X(3) + 4 = 6 + 4 = 10
    X(3) = X(2) + 3 = 3 + 3 = 6
    X(2) = X(1) + 2 = 1 + 2 = 3
    X(1) = X(0) + 1 = 0 + 1 = 1。

66. F(8, 33) = F(8, 25) + F(8, 9) = 6 + 3 = 9
    F(8, 25) = F(8, 17) + F(8, 1) = 4 + 2 = 6
    F(8, 17) = F(8, 9) + F(8, -7) = 3 + 1 = 4
    F(8, 9) = F(8, 1) + F(8, -15) = 2 + 1 = 3
    F(8, 1) = F(8, -7) + F(8, -23) = 1 + 1 = 2。

68. G(1) = G(5) + G(3) = 55 + 89 = 144
    G(3) = G(7) + G(5) = 34 + 55 = 89
    G(5) = G(9) + G(7) = 21 + 34 = 55
    G(7) = G(11) + G(9) = 13 + 21 = 34
    G(9) = G(13) + G(11) = 8 + 13 = 21
    G(11) = G(15) + G(13) = 5 + 8 = 13
    G(13) = G(17) + G(15) = 3 + 5 = 8
    G(15) = G(19) + G(17) = 2 + 3 = 5
    G(17) = G(21) + G(19) = 1 + 2 = 3
    G(19) = G(23) + G(21) = 1 + 1 = 2。

69. G(3) = G(7) * 3 = 81
    G(7) = G(11) * 3 = 27
    G(11) = G(15) * 3 = 9
    G(15) = G(19) * 3 = 3。

70. 空格處應填入n + F(n - 3)
    F(14) = 14 + F(11) = 14 + 26 = 40
    F(11) = 11 + F(8) = 11 + 15 = 26
    F(8) = 8 + F(5) = 8 + 7 = 15
    F(5) = 5 + F(2) = 5 + 2 = 7。

73. 以B(5, 2)呼叫函式，執行過程如下：
    B(5, 2) = B(4, 1) + B(4, 2) → 函式被呼叫4 + 6次，因此印出10次 "base case"
    B(4, 2) = B(3, 1) + B(3, 2) → 函式被呼叫3 + 3次，因此印出6次 "base case"
    B(4, 1) = B(3, 0) + B(3, 1) → 函式被呼叫1 + 3次，因此印出4次 "base case"
    B(3, 1) = B(2, 0) + B(2, 1) → 函式被呼叫1 + 2次，因此印出3次 "base case"
    B(3, 2) = B(2, 1) + B(2, 2) → 函式被呼叫2 + 1次，因此印出3次 "base case"
    B(2, 1) = B(1, 0) + B(1, 1) → 函式被呼叫2次，因此印出2次 "base case"。

答案 & 詳解

75. 全域變數 s = 1
    ①執行主程式輸出s值為 $\boxed{1}$，
    ②接著呼叫式add(1)，s = 6，當a = 1時輸出 $\boxed{6}$，s++後輸出 $\boxed{7}$
    當a = 0時，輸出 $\boxed{7}$，s++後輸出 $\boxed{8}$
    當a = -1跳出迴圈。
    ③執行主程式輸出s值為 $\boxed{1}$
    ④執行主程式s = 9，輸出s值為 $\boxed{9}$。
    因此程式執行結果為1,6,7,7,8,1,9。

76. 已知F(7) = 17、F(8) = 25，因此可推知，F(7)應執行運算式a * 2 + 3才會得17，
    F(8)應執行運算式a * 3 + 1才會得25；
    因此，if條件式應為a * a < 50，才會得到這個結果。

77. 以F(15)呼叫函式F()，執行過程如下，共會輸出15行數字。

輸出n	(n % 2 == 1) && (n > 1)	n % 2 == 0	return
15	成立		F(5 * 15 + 1) = F(76)
76	不成立	成立	F(76 / 2) = F(38)
38	不成立	成立	F(38 / 2) = F(19)
19	成立		F(5 * 19 + 1) = F(96)
96	不成立	成立	F(96 / 2) = F(48)
48	不成立	成立	F(48 / 2) = F(24)
24	不成立	成立	F(24 / 2) = F(12)
12	不成立	成立	F(12 / 2) = F(6)
6	不成立	成立	F(6 / 2) = F(3)
3	成立		F(5 * 3 + 1) = F(16)
16	不成立	成立	F(16 / 2) = F(8)
8	不成立	成立	F(8 / 2) = F(4)
4	不成立	成立	F(4 / 2) = F(2)
2	不成立	成立	F(2 / 2) = F(1)
1	不成立	不成立	

78. 以F(5, 2)呼叫函式F()，執行結果如下，回傳值為5。
    F(5, 2) = F(3, 2) + F(1, 2) = 3 + 2 = 5
    F(3, 2) = F(1, 2) + F(-1, 2) = 2 + 1 = 3
    F(1, 2) = F(-1, 2) + F(-3, 2) = 1 + 1 = 2。

答案 & 詳解

79. \<condition\>應為a < 0，當a < 0：
    F(7) = F(5) + F(4) = 7 + 5 = 12
    F(5) = F(3) + F(2) = 4 + 3 = 7
    F(4) = F(2) + F(1) = 3 + 2 = 5
    F(3) = F(1) + F(0) = 2 + 2 = 4
    F(2) = F(0) + F(-1) = 2 + 1 = 3
    F(1) = F(-1) + F(-2) = 1 + 1 = 2
    F(0) = F(-2) + F(-3) = 1 + 1 = 2。

80. 以G(1)呼叫函式G()
    ①輸出1
    ②1 >= 3不成立，執行G(1 + 1)，輸出2
    ③2 >= 3不成立，執行G(2 + 1)，輸出3
    ④3 >= 3成立，return執行G(2)、G(1)，輸出2、1。

81. a(13, 15) = a(12, 15) + 13 = 90 + 13 = 103
    a(12, 15) = a(11, 15) + 12 = 78 + 12 = 90
    a(11, 15) = a(10, 15) + 11 = 67 + 11 = 78
    a(10, 15) = a(9, 15) + 10 = 57 + 10 = 67
    a(9, 15) = a(9, 13) + 15 = 42 + 15 = 57
    a(9, 13) = a(9, 11) + 13 = 29 + 13 = 42
    a(9, 11) = a(9, 9) + 11 = 18 + 11 = 29
    a(9, 9) = 9 + 9 = 18。

83. 以f(22)呼叫f()函式，當n為偶數時除以2，
    當n為奇數時n = 3 * n + 1，直到n = 1跳出迴圈。
    例如n = 22時，n / 2 = 11輸出11；n = 11時，3 * n + 1 = 34，依此類推。
    因此總共會印出22、11、34、17、52、26、13、40、20、10、5、16、8、4、2、1
    共16個數字。

84. g(13) = g(11) + 3 = 16 + 3 = 19。
    ↓
    g(11) = g(9) + 3 = 13 + 3 = 16
    ↓
    g(9) = g(7) + 3 = 10 + 3 = 13
    ↓
    g(7) = g(5) + 3 = 7 + 3 = 10
    ↓
    g(5) = g(3) + 3 = 4 + 3 = 7
    ↓
    g(3) = g(1) + 3 = 1 + 3 = 4。

答案 & 詳解

87. 以g(4)呼叫函式g()，執行for迴圈如下：

i值	i <= n - 1	j = j + f(i)
1	成立	j = j + f(1) = 0 + 6 = 6
2	成立	j = j + f(2) = 6 + 5 = 11
3	成立	j = j + f(3) = 11 + 2 = 13
4	不成立	離開迴圈

遞迴呼叫：
f(1) = 1 + f(2) = 1 + 5 = 6
f(2) = 3 + f(3) = 3 + 2 = 5
f(3) = 1 + f(4) = 1 + 1 = 2
f(4) = 1

95. 以Func(5, 3)呼叫函式Func()
A = w * h / 2.0 = 5 * 3 / 2.0 = 7.5
傳回result A的值為7.5。

97. 以inc(10)呼叫函式，執行sum = sum + xin = 2 + 10 = 12，xin加1，回傳sum給主程式後，指派給sum，輸出sum與x，執行結果為sum = 12、x = 10。

98. 將x改為&x，函式的參數xin會指向x所在的位址，也就是取得x的位址；
所有的xin全部改為*xin，xin會指向x並取得的數值，當xin值更新x值也會更新。

100. 若函式的定義寫在main()之後，必須在main()之前宣告函式，行號3開頭加上//會被編譯器當成註解，這樣等同於沒有宣告函式，因此把行號3的//刪除，程式即可正常執行。

101. 行號8　：sin(x)是傳回x的正弦函數值，所以y = 10 * sin(x) = 0，do…while會先執行迴圈內敘述再判斷條件式是否成立；

　　　行號10：條件式++x <= y，x會先加1再與y做比較，此時1 <= 0不成立，所以結束迴圈，輸出 "end of program"；

若把行號10中的++x改為x++，x先與y做比較後再加1，此時0 <= 0成立，就可以讓迴圈內的程式碼多執行幾次了。

102. 在main()中宣告變數a, b, c，變數a, b, c會成為區域變數（局部變數），只能在main()中存取，移至行號2宣告，即可成為全域變數，在程式中任何位置都能存取。

104. 此題是使用泡沫排序演算法進行由大到小排序，陣列字元 "a" 會轉換成ASCII碼97再進行排序，因此執行結果97, 9, 8, 7, 6, 5, 4, 3, 2, 1, 0。

105. 行號3的形式參數為整數型態，行號16的實際參數為指標存取陣列位址的方法，使用的引數資料不一致，需要將行號3~7修改為：
```
void swap(int *a, int *b){
    int tmp;
    tmp = *a;
    *a = *b;
    *b = tmp;
}
```
行號16修改為：`swap(&numbers[i], &numbers[min]);`，程式即可正常執行。

答案&詳解

106. 行號4～11：swap函式會交換兩個字串的內容，當選項(B)的程式碼填入行號13～15後，會呼叫函式並進行交換。

StepName

脫	蓋	送	沖	泡
[0]	[1]	[2]	[3]	[4]

第13行交換後（脫與沖交換）：

StepName

沖~~脫~~	蓋	送	**脫**~~沖~~	泡
[0]	[1]	[2]	[3]	[4]

第14行交換後（蓋與脫交換）：

StepName

沖	**脫**~~蓋~~	送	**蓋**~~脫~~	泡
[0]	[1]	[2]	[3]	[4]

第15行交換後（送與泡交換）：

StepName

沖	脫	**泡**~~送~~	蓋	**送**~~泡~~
[0]	[1]	[2]	[3]	[4]

最後從陣列StepName中取得字串後輸出**沖 脫 泡 蓋 送**。

107. sqrt(x)函數中的x數值若為負數，會在「執行時」發生錯誤。

NOTE

統測考試範圍

CH 9

結構及類別

學習重點

章節架構	常考重點	
9-1　結構	• 結構的宣告與存取	★★★½☆
9-2　類別	• 類別的宣告與存取 • 定義成員函式 • 靜態成員	★★★½☆
9-3　物件導向程式設計	• 物件的3要素－屬性、方法、事件 • 封裝、繼承與多型	★★★☆☆

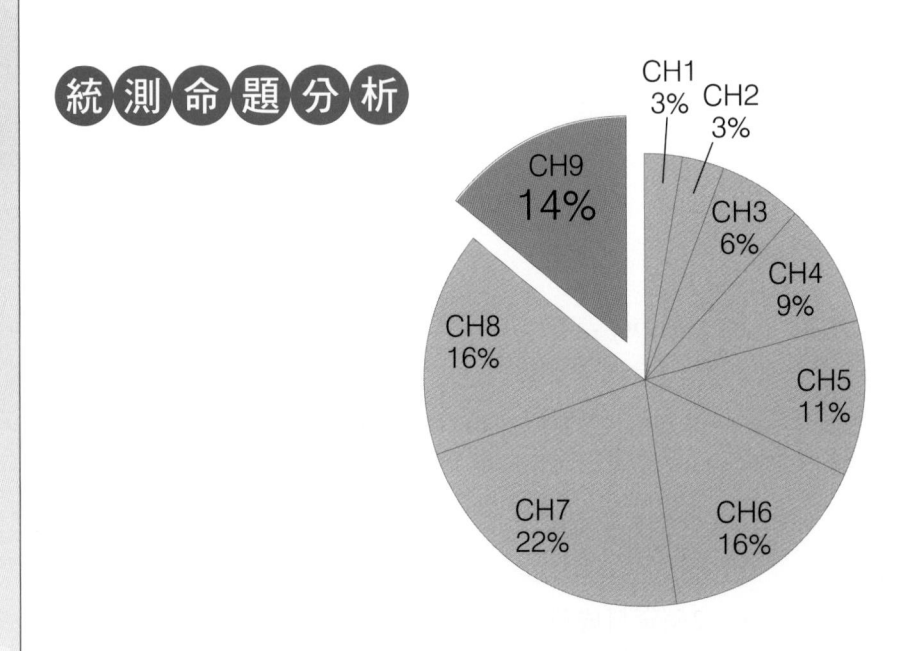

統測命題分析

CH1
3%
CH2
3%
CH3
6%
CH4
9%
CH5
11%
CH6
16%
CH7
22%
CH8
16%
CH9
14%

9-1 結構 [111] [112] [113] [114]

1. **結構**是一種使用者自訂的資料型態，以關鍵字**struct**來定義。
2. 結構是由不同資料型態的變數（資料成員）所組成，資料成員**預設為public**（公有成員），宣告時可省略public。
3. **語法**：

> **語法**
>
> **宣告結構：**
> `struct` 結構名稱{
> 　　資料型態　資料成員名稱1;
> 　　資料型態　資料成員名稱2;
> 　　　　　　　⋮
> };
>
> **宣告結構型態的變數：**
> 結構名稱　物件變數名稱;

說明
- 未設定的情況下，資料成員**預設為public**。
- 如果要存取資料成員，應使用**成員存取運算子**「**.**」來存取。
  例 物件變數名稱.資料成員名稱 = 10。
- 繼承結構時，預設是以**public**方式繼承。

4. **範例1**：結構（struct）的宣告與存取

```
1   #include <stdio.h>
2   #include <string.h>
3   struct ers{
4       char name[10];
5       int age;
6   };
7
8   int main(){
9       struct ers p;
10      strcpy(p.name, "SIMON");
11      p.age = 35;
12      printf("Name:%s\n", p.name);
13      printf("Age:%d\n", p.age);
14  }
```

執行結果
```
Name:SIMON
Age:35
```

說明
- 定義結構ers，裡面有「name、age」2個資料成員。
- 主程式宣告一個ers結構的變數p。
- 將值指派給資料成員並輸出。

範例2：使用->存取結構成員

舉例

```
1   #include <stdio.h>
2   #include <stdlib.h>                    // malloc的標頭檔
3   #include <string.h>                    // strcpy
4   // 定義一個 Per 結構
5   typedef struct {
6       int a;
7       char *n;
8   } Per;
9   int main() {
10      // malloc 配置一個Per結構的空間
11      Per *p = (Per *)malloc(sizeof(Per));
12      // malloc 配置一個n的空間
13      p -> n = (char *)malloc(50 * sizeof(char));
14      // 使用 -> 和 strcpy
15      p -> a = 25;
16      strcpy(p -> n, "Charlie");
17      // 輸出結果
18      printf("Name: %s\n", p -> n);
19      printf("Age: %d\n", p -> a);
20      // 記得釋放記憶體
21      free(p -> n);
22      free(p);
23      return 0;
24  }
```

執行結果

```
Name: Charlie
Age: 25
```

說明

- malloc是分配記憶體空間的函式。
- 行號11：使用malloc配置一個可存放Per結構的空間，(Per *)強制轉型成Per*，*p是指向Per型別的指標。
- 使用->指向結構中的成員（字元指標）。

5. 練習：

> **例** 使用struct定義結構

```
1    #include <stdio.h>
2    struct Num{
3        char phone[20];
4        int price;
5        int qty;
6    };
7
8    int main(){
9        struct Num A = {"iPhone", 49699, 99};
10       printf("商品:%s\n", A.phone);
11       printf("價格:%d\n", A.price);
12       printf("數量:%d\n", A.qty);
13   }
```

執行結果

商品:iPhone
價格:49699
數量:99

得分加+

( )1. 若要定義結構，下列語法何者正確？
(A)int struct 結構名稱{
　　資料成員;
};
(B)結構名稱 struct{
　　資料成員;
};
(C)int 結構名稱 struct{
　　資料成員;
}
(D)struct 結構名稱{
　　資料成員;
};

( )2. 定義結構後，可以使用下列哪一個符號來存取公有成員？
(A), (B). (C): (D); 。

( )3. 定義結構後，成員預設為 (A)private (B)protected (C)public (D)data hiding。

( )4. 定義結構後，請問E.C的值為何？ (A)13 (B)93 (C)34 (D)75。
```
1    struct CC{
2        int A, B, C, D;
3    };
4
5    int main(){
6        struct CC E = {13, 34, 75, 93};
7        printf("%d", E.C);
8    }
```

答 1. D　2. B　3. C　4. D

解 4. 建立CC結構後，宣告CC結構的物件變數E，E = {13, 34, 75, 93}會將數值分別存入CC資料成員中，E.A = 13、E.B = 34、E.C = 75、E.D = 93，故E.C = 75。

9-2 類別　112 113 114

一、類別的宣告

1. **類別**是一種使用者自訂的資料型態，以關鍵字**class**來定義。

2. 類別是由不同資料型態的變數（資料成員）或成員函式所組成。

3. class資料成員或成員函式**預設為private**（私有成員），宣告時**可省略private**。

4. 結構與類別的差異：

資料型態 項目	結構	類別
關鍵字	struct	class
存取權限（預設）	public（公有）	private（私有）
繼承方式（預設）	公有繼承 （public inheritance）	私有繼承 （private inheritance）

5. **語法**：

> **宣告類別：**
> ```
> class 類別名稱 {
>     private:
>         資料型態 資料成員名稱；
>         資料型態 成員函式名稱(參數)；
>     public:
>         資料型態 資料成員名稱；
>         資料型態 成員函式名稱(參數)；
>     protected:
>         資料型態 資料成員名稱；
>         資料型態 成員函式名稱(參數)；
> };
> ```
>
> **宣告類別型態的變數：**
> 類別名稱 物件變數名稱；

說明

- **private**區塊裡的成員**只能在類別內**被存取；
  public區塊裡的成員可**在程式中任何位置**被存取；
  protected區塊裡的成員可**在類別內**與**繼承類別內**被存取。

- 如果要存取資料成員，應使用**成員存取運算子「.」**來存取公有的資料成員。
  例 物件變數名稱.資料成員名稱 = 10。

- 繼承類別時，使用冒號**:**，預設是以**private**方式繼承。新類別或物件可以承襲既有類別的功能及屬性，省去撰寫相同程式碼的時間。

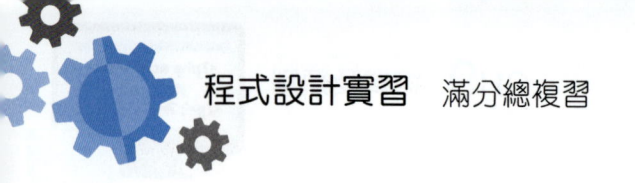

6. **範例**：類別（class）的宣告、存取與繼承

```cpp
1    #include <iostream>
2    using namespace std;
3    class Car{
4        public:
5            double gas;
6            const double eff = 30.0;
7    };
8    class Hybrid_Car:public Car{
9        public:
10           double battery;
11   };
12
13   int main()
14   {
15       Hybrid_Car sup;
16       cout << "超級省油車1公升可跑" << sup.eff << "公里" << endl;
17       cout << "目前油箱剩餘的油(公升):";
18       cin >> sup.gas;
19       cout << "評估油量可以開" << sup.gas * sup.eff << "公里";
20   }
```

執行結果

超級省油車1公升可跑30公里
目前油箱剩餘的油(公升):**20**
評估油量可以開600公里

說明

- 定義類別Car，裡面有「gas、eff」2個公有的資料成員。
- 使用const將eff設定為常數資料成員，初始值為30.0，且無法更改。
- Hybrid_Car以public的方式繼承Car的屬性，並宣告1個公有成員battery。
  Hybrid_Car繼承Car時，若沒有將Car宣告為public，則預設仍是以private的方式繼承，主程式呼叫Hybrid_Car時，就無法存取gas、eff這兩個變數。
- 主程式宣告一個Hybrid_Car類別的物件sup。
- sup.eff為每公升可跑的公里數，輸入油箱的油量並存入sup.gas。
- sup.gas * sup.eff計算出目前油量可開幾公里。

二、定義成員函式

1. 定義成員函式有以下2種方法：

   a. 直接將**函式本體**定義在**類別內**（{};中），此方法適用於只有1、2行敘述的函式。

   b. 在**類別內**（{};中）宣告**函式原型**，將**函式本體**定義在**類別外**（{};外），此方法適用於多行敘述的函式。定義成員函式，需在成員函式前加上**範圍解析**運算子「**::**」。

2. **範例**：定義成員函式

```cpp
1    #include <iostream>
2    using namespace std;
3    class Car{
4        public:
5            double getEff(){return eff;}
6            double go();
7        private:
8            double eff = 30.0;
9    };
10
11   double Car::go(){
12       double a = 20 * eff;
13       return a;
14   }
15
16   int main()
17   {
18       Car sup;
19       cout << "超級省油車1公升可跑" << sup.getEff() << "公里";
20       cout << endl;
21       cout << "目前油箱有20公升的油,可跑" << sup.go() << "公里";
22   }
```

執行結果

超級省油車1公升可跑30公里
目前油箱有20公升的油,可跑600公里

說明

- 定義類別Car，包含2個公有的成員函式（getEff()、go()）、1個私有的資料成員（eff）。
- 成員函式getEff()的函式本體直接定義在類別內，
  成員函式go()則在類別內宣告函式原型，函式本體在類別外以double Car::go()來定義。

三、靜態成員

1. 將類別中的資料成員或成員函式加上關鍵字 **static**，即可宣告為靜態資料成員／靜態成員函式。

2. **靜態成員**是指類別中所有的物件**共用一份資料**，而不是每個物件各存一份，換句話說，靜態成員只會**佔用一個記憶體空間**，所有物件共用這個位置，當這個靜態資料被修改時，這個修改會被所有物件共用，因此所有用到該靜態成員的物件也會被修改。

3. **靜態成員函式不需建立物件即可呼叫**，呼叫靜態成員函式時，需以「**類別名稱::函式名稱()**」的方式呼叫。

4. 在靜態成員函式中只能存取靜態資料成員，不能存取非靜態的成員。

5. 範例：靜態成員的應用

```cpp
#include <iostream>
using namespace std;
class Car{
    public:
         static double eff;
         double gas;
         static int GtoL(double G){return G * 3.785;}
};

double Car::eff = 30;

int main()
{
    Car one, two;
    one.gas = 15;
    two.gas = 20;
    cout << "一號車每公升油可跑" << one.eff << "公里,";
    cout << "油箱容量有" << Car::GtoL(14.6) << "公升" << endl;
    cout << "二號車每公升油可跑" << two.eff << "公里,";
    cout << "油箱容量有" << Car::GtoL(13.3) << "公升" << endl;
}
```

執行結果

一號車每公升油可跑30公里,油箱容量有55公升
二號車每公升油可跑30公里,油箱容量有50公升

說明

- 將eff宣告為靜態資料成員，並設定初始值為30。
  主程式須先建立one、two兩個物件，並用物件呼叫eff（one.eff、two.eff）。
- 將GtoL宣告為靜態成員函式，函式用來換算加侖轉公升，
  主程式呼叫函式時以Car::GtoL()呼叫即可，不須建立物件。

TIP

關鍵字typedef除了可為資料型態取別名之外,也可為結構及類別取別名。
例如將原先名稱為AA的類別取別名為XY,就可以用XY來宣告物件變數,如下:

一般宣告方式	使用關鍵字typedef宣告方式

1   class AA{
2   public:
3   double gas = 10;
4   };
5   int main(){
6   AA sup;
7   cout << sup.gas;
8   }
	1 **typedef** class AA{
	2 public:
	3 double gas = 10;
	4 } **XY**;
	5 int main(){
	6 **XY** sup;
	7 cout << sup.gas;
	8 }

得分加+

( )1. 下列何者是定義類別時,所使用的關鍵字?
     (A)struct (B)class (C)typeid (D)union。

( )2. 定義成員函式時,要在成員函式前加上下列哪一種符號?
     (A),. (B).. (C):; (D)::。

( )3. 定義類別後,成員預設為?
     (A)data hiding (B)public (C)protected (D)private。

( )4. 類別中的資料成員或成員函式可在其前面加上哪一個關鍵字,使其成為靜態資料成員或靜態成員函式?
     (A)public (B)static (C)protected (D)private。

( )5. 在定義新類別時,可以利用下列哪一個符號表示繼承的關係?
     (A):: (B)- (C): (D)@。

答 1. B 2. D 3. D 4. B 5. C

9-3 物件導向程式設計 111

1. **物件導向程式設計**（Object-Oriented Programming, OOP）是指將解決問題所需使用的資料與處理程序加以包裝成可獨立運作的**物件**，並利用多個物件來組合出完整的程式。

2. 物件導向程式設計時，通常必須定義**類別**（class）及設定個別**物件**（object）的屬性，才能開發出解決問題的程式。

要素	說明
類別	可視為某類物件的樣板，它定義了這些物件所具有的共同特性 例 車子設計圖、建築物設計圖、哺乳類動物
物件	具有特定屬性、方法及事件的個體 例 跑車、奇美博物館、貓、狗

3. **物件**是指具有特定**屬性**、**方法**及**事件**等3個要素的個體，說明如下表。

要素	說明
屬性	物件的外觀或特質 例 長×寬×高：6×1.5×1.2、顏色：灰色
方法	物件擁有的處理方法 例 踩煞車、啟動雨刷、彈出安全氣囊
事件	執行物件所設定的動作 例 前有障礙物、下雨、撞擊

4. 物件導向程式設計的特性有**封裝**（encapsulation）、**繼承**（inheritance）及**多型**（polymorphism），說明如下表。

特性	說明
封裝	• 將具有特定功能的處理程序及資料包裝在物件中，使用者不須瞭解物件內部的設定即可使用 • 運用關鍵字private使類別中的成員無法被外界任意存取，可達到資料隱藏（data hiding）的目的 例 汽車具有煞車功能，但駕駛不須瞭解汽車內部的機械與原理
繼承	• 新類別或物件可以承襲既有類別的方法及屬性，省去撰寫相同程式碼的時間 例 警車只要承襲「車」的特性（屬性）與功能（方法），再加上鳴笛、閃示燈等功能，就能省去重新設計警車的時間
多型	• 新類別或物件可以擁有與既有類別相同名稱但功能不同的方法 例 警車與消防車皆有鳴笛功能，但發出的鳴笛聲可以不同

得分加倍

情境素養題

▲ 閱讀下文，回答第1至2題：

毓虹想養寵物，但媽媽怕毓虹三分鐘熱度無法負起照顧寵物的重責大任，因此請毓虹再仔細思考幾天，爸爸得知後便想測試毓虹是否有足夠的能力與責任感可以養寵物，於是使用C++撰寫程式，打造了一隻機器寵物送給她，讓她先體驗照顧寵物的過程，程式碼片段如下：

```
1   class Pet{
2       public:
3           string name, sp;
4           int age;
5           void intro(string, string, int);
6           void play(), sleep();
7   };
8
9   void _____ intro(string name, string sp, int age){
10      cout << "Hi, 我叫" << name << endl
11           << "我是一隻" << sp << ", 今年" << age << "歲" << endl;
12  }
13  void _____ play(){
14      cout << "我在玩球";
15  }
16  void _____ sleep(){
17      cout << "我在睡覺";
18  }
19
20  int main(){
21      Pet myPet;
22      myPet.intro("MAX", "鬆獅犬", 3);
23      myPet.play();
24  }
```

( )1. 請問上述爸爸所撰寫的程式中，定義了幾個資料成員函式？
 (A)4 (B)3 (C)1 (D)2。 [9-2]

( )2. 請問上述爸爸所撰寫的程式中，空格處應填入下列何者？
 (A)Pet:: (B)Pet: (C)myPet:: (D)myPet:。 [9-2]

▲ 閱讀下文，回答第3至4題：

毓虹的班導師撰寫一支C++程式，讓同學可以自行輸入姓名、學號，以及期末考3科的成績（國文、數學、英文），程式便會自動計算並輸出平均分數，程式碼片段如下：

```
1    class STU{
2       public:
3           char name[80];
4           int stu_ID;
5           static double avg(double, double, double);
6           double ch, math, eng;
7    };
8
9    double STU::avg(double ch, double math, double eng){
10       return(ch + math + eng) / 3;
11   }
12
13   int main(){
14       _____
                    ⋮
20       cout << "平均為" << STU::avg(myavg.ch, myavg.math, myavg.eng)
21           << "分";
22   }
```

( )3. 請問在上述班導師所撰寫的程式中，空格處應填入下列何者？
　　(A)STU avg;　(B)STU.myavg;　(C)STU::avg;　(D)STU myavg;。　　[9-2]

( )4. 請問上述程式中，何者屬於靜態成員？
　　(A)math　(B)avg　(C)name　(D)stu_ID。　　[9-2]

( )5. 下列為定義一個學生類別，若有一位學生Emily，其座號為5，國文成績為90分，數學成績為100分，英文成績為80分，則在main()中該如何建立此學生的物件？
　　(A)student.Emily = {5, 90, 100, 80}　　(B)student.Emily = {5, 100, 90, 80}
　　(C)student Emily = {5, 90, 100, 80}　　(D)student Emily = {5, 100, 90, 80}。　[9-2]

```
1    class student{
2       public:
3           double number;      //座號
4           double chiness;     //國文成績
5           double math;        //數學成績
6           double english;     //英文成績
7    };
```

擬真試題

( )6. 在C++中，結構是一種使用者自訂的資料型態，宣告時應使用下列哪一個關鍵字來定義？ (A)public (B)private (C)struct (D)class。

( )7. 以下敘述，何者正確？ (A)每個成員函式都要宣告為public成員 (B)任何資料成員都必須宣告為private (C)同一個C++程式檔中只能定義一個類別 (D)main()函式並不屬於任何類別。

( )8. 以下敘述，何者錯誤？ (A)呼叫靜態成員函式時，可不建立物件即可呼叫 (B)呼叫成員函式時，需透過物件來呼叫 (C)成員函式可加上static關鍵字使其成為靜態成員函式 (D)靜態成員函式不能存取靜態的資料成員。

( )9. 在C++中，可用class或struct定義類別，下列有關用struct與class的敘述何者錯誤？ (A)繼承class時，預設是以public的方式繼承 (B)繼承struct時，預設是以public的方式繼承 (C)class的成員預設為private (D)struct的成員預設為public。

( )10. 類別中的資料成員可加上下列哪一個關鍵字，使其成為常數？
(A)const (B)public (C)static (D)protected。

( )11. 下列定義的類別中，哪一個是私有成員？ (A)eff (B)number (C)kilo (D)gas。
```
1   class Car{
2       public:
3           double gas, eff;
4           int kilo;
5           double go(double);
6       private:
7           int number, hour;
8   };
```

( )12. 若用下列定義的類別宣告一個新的物件One，在程式中該用何種方式存取其資料成員gas？ (A)Onegas (B)gas.One (C)One.gas (D)gas。
```
1   class car{
2       double gas;
3       double eff;
4   };
```

( )13. 下列程式為定義一個汽車類別，有關此類別的敘述何者錯誤？
(A)此類別有4個資料成員　　　　(B)此類別有2個公有的資料成員
(C)此類別有1個私有的資料成員　(D)此類別在定義時建立了2個物件。
```
1   class Car{
2       int number;
3       public:
4           double gas;
5           double eff;
6   };
7   one, two;
```

(　　)14. 下列為定義一個汽車類別，及在main()中建立物件，下列敘述何者錯誤？
(A)two物件的gas值為35　　　　　　(B)Car類別的成員設定為public
(C)main()中建立了2個物件　　　　　(D)one物件的gas值為35。

```
1   class Car{
2       public:
3           double gas, eff;
4   };
5
6   int main()
7   {
8       Car one;
9       one.gas = 30;
10      one.eff = 20;
11      Car two = {35, 15};
12  }
```

(　　)15. 下列為定義一個員工類別，並在main()中建立員工物件Eric，若想要輸出他的薪水（時薪 × 工作時數），則空白處應輸入何者？

```
1   class Employee{
2       public:
3           double salary, hour;    //時薪, 工作時數
4   };
5   int main(){
6       Employee Eric;
7       Eric.salary = 150;
8       Eric.hour = 30;
9       cout << "Eric本月的薪水為" << _____ << "元";
10  }
```

(A)salary * Eric.hour　　　　　　(B)Eric.salary * hour
(C)Eric.salary * Eric.hour　　　　(D)salary * hour。

(　　)16. 下列為定義一個員工類別，若有一位員工Amy，其員工編號為2，時薪為140，工作時數為25，遲到次數為2，則在main()中該如何建立此員工的物件？

```
1   class Employee{
2       public:
3           double number;      //員工編號
4           double salary;      //時薪
5           double hour;        //工作時數
6           double late;        //遲到次數
7   };
```

(A)Employee Amy = {2, 25, 140, 2}
(B)Employee Amy = {2, 140, 25, 2}
(C)Amy.Employee = {2, 25, 140, 2}
(D)Amy.Employee = {2, 140, 25, 2}。

( )17. 下列有關用struct與class的敘述何者正確？
(A)class預設以public方式繼承
(B)資料成員依作用範圍，可分為public、private、protected
(C)在定義新類別時，我們可以用逗號來表示繼承的關係
(D)const資料成員無法在類別定義中設定初始值。

( )18. 若在類別中定義了公有的資料成員，則在類別以外的程式可以透過成員存取運算子來存取各物件中公有的資料成員，下列何者是成員存取運算子？
(A)* (B)& (C):: (D).。

( )19. 下列何者又稱為使用者自訂的資料型態？
(A)類別 (B)事件 (C)屬性 (D)方法。

( )20. 下列有關類別及結構之敘述，何者正確？
(A)繼承struct時，預設是以private的方式繼承
(B)兩者皆使用成員存取運算子 . 來存取資料成員
(C)使用struct定義結構，其成員預設為private
(D)使用class定義類別，其成員預設為public。

( )21. 我們可以利用下列哪一個關鍵字，使類別中的成員只能在類別內被存取？
(A)public (B)protected (C)private (D)class。

( )22. 有一種定義成員函式的方式，是在類別內宣告函式原型，但將函式本體定義在類別的大括號之外。而在定義成員函式時，需在類別名稱與成員函式間加上 ＿＿＿＿＿＿ 明確讓編譯器瞭解我們定義的是哪一個類別的成員函式。上列敘述中空格處應填入下列哪一個選項？
(A)遞增運算子（++） (B)範圍解析運算子（::）
(C)冒號（:） (D)分號（;）。

( )23. 下列為定義一個學生類別，並在main()中建立學生物件kevin，若想要輸出他的BMI值（體重／身高(公尺)^2），則空白處應依序輸入？

```
1    class student{
2        public:
3            double h;                    //身高
4            double w;                    //體重
5    };
6    int main()
7    {
8        student kevin;
9        kevin.h = 177;
10       kevin.w = 73;
11       cout << "kevin的BMI值為"
12           << _____ / ((_____ /100)*(_____ /100));
13   }
```

(A)w、h、h (B)kevin.w、kevin.h、kevin.h
(C)w、kevin.h、kevin.h (D)kevin.w、h、h。

(　　)24. 下列為定義一個腳踏車類別，及在main()中建立bike物件，下列敘述何者正確？
(A)main()中建立了1個物件　　　　(B)bike one物件的price值為20
(C)bike two物件的price值為7000　　(D)bike類別中有3個資料成員。
```
1   class bike{
2       public:
3           double price, speed;
4   };
5
6   int main()
7   {
8       bike one;
9       one.price = 5000;
10      one.speed = 20;
11      bike two = {7000, 25};
12  }
```

(　　)25. 下列為定義一個腳踏車類別，有關此類別的敘述何者錯誤？
(A)此類別定義時建立了3個物件　　(B)此類別有2個公有的資料成員
(C)此類別有1個私有的資料成員　　(D)此類別有7個資料成員。
```
1   class bike{
2       public:
3           double price;
4           double speed;
5       private:
6           int number;
7   };
8   Giant_one, Giant_two, Merida_one;
```

(　　)26. 若用下列定義的類別宣告一個新的物件Giant，在程式中該用何種方式存取其資料成員speed？
(A)speed.Giant　(B)Giant.speed　(C)Giantspeed　(D)speed。
```
1   class bike{
2       double price;
3       double speed;
4   };
```

(　　)27. 類別中的資料成員若加上了關鍵字const，則它會是？
(A)靜態成員函式　(B)成員函式　(C)變數　(D)常數。

(　　)28. 使用下列哪一個存取修飾字，可讓在此段落中的成員對外部程式而言屬於私有的成員，但對繼承的類別而言，則是公有的成員？
(A)public　(B)private　(C)protected　(D)const。

9-3 (　　)29. 在物件導向語言中，_____可視為某類物件的樣板，它定義了這類物件所具有的共同特性。上列敘述中，空格應填入下列哪一個選項較為合適？
(A)類別　(B)物件　(C)方法　(D)事件。

9-16

(　)30. 從物件導向的概念來看，車子的長、寬、高、顏色是屬於車子的？
(A)類別　(B)屬性　(C)事件　(D)方法。

(　)31. 從物件導向的概念來看，車子的踩煞車、踩油門是屬於車子的？
(A)事件　(B)類別　(C)屬性　(D)方法。

(　)32. 從物件導向的概念來看，車子遇到撞擊便彈出安全氣囊，請問「撞擊」是屬於車子的？　(A)類別　(B)屬性　(C)事件　(D)方法。

(　)33. 將具有特定功能的處理程序及資料包裝在物件中，使用者不須了解物件內部的設定即可使用。以上敘述是在說明物件導向的哪一項特性？
(A)多型　(B)封裝　(C)繼承　(D)類別。

(　)34. 物件導向語言的多型特性指的是？
(A)將具有特定功能的處理程序及資料包裝在物件中，使用者不須瞭解物件內部的設定即可使用此物件及相關的處理程序
(B)新類別或物件可以承襲既有類別的功能及屬性，省去撰寫相同程式碼的時間
(C)新類別或物件可以擁有與既有類別相同名稱但功能不同的方法
(D)程式碼能以多種不同型態呈現。

(　)35. 使用OOP（Object Oriented Programming）設計程式時的思考方式是以真實世界的運作方式來思考如何解決問題，這種方式稱為
(A)物件導向程式設計　　　　　　(B)程序導向程式設計
(C)運作導向程式設計　　　　　　(D)真實導向程式設計。

(　)36. 下列何者不是物件導向程式設計的3項特性之一？
(A)繼承　(B)多型　(C)封裝　(D)堆疊。

統測試題

(　)37. 關於物件導向程式語言的敘述，下列何者錯誤？
(A)物件導向程式語言具有「多型」、「繼承」與「封裝」的特性
(B)物件導向程式語言的「多型」可以達到資訊隱藏的目的
(C)「繼承」的特性讓物件導向程式語言具有避免重複撰寫相同程式碼的優點
(D)物件導向程式語言可以簡化大型程式的開發流程。　　　　[111資電類]

(　)38. 關於C語言中結構（structures）資料型態的敘述，下列何者錯誤？
(A)結構是一種自行定義的資料型態
(B)宣告結構資料型態的變數時，只能使用已定義的結構名稱宣告
(C)定義結構只能使用不同資料型態的變數
(D)定義結構只能使用struct關鍵字。　　　　[111資電類]

(　)39. 在沒有使用存取修飾字（private、public 或 protected）的情況下，下列敘述何者正確？
(A)class內的所有成員變數都可在main()主程式內存取
(B)struct宣告的物件不可以做為class的成員
(C)任何函式內的struct型態變數中的成員，在該函式的範圍內都可以被存取
(D)class內的成員函式不可存取同一個class內的成員變數。　　　　[112資電類]

(　　)40. 小文設計了一個計算矩形面積的類別CalculateArea，其宣告如下，則下列哪一個成員函式（Member Function）定義正確？

```
1    class CalculateArea{
2    private:
3        double Length, Width, Area;
4    public:
5        void SetPara(double, double);
6        double GetLength();
7        double GetWidth();
8        double GetArea();
9    };
```

(A)void CalculateArea::SetPara(double L, double W){Length = L; Width = W;}
(B)double GetLength(){return Length;}
(C)CalculateArea::GetWidth(){return Width;}
(D)double CalculateArea::GetArea(){Area = Length * Width;}。　　　　　[112資電類]

▲ 閱讀下文，回答第41-42題

C程式語言中的typedef關鍵字，可以將複雜的資料型態用簡單的別名來取代。例如下列資料型態宣告與程式片段，以id來儲存一個學生的學號，score來儲存該學生的成績。假設班上共N個學生，第i個學生的資料儲存在student[i - 1]裡面。

```
1    #include <stdio.h>
2    #define N 50
3    void main(){
4        typedef struct studentScore {
5            int id;                    //學號
6            float score;               //成績
7        } SCORE;
8        SCORE student[N], *p;
9        float sscore;
10       p = student + 28;
11       ...
```

(　　)41. 在行號10之後，若要取得學號28的學生成績放到變數sscore，下列程式碼何者正確？
(A)sscore = student[27].score;
(B)sscore = SCORE[27].student;
(C)sscore = student -> score[27];
(D)sscore = student -> score[29];。　　　　　[113資電類]

(　　)42. 使用泡沫排序演算法來將student陣列中的成績score排序時，關於此演算法需經幾次的成績數值比較，可得排序結果？
(A)50　(B)1225　(C)24550　(D)245050。　　　　　[113資電類]

▲ 閱讀下文,回答第43-44題

下列程式片段為計算管道內水流量的全域類別,其中ToatlFlow()為計算流量值的成員函式。

```
1   enum Item{_FlowRate, _Time};
2   class Volume {
3   private:
4       double FlowRate, Time;
5       static double Offset;
6   public:
7       Volume (){FlowRate = 0.0, Time = 0.0;}
8       Volume (double In1, double In2)
9           {FlowRate = In1; Time = In2;}
10      void SetOffset(double offs) {Offset = offs;}
11      double GetParameter(Item item)
12          {return (item == _Time) ? Time : FlowRate;}
13      void SetPara(double FR,double T)
14          {FlowRate = FR; Time = T;}
15  protected:
16      double ToatlFlow(){return FlowRate * Time;}
17  } T1(1.0,2.3), T2;
18  double Volume :: Offset = 0.0;
```

(　　)43. 若要在main主程式內使用T1或T2物件來編寫程式,下列程式敘述何者正確？
(A)double Value 1 = T1 -> GetParameter(_Time);
(B)T1 -> SetPara(100.5, 50);
(C)T2.FlowRate = 12.4;
(D)T2.SetOffset(-3.2);。 [113資電類]

(　　)44. 根據Volume類別的宣告,程式碼都在main內執行,下列敘述何者正確？
(A)執行T2.SetOffset(0.5);則T1內的Offset也會被同時修改為0.5
(B)T1與T2內的FlowRate預設值都為0.0
(C)執行double X = T1.ToatlFlow();可以將流量值回傳給X
(D)執行float Y = T2.GetParameter((Item)1);可以將FlowRate值回傳給Y。 [113資電類]

(　　)45. 下列C語言程式經過編譯之後，執行時無法輸出字串Brown，其發生的原因為何？

```
1   #include <stdio.h>
2   #include <stdlib.h>
3   #include <string.h>
4   typedef struct class_st {
5       int id;
6       char *name;
7       float score;
8   } CLASS;
9   CLASS *class;
10  int main(){
11      class = (CLASS *)malloc(sizeof(CLASS));
12      (*class).id = 1;
13      strcpy((*class).name, "Brown");
14      printf("%s", class->name);
15      return 0;
16  }
```

(A)(*class).name 沒有指向已配置的記憶體空間
(B)使用strcpy()函式時，應該使用class.name而不是(*class).name
(C)使用printf()函式時，應該使用class.name而不是class->name
(D)指標變數class應該宣告為區域變數（Local Variable）。　　　　[114資電類]

▲ 閱讀下文，回答第46-47題

為瞭解資料型態或變數所佔記憶體空間大小，某甲撰寫下列C語言程式在64位元x86個人電腦下執行。

```
1   #include <stdio.h>
2   typedef struct class {
3       int id; char *name; float score;
4   } CLASS;
5   CLASS classB[49];
6   int main(){
7       CLASS *pC, classA[50], classB[60];
8       int i = 10, *pi, m, n, p, a, b, c, d, e, f, g;
9       m = sizeof(int); n = sizeof(char); p = sizeof(int *);
10      a = sizeof(classA);   b = sizeof(classB[59]);
11      c = sizeof(pC);       d = sizeof(i);
12      e = sizeof(&i);       f = sizeof(pi);
13      g = sizeof(CLASS);
14  return 0; }
```

(　　)46. 程式執行完之後，關於變數m, n, p數值的大小，下列不等式何者正確？
(A)m < n < p　(B)m ≧ n　(C)m > n > p　(D)p ≦ n。　　　　[114資電類]

(　　)47. 下列變數何者的數值最大？　(A)a　(B)b　(C)g　(D)d。　　　　[114資電類]

答案 & 詳解

答案

1. B	2. A	3. D	4. B	5. C	6. C	7. D	8. D	9. A	10. A
11. B	12. C	13. A	14. D	15. C	16. B	17. B	18. D	19. A	20. B
21. C	22. B	23. B	24. C	25. D	26. B	27. D	28. C	29. A	30. B
31. D	32. C	33. B	34. C	35. A	36. D	37. B	38. C	39. C	40. A
41. A	42. B	43. D	44. A	45. A	46. B	47. A			

詳解

1. 此段程式碼中定義了3個資料成員函式：
   - void Pet::intro(string, string, int)：此函式用來介紹寵物的名字、品種和年齡。
   - void Pet::play()：此函式用來表示寵物正在玩球。
   - void Pet::sleep()：此函式用來表示寵物正在睡覺。

8. 靜態成員函式只能存取靜態的資料成員。

9. 繼承class時，預設是以private的方式繼承。

15. 應使用「物件名稱.資料成員名稱」來存取資料成員。

17. class預設以private方式繼承；以冒號:來表示繼承關係；
    const可在類別定義中設定初始值。

24. main()中建立了2個物件； bike one物件的price值為5000；
    類別中有2個資料成員price和speed。

37. 物件導向語言的「多型」可以提供彈性的程式設計，而資訊隱藏則是透過「封裝」來達到的。

41. 使用struct定義結構studentScore，並宣告二個資料成員id及score，關鍵字typedef將studentScore取別名為SCORE，宣告SCORE結構的陣列student及指標變數*p，便可以使用sscore = student[27].score來將學號28學生的成績放到變數sscore。

42. 比較次數：$50 \times (50 - 1) / 2 = 1225$。

43. (A)、(B)->是指標存取資料成員的方法，T1並非指標要使用.來存取資料成員；
    (A)變數Value 1不是合法的變數名稱；
    (C)FlowRate設為private，所以T2無法存取。

44. 靜態成員物件是共用的，因此被修改時，所有在類別中用到該靜態成員的物件也會被修改，以SetOffset(0.5)呼叫靜態成員函式，執行Offset = offs後，Offset = 0.5，使得T1內的Offset也會修改為0.5。

46. 行號9：使用sizeof檢測int（整數）、char（字元）、int *（指標）記憶體空間大小

程式碼	說明	數值（Byte）
m = sizeof(int)	int佔用的記憶體空間為4 Bytes	m = 4
n = sizeof(char)	char佔用的記憶體空間為1 Byte	n = 1
p = sizeof(int *)	64位元系統指標所佔用的記憶體空間為8 Bytes	p = 8

結論：p > m > n，選項(B)符合。

答案 & 詳解

47. • 速解法：

程式碼	說明
a = sizeof(classA)	a為classA包含50個CLASS結構陣列的大小
b = sizeof(classB[59])	classB[59]是陣列中第60個元素，b為1個CLASS結構的大小
g = sizeof(CLASS)	g為1個CLASS結構的大小
d = sizeof(i)	d為1個整數（int）變數的大小

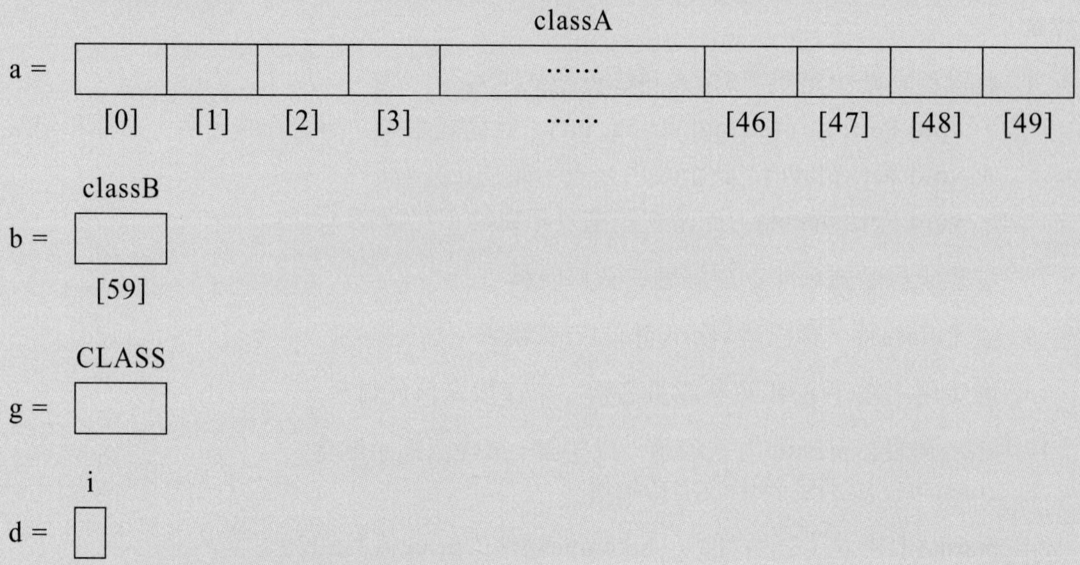

classA

a = [[0] | [1] | [2] | [3] | …… | [46] | [47] | [48] | [49]]

classB
b = [[59]]

CLASS
g = [ ]

i
d = [ ]

結論：題目詢問哪個變數數值最大，可觀察classA有50個結構元素，所佔記憶體空間最多，因此答案為a。

• 詳細說明：

- 行號10、11、13：使用sizeof檢測classA、classB[59]（結構陣列中的1個元素）、i（整數）、CLASS（結構）記憶體空間大小。

- 在64位元系統環境下，電腦在存取資料時，會要求資料在記憶體中「對齊（alignment）」，以提高存取效率，因此CLASS結構實際佔用的空間為24 Bytes。說明如下：

  ◆ 原始資料空間：16 Bytes（int + char * + float = 4 + 8 + 4 = 16 Bytes）
  ◆ 對齊所需的額外填補空間：8 Bytes（Padding）
  ◆ 結構型態總空間：16 + 8 = 24 Bytes

程式碼	說明	數值（Byte）
a = sizeof(classA)	classA是包含50個CLASS結構的陣列	a = 50 × 24 = 1200
b = sizeof(classB[59])	classB[59]是陣列中第60個元素，其大小等於1個CLASS結構	b = 24
g = sizeof(CLASS)	1個CLASS結構	g = 24
d = sizeof(i)	1個整數（int）變數	d = 4

結論：classA含有最多結構元素，佔用的記憶體空間最大，因此a的數值最大。

NOTE

NOTE

114學年度科技校院四年制與專科學校二年制統一入學測驗試題本

電機與電子群資電類

專業科目（二）：程式設計實習

( )35. 在C語言程式中可將中文字當成一個字串處理。有一C語言程式片段如下，在程式行號13～15裡應置入下列哪一個選項的程式碼，可輸出正確的燒燙傷急救步驟順序？

```
1   #include <stdio.h>
2   int i, x;
3   char StepName[5][4] = {"脫", "蓋", "送", "沖", "泡"};
4   void swap(char *a, char *b){
5       char tmp;
6       for (x = 0; x < 3; x++){
7           tmp = a[x];
8           a[x] = b[x];
9           b[x] = tmp;
10      }
11  }
12  int main(void){
13
14
15
16  for (i = 0; i < 5; i++)
17      printf("%s", StepName[i]);
18  return 0;}
```

(A) 13 swap(StepName[1], StepName[3]);
    14 swap(StepName[2], StepName[1]);
    15 swap(StepName[3], StepName[4]);

(B) 13 swap(StepName[0], StepName[3]);
    14 swap(StepName[3], StepName[1]);
    15 swap(StepName[2], StepName[4]);

(C) 13 swap(StepName[1], StepName[3]);
    14 swap(StepName[2], StepName[1]);
    15 swap(StepName[4], StepName[4]);

(D) 13 swap(StepName[0], StepName[3]);
    14 swap(StepName[3], StepName[1]);
    15 swap(StepName[2], StepName[5]);

( )36. 曉華寫了一個C語言程式碼如下，想要了解字元、字串和指標的關係，則程式輸出結果為何？
```
1    #include <stdio.h>
2    char *ptr = "Outside";
3    int main()
4    {
5        char str[20] = "This is a book\0";
6        char ptr[20] = "Main\0";
7        *ptr = *str;
8        printf("%s", ptr);
9        return 0;
10   }
```
(A)Outside　(B)Mhis　(C)This is a book　(D)Tain。 [7-2]

( )37. C程式語言中，32位元整數（int）以及32位元無號整數（unsigned int）的最大值分別是多少？
(A)$2^{32}, 2^{16}$　(B)$2^{32} - 1, 2^{16} - 1$　(C)$2^{16}, 2^{32}$　(D)$2^{31} - 1, 2^{32} - 1$ [4-1]

( )38. 小明與小玲相約解數學題，二人完成的題目數分別為x與y，若完成題目數總和少於32題，就顯示「Go!繼續努力!」，否則就顯示「Ya!快完成了!」。下列C語言程式應如何修改可以顯示正確的訊息？
```
1    #include <stdio.h>
2    int main(void){
3        int flag = -1;
4        int x = 17;                  // x表示小明完成的題目數
5        int y = 18;                  // y表示小玲完成的題目數
6        flag = (int)(x + y < 32);
7        if (!flag)
8            printf("「Go!繼續努力!」");
9        else
10           printf("「Ya!快完成了!」");
11       return 0;}
```
(A)行號3的int改為float
(B)行號7的!flag改為flag = 32
(C)行號6的x + y < 32 改為x + y >= 32
(D)行號3的flag初始值改為1。 [6-1]

( )39. 在64位元x86電腦上撰寫C語言程式時,若有一個整數變數Y其數值變化範圍介於−20000與20000之間,則變數Y應採用下列哪一個資料型態?
(A)char　(B)unsigned float　(C)short　(D)unsigned short int*。 [4-1]

( )40. 有一C語言程式片段如下,其中變數a、b與x的資料型態為unsigned short,則此片段可以等價為下列哪一個選項?
```
        if((x * x) % 2 && a ^ b == x)
            x = 1;
        else
            x = 0;
```
(A)x = ((a ^ b) == x && x * x % 2) ? 1:0;
(B)x = (x * (x % 2) && (a ^ b) == x) ? 0:0;
(C)x = (x * x % 2 && a ^ (b == x)) ? 1:0;
(D)x = ((a ^ b) == x && x * x % 2) ? 1:1;。 [6-1]

( )41. 下列C語言程式可輸出布林代數式$F(A, B)$之真值表,則$F(A, B)$為何?
```
1    #include <stdio.h>
2    int main(void){
3        int X = 0, Y = 0, Z;
4        printf("%c %c %c\n", 'A', 'B', 'F');
5        do{
6            while(Y <= 1){
7                Z = ((X || !Y)&&(Y || X));
8                printf("%d %d %d\n", X, Y, Z);
9                Y++;
10           }
11           Y = 0;
12           X++;
13       }while(X <= 1);
14   return 0;}
```
(A)$F(A, B) = B + A\overline{B} + AB$　　　　(B)$F(A, B) = A + \overline{A}\,\overline{B} + AB$
(C)$F(A, B) = \overline{A}B + AB$　　　　　(D)$F(A, B) = (A + \overline{B})(A + B)$。 [6-2]

(　)42. 曉明寫了下列C語言程式，用來逐字比對字串str中是否有字串query指定的字串，則程式執行後變數len、ans和 match_count的值分別為何？

```
1   #include <stdio.h>
2   int main(){
3       char str[100] = "This is a book and that is a dog.\0";
4       char ans = 0, match_count = 0;
5       char query[] = "is";         //{'i', 's', '\0'};
6       int len = sizeof(query), i , j;
7       printf("len = %d\n", len);
8       //開始逐字比對
9       for(i = 0; (i < 100 - len) && (str[i]! = '\0'); i++){
10          for(j = 0; j < len - 1; j++)
11              if(query[j] == str[i + j])
12                  ans++;
13              else
14                  break;
15          if(ans == len - 1)       //比對到一次就累計match_count
16              printf("%d-th match str[%d] !\n", ++match_count, i);
17          ans = 0;
18      }
19      printf("%d, %d, %d", len, ans, match_count);
20      return 0;
21  }
```
(A)3, 0, 0　(B)3, 0, 3　(C)0, 3, 0　(D)2, 0, 3。　　　　　　　　　　　　　　[7-1]

(　)43. 在C語言程式中X定義為浮點數常數，執行敘述（Statement）
`printf("%d,%o,%x\n",(short int)X,(unsigned int)(X*4),(int)(X*16));`
所得輸出結果為8,42,8a，接著執行敘述printf("%6.4f", X);的結果為何？
(A)6.6250　(B)6.7500　(C)8.6250　(D)8.7500。　　　　　　　　　　　　　　[4-2]

(　)44. 下列C語言程式碼，其執行後輸出結果為何？

```
1   #include <stdio.h>
2   int main(){
3       int n[5] = {1, 2, 3, 4, 5}, i;
4       n[1] = 100;
5       *n = 1;
6       for(i = 0; i < 5; i++)
7           printf("%d", *(n + i));
8       return 0;
9   }
```
(A)12345　(B)1100345　(C)1210045　(D)1234100。　　　　　　　　　　　　[7-2]

( )45. 下列C語言程式碼，其執行後輸出結果為何？

```
1    #include <stdio.h>
2    int main(){
3        int a = 1, b = 3, c = 5, d = 7, x = 0;
4        x = a++ / b + c * ++d;
5        printf("%d", x);
6        return 0;
7    }
```
(A)0　(B)20　(C)30　(D)40。 [5-2]

( )46. 下列C語言程式經過編譯之後，執行時無法輸出字串Brown，其發生的原因為何？

```
1    #include <stdio.h>
2    #include <stdlib.h>
3    #include <string.h>
4    typedef struct class_st {
5        int id;
6        char *name;
7        float score;
8    } CLASS;
9    CLASS *class;
10   int main(){
11       class = (CLASS *)malloc(sizeof(CLASS));
12       (*class).id = 1;
13       strcpy((*class).name, "Brown");
14       printf("%s", class->name);
15       return 0;
16   }
```
(A)(*class).name 沒有指向已配置的記憶體空間
(B)使用strcpy()函式時，應該使用class.name而不是(*class).name
(C)使用printf()函式時，應該使用class.name而不是class->name
(D)指標變數class應該宣告為區域變數（Local Variable）。 [9-1]

( )47. 某甲寫了一個C語言程式，其中sqrt()為開根號的數學函式，sin()為正弦函式。程式執行後畫面出現錯誤訊息，其造成原因為何？

```
1    #include <stdio.h>
2    #include <math.h>
3    int main(){
4        float x = 6.28, y;
5        int i;
6        while(x > 0){
7            y = sqrt(sin(x));
8            printf("square root of sin(%f) = %f\n", x, y);
9            x -= 0.1;
10       }
11       return 0; }
```
(A)迴圈中計算sin(x)結果值為負數，再開根號所導致
(B)迴圈中計算sin(x)結果值為0，再開根號所導致
(C)迴圈中x值為單精度浮點數，sin(x)無法得到正確值
(D)迴圈中x值有負數的情況，sin(x)無法得到正確值。 [8-1]

( )48. 下列C++語言程式的執行結果為何？
```
1   #include <iostream>
2   int main(){
3       unsigned int a = 128, b = 255, c;
4       c = (~a << 2 ^ b | a) & 0xff;
5       std::cout<<std::hex<<c; }
```
(A)72　(B)83　(C)9b　(D)a4。　　　　　　　　　　　　　　　　　　　[5-2]

▲ 閱讀下文，回答第49-50題

為瞭解資料型態或變數所佔記憶體空間大小，某甲撰寫下列C語言程式在64位元x86個人電腦下執行。
```
1   #include <stdio.h>
2   typedef struct class {
3       int id; char *name; float score;
4   } CLASS;
5   CLASS classB[49];
6   int main(){
7       CLASS *pC, classA[50], classB[60];
8       int i = 10, *pi, m, n, p, a, b, c, d, e, f, g;
9       m = sizeof(int);   n = sizeof(char);   p = sizeof(int *);
10      a = sizeof(classA);   b = sizeof(classB[59]);
11      c = sizeof(pC);       d = sizeof(i);
12      e = sizeof(&i);       f = sizeof(pi);
13      g = sizeof(CLASS);
14  return 0; }
```

( )49. 程式執行完之後，關於變數m, n, p數值的大小，下列不等式何者正確？
(A)m < n < p　(B)m ≧ n　(C)m > n > p　(D)p ≦ n。　　　　　　　　　[9-2]

( )50. 下列變數何者的數值最大？
(A)a　(B)b　(C)g　(D)d。　　　　　　　　　　　　　　　　　　　　　[9-2]

答案 & 詳解

答案

35. B　36. D　37. D　38. C　39. C　40. C　41. D　42. B　43. C　44. B
45. D　46. A　47. A　48. B　49. B　50. A

詳解

35. 行號4～11：swap函式會交換兩個字串的內容，當選項(B)的程式碼填入行號13～15後，會呼叫函式並進行交換。

StepName

脫	蓋	送	沖	泡
[0]	[1]	[2]	[3]	[4]

第13行交換後（脫與沖交換）：

StepName

沖	蓋	送	脫	泡
[0]	[1]	[2]	[3]	[4]

第14行交換後（蓋與脫交換）：

StepName

沖	脫	送	蓋	泡
[0]	[1]	[2]	[3]	[4]

第15行交換後（送與泡交換）：

StepName

沖	脫	泡	蓋	送
[0]	[1]	[2]	[3]	[4]

最後從陣列StepName中取得字串後輸出**沖 脫 泡 蓋 送**。

36. *ptr = *str;表示將str[0]的字元 'T' 指派給ptr[0]，再從陣列ptr中取得字串後輸出 "Tain"。

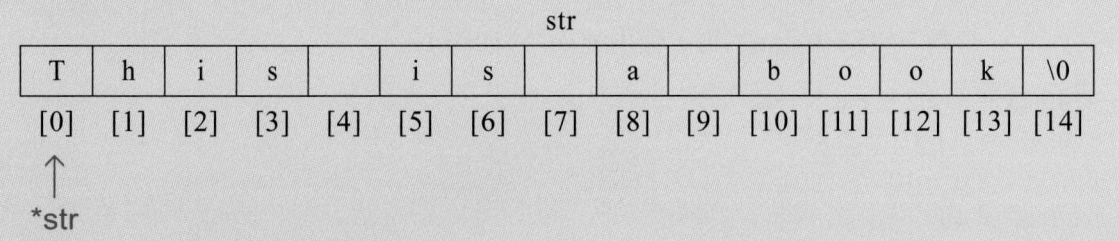

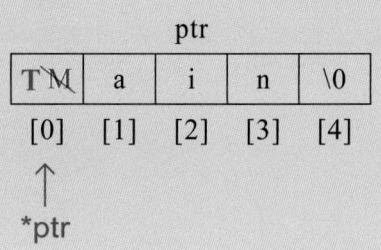

str

T	h	i	s		i	s		a		b	o	o	k	\0
[0]	[1]	[2]	[3]	[4]	[5]	[6]	[7]	[8]	[9]	[10]	[11]	[12]	[13]	[14]

↑
*str

ptr

T	a	i	n	\0
[0]	[1]	[2]	[3]	[4]

↑
*ptr

答案&詳解

38. 將行號6的x + y < 32改為x + y >= 32即符合題目需求。
    - 若題目數總和≥ 32 → flag = 1 → !flag = 0 →顯示「Ya!快完成了!」
    - 若題目數總和< 32 → flag = 0 → !flag = 1 →顯示「Go!繼續努力!」

39. - char為字元型態，並不適合表示整數。
    - C語言中並沒有unsigned float資料型態。
    - short為短整數型態，可表示的資料範圍-32768～32767，因此可以完整表示-20000～20000。
    - unsigned short int為無符號短整數型態，可表示的資料範圍0～65535，不能表示負數，另外，加上*表示為指標，用來儲存記憶體位址，不是儲存整數數值。

41. 輸出的真值表

A	B	F
0	0	0
0	1	0
1	0	1
1	1	1

    透過真值表可知A = 1時，F都是1，A = 0時，F就為0，因此$F(A, B) = (A + \overline{B})(A + B)$。

42. - 行號6：len取query的長度('i', 's', '\0')，len = 3。
    - 行號9～14：逐字比對query中的字串（is）是否出現在str中。
    - 行號15～17：若比對成功（is出現），match_count累加1，並將ans歸零，is出現在str[2]、str[5]、str[24]，共3次。
    - 每次比對後ans都會歸零

    因此輸出結果為len = 3、ans = 0、match_count = 3。

43. 第1個輸出結果8可得知X接近8，第3個輸出結果8a為16進制，$8a_{(16)} = 138_{(10)}$，X = 138 / 16 = 8.6250。

44. - 行號4：改變n[1]的值。
    - *(n + i)等同n[i]。
    - 行號7：逐一輸出n的值，輸出結果為1100345。

45. x = a++ / b + c * ++d
    = 1 / 3 + 5 * 8
    = 0 + 40
    = 40

答案 & 詳解

46. - 無法輸出Brown的原因：(*class).name 沒有指向已配置的記憶體空間。
    - 程式修正重點：
        - 將行號12：(*class).id = 1;改為class->name = (char *)malloc(strlen("Brown") + 1);使用malloc為class->name配置一個可存放 "Brown" 的記憶體空間，->用來存取指標所指向struct的name。
        - 將行號13：strcpy((*class).name, "Brown");改為strcpy(class->name, "Brown");複製字串 "Brown" 存放至class->name。

47. sqrt(x)函數中的x數值若為負數，會在「執行時」發生錯誤。

48. c = (~a << 2 ^ b | a) & 0xff
    = (~128 << 2 ^ 255 | 128) & 0xff
    = (01111111 << 2 ^ 11111111 | 10000000) & 0xff
    = (11111100 ^ 11111111 | 10000000) & 0xff
    = (00000011 | 10000000) & 0xff
    = 10000011 & 0xff
    = 10000011 & 11111111
    = 10000011
    = $131_{(10)}$

    →行號5：std::cout << std::hex << c以16進制輸出，$131_{(10)} = 83_{(16)}$。

49. 行號9：使用sizeof檢測int（整數）、char（字元）、int *（指標）記憶體空間大小

程式碼	說明	數值（Byte）
m = sizeof(int)	int佔用的記憶體空間為4 Bytes	m = 4
n = sizeof(char)	char佔用的記憶體空間為1 Byte	n = 1
p = sizeof(int *)	64位元系統指標所佔用的記憶體空間為8 Bytes	p = 8

    結論：p > m > n，選項(B)符合。

答案 & 詳解

50. • 速解法：

程式碼	說明
a = sizeof(classA)	a為classA包含50個CLASS結構陣列的大小
b = sizeof(classB[59])	classB[59]是陣列中第60個元素，b為1個CLASS結構的大小
g = sizeof(CLASS)	g為1個CLASS結構的大小
d = sizeof(i)	d為1個整數（int）變數的大小

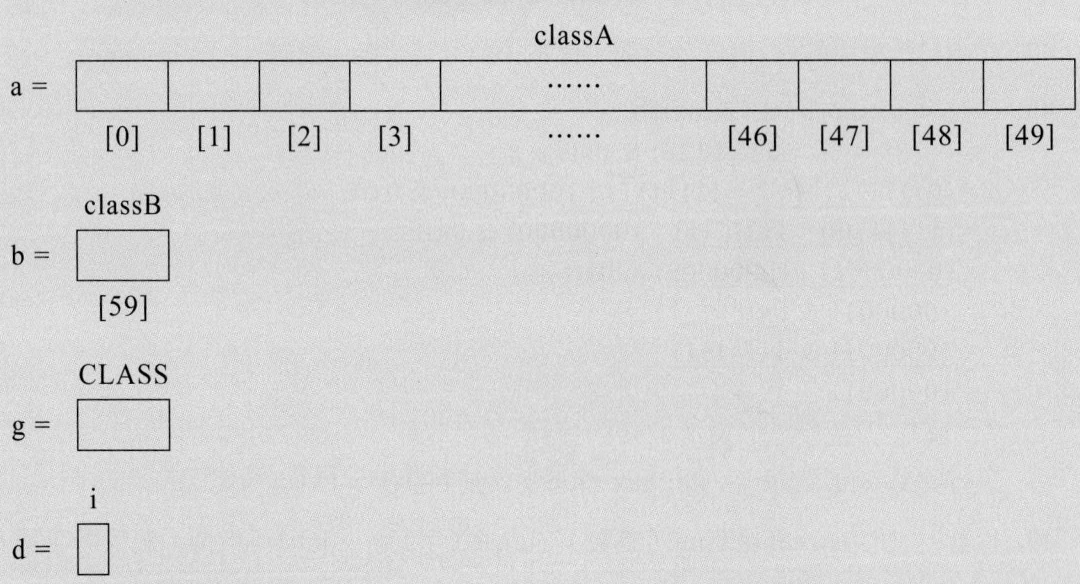

classA

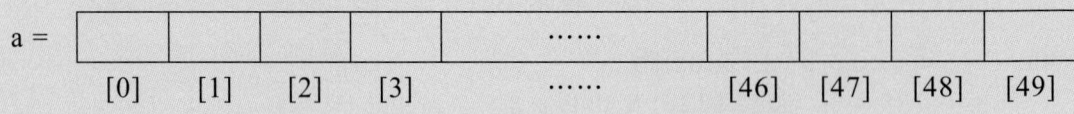

a = [0] [1] [2] [3] …… [46] [47] [48] [49]

classB
b = [59]

CLASS
g =

i
d =

結論：題目詢問哪個變數數值最大，可觀察classA有50個結構元素，所佔記憶體空間最多，因此答案為a。

• 詳細說明：

- 行號10、11、13：使用sizeof檢測classA、classB[59]（結構陣列中的1個元素）、i（整數）、CLASS（結構）記憶體空間大小。

- 在64位元系統環境下，電腦在存取資料時，會要求資料在記憶體中「**對齊（alignment）**」，以提高存取效率，因此CLASS結構實際佔用的空間為24 Bytes。說明如下：

  ◆ 原始資料空間：16 Bytes（int + char * + float = 4 + 8 + 4 = 16 Bytes）

  ◆ 對齊所需的額外填補空間：8 Bytes（Padding）

  ◆ 結構型態總空間：16 + 8 = 24 Bytes

程式碼	說明	數值（Byte）
a = sizeof(classA)	classA是包含50個CLASS結構的陣列	a = 50 × 24 = 1200
b = sizeof(classB[59])	classB[59]是陣列中第60個元素，其大小等於1個CLASS結構	b = 24
g = sizeof(CLASS)	1個CLASS結構	g = 24
d = sizeof(i)	1個整數（int）變數	d = 4

結論：classA含有最多結構元素，佔用的記憶體空間最大，因此a的數值最大。